国家自然科学基金青年项目"区块链技术驱动下的供应链金融运作管理创新研究"（71902105）、"有限信息下稳健型库存订购与需求配给策略研究"（71702082）、山东科技大学"菁英计划"项目研究成果

供应链核心企业
融资援助策略研究

RESEARCH ON FINANCING ASSISTANCE STRATEGY OF CORE ENTERPRISES IN SUPPLY CHAIN

刘 露 ◎ 著

经济管理出版社
ECONOMY & MANAGEMENT PUBLISHING HOUSE

图书在版编目（CIP）数据

供应链核心企业融资援助策略研究/刘露著 .—北京：经济管理出版社，2019.7
ISBN 978 - 7 - 5096 - 6780 - 4

Ⅰ.①供… Ⅱ.①刘… Ⅲ.①中小企业—企业融资—研究—中国 Ⅳ.①F279.243

中国版本图书馆 CIP 数据核字（2019）第 163807 号

组稿编辑：杜 菲
责任编辑：杜 菲
责任印制：黄章平
责任校对：王纪慧

出版发行：经济管理出版社
（北京市海淀区北蜂窝 8 号中雅大厦 A 座 11 层 100038）
网　　址：www.E - mp.com.cn
电　　话：（010）51915602
印　　刷：北京晨旭印刷厂
经　　销：新华书店
开　　本：720mm×1000mm/16
印　　张：14.25
字　　数：214 千字
版　　次：2019 年 7 月第 1 版　2019 年 7 月第 1 次印刷
书　　号：ISBN 978 - 7 - 5096 - 6780 - 4
定　　价：78.00 元

·版权所有　翻印必究·
凡购本社图书，如有印装错误，由本社读者服务部负责调换。
联系地址：北京阜外月坛北小街 2 号
电话：（010）68022974　邮编：100836

前　言

中小企业普遍面临资金困境，这导致产业链竞争力下降，提供资金援助、与中小企业合作共赢成为核心企业首要选择。目前，核心企业主要借助贸易信用、供应链金融等手段为中小企业提供融资支持。传统研究大多站在中小企业视角，鲜有站在核心企业视角进行分析。此外，考虑到风险发生的可能，提供融资的核心企业也必须承担由市场风险导致的中小企业信贷违约，合理制定风险应对策略。本书站在核心企业视角，通过建立各类风险情形下的运营决策模型，借助优化博弈分析方法，探究融资提供、风险控制等策略手段，为核心企业高效率开展资金援助提供理论支持及决策依据。具体地，本书将从以下方面开展研究：

（一）CVaR 准则下贸易信用供应链决策与协调策略

基于决策者风险偏好程度对决策重要影响，使用延期支付融资时各企业风险态度对其最优决策及整个供应链和各企业利润的影响。运用 Mean - CVaR 准则刻画各企业风险态度，通过建立双层规划博弈模型，并运用均衡分析方法对不同资金情形下分散式和集中式供应链决策及均衡解性质进行理论分析，探究风险态度及初始资金等参数影响。设计两类合同以实现成员收益协调改进。研究表明，二部定价和收益共享合同均能实现此类供应链完美协调。

（二）CVaR 准则下贸易信用保险投资策略

贸易信用融资被广泛应用于解决中小企业融资困境，保险成为解决贸易信用融资风险的重要手段。站在核心企业角度，探究贸易信用融资保险的运营策略，运用 Stackelberg 博弈分析方法分别建立并比较贸易信用融资、贸易信用融资保险、资金约束无融资、资金充足四类优化模型，探究博弈均衡下最优运营决策，并分析零售商初始资金、生产商风险态度等关键参数的影响。研究表明，当生产商风险厌恶程度、保险市场竞争程度较高，零售商初始资金较低时，融资保险能够为生产商及供应链创造价值，否则生产商应当放弃投保。这为工业界合理且高效开展贸易信用融资保险运营提供了策略指导和管理启示。

（三）基于核心企业视角的保兑仓融资优化与协调策略

越来越多的核心企业联合金融机构以保兑仓融资形式为其下游分销商提供融资，研究基于运营管理视角深入分析该融资模式运作机理。首先，运用多层规划方法建立 Stackelberg 博弈模型，通过均衡分析得到博弈均衡策略；其次，对各资金情形进行比较，对分销商初始资金、担保回购价格等关键参数进行敏感度分析；最后，对融资系统的协调开展分析。研究表明，较高的担保回购价格对供应商有利，应当积极承担回购责任；供应商应关注融资系统协调，改进的融资合同、二部定价合同和收益共享合同均可实现融资系统有效协调、提升系统运作绩效。

（四）市场需求信息不对称下的保兑仓融资风险控制策略

信息不对称风险广泛存在于保兑仓融资过程中，运用 Stackelberg 博弈模型刻画融资系统成员关系，运用动态规划优化分析方法求解对应博弈均衡策略。总结出需求信息不对称的三种表现形式：信息造假、信息优势及信息隐匿，分析各类信息不对称情形对融资系统所造成的影响，并相应地提出实现信息显示功能的契约甄别机制。研究表明，零售商可从信息不对称中获取巨大信息优势，但会对其他成员造成损害，其中信息隐匿对生产商损害程度更高；二部定价机制可实现信息甄别，但生产商须为之付出信息租金，造成效率损失；而合理参数设定下的二部定价加回购机制有助于进一步改进融资系统及各成员的收益，甚至达到次协调状态，最终实现融资成员收益的帕累托改进。

（五）需求分布信息缺失情形下的核心企业稳态定价策略

市场环境复杂多变进一步加剧信息不确定性。考虑需求分布未知，研究进一步讨论融资系统稳健最优决策应对策略。运用最小最大后悔值方法分析仅获知需求区间、需求区间和均值、需求区间和中位数三类信息缺失风险情形下稳健性融资运营决策；运用最大最小后悔值方法分析获知需求均值和方差信息情形下稳健性融资运营决策；设计了一类二部定价加补贴合同用于实现融资系统协调。研究对于融资企业合理应对信息缺失风险提供了决策准则和方法支持。

（六）资本市场竞争与核心企业融资提供模式选择

考虑核心企业推出贸易信用、供应链金融两种融资合同，中小企业可同时选择外部独立融资解决资金困境，分析生产商和零售商融资提供和选择均衡博弈策略。研究发现，均衡融资模式随零售商初始资金量的变化而改变；生产商风险承担提高了批发价，资金量较低的零售商总倾向于选择外部融资解决方案，造成生产商及商业银行收益损失；生产商可调整融资关键参数改变融资均衡，迫使零售商选择对其有利的融资模式；供应链金融差额回购风控策略缺乏合理性，应根据零售商初始资金量不同合理调整风险分担比例。

综合来看，本书的主要特色体现在：①以往研究大多关注资金约束中小企业的运营和融资选择策略，本书创新性地从资金供给侧——核心企业视角开展供应链金融运作管理策略研究，分析核心企业的资金援助和风险控制策略。同时分析核心企业与中小企业间的融资选择冲突，并给出应对策略。②已有研究对供应链运作风险管理开展了丰富研究，却忽略了资金约束对风险管理的影响，本书的研究弥补了相关不足。

本书是供应链金融和运营管理结合的专题研究。所涉及的研究结论和研究结果为供应链金融领域的创新发展提供了依据。一方面，有助于协助供应链核心企业高效率地开展供应链运作管理和财务管理，提升供应链整体运营效率，提升核心企业融资援助的积极性；另一方面，是对供应链金融风险管理理论的有效丰富，有助于推动供应链金融实践创新。

本书为相关领域研究人员开展后续研究打下了理论基础，为经济管理类本科生和研究生教学提供了图书资料，为供应链核心企业管理人员开展供应链金融的实际运作管理、风险管理提供了科学的决策参考。

在本书的编写过程中，得到了南开大学李勇建教授、美国雪城大学李荣助理教授的精心指导，对此表示衷心的感谢。本书参考了大量供应链金融、供应链运作风险管理等方面的书籍、论文等资料，对于关键资料的提供者予以诚挚敬意。本书出版过程中，得到了山东科技大学经济管理学院的大力支持，在此一并表示感谢。

供应链金融发展前沿、实践性强，虽然笔者根据多年学习和研究经验并结合企业实践调研全面介绍了相关理论，但因知识水平有限，编写时间仓促，书中存在错误及不足之处在所难免，恳请业内专家、广大读者给予批评指正。

目 录

第一章 绪 论 ·· 001
    一、研究背景 ·· 001
    二、研究问题 ·· 003
    三、研究意义 ·· 006
    四、研究内容 ·· 008
    五、研究思路与技术路线 ··· 011

第二章 相关概念及文献研究评述 ·· 014
    一、相关概念介绍 ·· 014
    二、相关文献综述 ·· 022
    三、研究现状评述 ·· 036

第三章 CVaR 准则下贸易信用供应链决策与协调策略 ············· 040
    一、问题提出 ·· 040
    二、模型构建 ·· 042
    三、供应链均衡策略分析 ··· 044
    四、供应链协调合同设计 ··· 058
    五、无融资情形 ·· 062
    六、数值分析 ·· 063
    七、缺货损失影响 ·· 068

八、本章小结 073

第四章　CVaR 准则下贸易信用保险投资策略 074

一、问题提出 074

二、模型构建 076

三、贸易信用融资 077

四、投保策略 085

五、无融资情形 087

六、参数灵敏度分析 088

七、数值分析 093

八、本章小结 096

第五章　基于核心企业视角的保兑仓融资优化与协调策略 098

一、问题提出 098

二、融资决策分析 099

三、融资关键参数分析 104

四、融资系统协调分析 108

五、数值分析 112

六、本章小结 117

第六章　市场需求信息不对称下的保兑仓融资风险控制策略 119

一、问题提出 119

二、问题描述及模型假设 120

三、信息不对称表现形式及影响分析 121

四、信息风险防治策略 126

五、本章小结 135

第七章　需求分布信息缺失情形下的核心企业稳态定价策略 136

一、问题提出 136

二、模型假设 ……………………………………………… 137

三、决策分析 ……………………………………………… 139

四、本章小结 ……………………………………………… 150

第八章　资本市场竞争与核心企业融资提供模式选择 ………… 151

一、问题提出 ……………………………………………… 151

二、模型假设 ……………………………………………… 152

三、均衡融资决策分析 …………………………………… 155

四、均衡融资模式分析 …………………………………… 168

五、融资协调机制设计 …………………………………… 179

六、垄断型资本市场情形 ………………………………… 183

七、本章小结 ……………………………………………… 189

第九章　结论与研究展望 …………………………………………… 191

一、全书总结 ……………………………………………… 191

二、创新之处 ……………………………………………… 194

三、研究展望 ……………………………………………… 196

参考文献 …………………………………………………………… 198

第一章
绪　论

一、研究背景

近年来，随着供应链外部竞争的加剧和内部合作的加深，核心企业不仅充当生产、分销等传统运营职能，也承担起为中小企业提供资金支持的投资者角色。一方面，取决于中小企业的资金缺乏对其所在供应链上下游节点企业及供应链整体运营均造成不利影响；另一方面，中小企业盲目的寻求互联网金融、民间资本等独立的外部融资方式可能对核心企业及供应链整体造成损害。从运营和财务结合的角度开展供应链管理对于核心企业而言尤为必要。

随着供应链技术的不断革新，企业管理模式正发生巨变，企业分工细化、业务外包化、专业化成为大势所趋，供应链复杂程度显著提升。在新的竞争环境下，供应链各企业协同发展，从全局化角度开展运营管理，核心企业高效、科学地协调好、管理好供应链系统整体，成为品牌成功运营的关键。正如著名供应链学者马丁·克里斯多夫所说：新世纪的竞争正逐步演化为供应链链际竞争，而非企业间的竞争。随着大数据时代的到来，商业模式、贸易策略、企业协作比促销、价格显得更加重要。对供应链节点企业开展精细化的运作管理，逐步实现物流、信息流以及资金流三流合一、协同运作，对于提升供应链整体运作效率极为关键，而供应链整体的资金流管理影响着货品的生产、流通、服务、定价、规模等运营过程的方方面面。因财务问题所导致的供应链运作效率下降使得供应链在竞争中丧失优势，同时造成供应链内企业利益受损。控制和优化好供应链资金流对于核心企业而言尤为关键。

物流技术和信息技术的长足进步推动了供应链物流及信息流效率的变革，改善供应链资金流现状成为供应链制胜的关键一环。在保障中小企业资金供给的基础上，寻求对于核心企业及供应链整体最优的资金援助解决方案并优化它具备重要的现实含义。目前，核心企业主要通过贸易信用、供应链金融等融资方式为中小企业提供资金援助。以中国知名家电生产企业海尔为例，其旗下拥有数万家分销商，这些分销商与大多数中小企业一样，面临着资金困境。为缓解这些中小企业的资金困境，海尔与大多数核心企业一样，为其下游分销商提供贸易信用融资（允许分销商先销售，后延期支付货款）。而考虑到贸易信用会占用自有资金，海尔于2014年联合平安银行推出了采购自由贷业务，平安银行在海尔担保下为下游分销商提供融资借款，用于采购海尔商品。此外，随着互联网金融平台的建立和丰富，海尔经销商也通过P2P等融资方式主动获取资金。然而，类似海尔一样的核心企业并不明确：应当为哪种类型的中小企业提供何种类型的融资策略？若中小企业的融资选择策略对核心企业造成不利，应当如何应对？

当然，除了融资模式的选择难题，投资过程还面临着诸多风险因素的影响。如消费者需求不确定风险、突发事件引发的需求中断风险、数据获取困难引发的信息缺失风险、中小企业谎报信息引发的信息不对称风险等。2016年8月，作为三星的旗舰机，三星Galaxy Note7面世并被寄予厚望，但随后爆发的自爆事件给予三星沉重的打击，从全球首发到紧急召回，这款旗舰手机仅生存了71天，随后带来的是对三星手机品牌不可逆转的影响。2017年，三星中国区销量暴跌60%，市场份额则由原有的20%骤降至不足3%。除三星之外，另一家韩国企业乐天玛特也因"萨德事件"遭遇关店潮。随着2018年中美贸易战的升级，"中兴事件"也为中兴所在供应链上下游企业带来"休克"危机。据统计，我国天使投资成功率不足4%，存活时间低于10年的中小企业数量占比高达98%，投资风险时刻将供应链推向中断边缘。作为供应链融资的提供方，核心企业如何在面临市场风险的情境下合理制定运营及投资决策？

鉴于中小企业在推动国家经济发展，实施大众创业、万众创新战略，推动社会进步、增加社会就业等方面发挥的巨大作用。实施核心企业资金援助、发展供应链金融创新也得到了国家层面的大力支持，国务院办公厅《关于积极推进供应链创新与应用的指导意见》中强调："积极稳妥发展供应链金融，推动供应链金融服务实体经济。鼓励商业银行、供应链核心企业等建立供应链金融服务平台，为供应链上下游中小微企业提供高效便捷的融资渠道。"习近平总书记提出供给侧改革发展战略："在适度扩大总需求的同时，着力加强供给侧改革，着力提高供给体系质量和效率。"其中，资本要素是实施供给侧改革的要素之一。

本书拟站在核心企业视角，从资金供给侧开展研究分析：如何在保障中小企业资金需求的基础上，尽可能提升核心企业开展供应链融资的运营效率，融资风险控制水平。从而为核心企业更加高效地开展中小企业资金援助，优化供应链整体运营提供策略指导。

二、研究问题

（一）融资提供策略

梳理现有研究发现，虽然学者针对各类融资模式及融资模式间的对比分析开展了较多研究，但大部分研究是站在中小企业视角，分析中小企业最优融资选择方案，很少关注核心企业融资提供和资金援助策略。实际上，中小企业对融资模式的选择可能会对核心企业和供应链造成不利，对此，本书期望站在核心企业——生产商视角，研究分析以下关键问题：

1. 融资模式的提供策略

通过总结发现，解决中小企业资金问题的融资方式包含贸易信用、供应链金融、互联网金融等手段，当这些融资模式均可用于解决中小企业的资金问题时，哪类融资模式对核心企业更加有利？生产商应当为资金约束型零售商提供何种融资模式？零售商融资选择策略是什么？双方融资模式提供及选择策略博弈均衡是怎样的？核心企业应当如何改进融资参数使得融资模式的均衡对其自身及供应链更加有利？

2. 融资成员选取策略

同一核心企业需要面对成千上万的中小企业（如海尔旗下拥有超过2万家分销机构），当这些分销商同时提出融资申请时，核心企业应当选择为哪种类型（如资金量大小、信用程度、风险偏好程度等）的中小企业提供资金支持？

3. 协调机制设计

在供应链融资系统中，供应链上下游成员均需承担市场风险（零售商承担滞销风险，生产商承担零售商违约风险），当考虑双方均存在风险厌恶情形时，融资系统决策和协调变得不同。以往研究针对供应链一方企业存在风险厌恶时提出协调策略，针对融资系统上下游成员均存在风险厌恶这类特殊情形，如何设计合同机制协调融资系统以实现融资系统整体运营效率改进？

（二）风险应对策略

销售市场中充斥着各类风险，核心企业在对中小企业开展资金援助过程中也面临着因风险导致的中小企业违约损失，如何科学制定管理手段应对和防范运营风险对融资系统影响、增强融资稳健性以及提升融资运营效率成为理论界和实业界关注的重要问题。具体地，本书拟关注以下问题：

1. 需求不确定性风险治理

针对市场需求等的不确定性，多数研究分析存在不确定因素时，企业如何制定融资运营决策等，研究停留在对风险的刻画上，针对融资风险控制策略的研究并不多。使业界针对供应链融资风险提出了诸多控制策略，如针对贸易信用融资提出的贸易信用保险合同、针对供应链金融中需求不确定风险提出的差额回购担保合同。而针对这些融资风控机制的研究大多停留在定性层面。相关合同机制对于供应链融资过程影响机理是怎样的？它们是有效的风险控制策略吗？企业何时应当采用这些合同，何时放弃采用？核心企业应当如何改进这些合同（如改进合同参数），以增进合同有效性？本书期望探究融资风险控制合同的合理性，相应地提出改进建议，从而对企业优化融资风险控制、提升融资效率提出政策建议。

2. 信息风险治理

当融资环境变得复杂多变，数据收集困难，导致信息不确定性被进一步放大。以往研究针对资金充足下信息缺失风险展开了充分研究，但现有研究大多未考虑资金约束影响。在资金约束且融资情境下，企业如何有效地利用有限信息资源制定稳健性优化运营决策？相比资金充足情形，资金约束会对企业鲁棒性优化决策产生怎样的影响？相比信息确定情形，信息缺失下的核心企业应当如何应对和调整运营策略？相关研究有助于为核心企业在信息缺失融资环境下制定有利的运营决策提供理论支持。

在供应链融资过程中，中小企业存在隐匿或谎报私有信息的可能，如销售成本信息、市场需求信息、市场稳定性信息等，这些信息谎报对投资者造成不利。那哪种情形信息谎报对中小企业有利，对融资系统造成的影响是什么？融资过程中核心企业如何有效应对、甄别、显示中小企业的私有信息？

本书期望通过对上述问题的研究，站在核心企业视角，为其科学合理地开展供应链融资、提升资金援助效率、提供决策支持和理论依据，从而提升供应链整体运作效率，增强核心企业提供资金援助的积极性。

三、研究意义

（一）现实意义

在经济全球化的今天，供应链竞争、市场环境风险不断加剧，对于核心企业而言，优化好、协调好供应链运作的各个环节对于提升供应链运作效率，应对竞争和风险的挑战尤为关键。以往研究注重供应链的生产、分销等运营过程的优化分析，而忽略了资金流的影响和优化，本书则有效弥补了这一不足。通过对贸易信用、供应链金融、互联网金融等融资模式的分析和比较，探究哪类融资模式在何种情形下对核心企业和供应链更加有利，以此为核心企业合理提供更加有利的融资模式提供策略支持。通过对需求不确定、信息缺失、需求中断、信息不对称等各类风险进行刻画和分析，有助于协助核心企业理解各类风险对供应链融资的影响机理，从而为核心企业有针对性的优化制定风险控制策略、防范融资风险提供理论依据和决策支持。

此外，对于核心企业合理选择融资成员、制定融资参数等提供了理论支持，针对融资系统内存在的双重边际效应，协调合同设计的研究有助于规范融资开展，进一步提升融资效率。

总之，通过对供应链运营和财务的结合分析，有助于从更为系统和整体的视角开展供应链管理运营，提高供应链运作效率；推动核心企业科学合理地开展产业链管理，提升融资运营效率，增强核心企业经济效益，提高品牌和供应链市场竞争力；运用运营管理手段进行融资风险管理，有助于突破实践中技术分析和法规手段应对融资风险的限制，弥补现有风控手段的不足，增进对风险事件的管理与预防风险管理能力，推动供应链融资风险管理实践创新，增强供应链风险管理、应对及恢复能力。

第一章 绪 论

（二）理论意义

1. 完善融资运营管理创新

传统研究侧重于站在资金约束中小企业视角上分析资金约束企业的运营管理及融资模式选择等问题，忽略了资金约束对供应链核心企业的影响，本书是基于核心企业视角的研究和分析，对于核心企业开展融资援助具有实际的指导意义。

2. 完善供应链风险管理理论

以往研究针对传统供应链市场不确定风险、供应链信息风险、市场突发事件风险、市场竞争风险等的管理问题开展了诸多研究，但忽略了企业资金流影响。然而，企业资金约束在现实中广泛存在，现有研究成果无法很好地指导工业界开展融资风险控制实践。因此，针对供应链资金约束下的风险控制理论开展研究，其结论将弥补相关领域研究的不足，有助于丰富供应链融资风险管理理论的创新。

3. 基于资金约束＋多层规划的风险管理模型研究方法创新

传统供应链模型往往仅牵扯到生产商及零售商间的双层博弈分析，而当考虑生产商、零售商和金融机构同时参与博弈时，成员间博弈的刻画往往需要设计更为复杂的多层规划、MPEC 等运筹学优化模型，针对这些均衡博弈模型的建立、均衡解的存在性和唯一性判断、博弈模型的推导分析以及优化模型的求解算法设计等的研究，将推动供应链模型研究方法的理论创新。

4. 供应链协调理论创新

针对"资金约束＋风险"这一新兴供应链融资系统，设计组合契约使融资系统达到新的协调，有利于完善融资系统协调理论的创新。传统研究往往仅考虑资金约束或供应链风险单一因素影响时的协调、仅考虑生产商和零售商双方的博弈协调、仅考虑零售商定价或订货等单一决策协调。针对考虑资金约束和融资风险以及金融机构参与下的供应链融资系统，当综合考虑资金约束和融资风险结合影响时、考虑融资系统三方甚至多方博弈时、考虑订货和定价以及促销努力同时决策时，单一协调契约往往很难达到融资系统有效协调,需设计新的组合契约以实现该复杂融资系统协调,如针对"资金约束+信息风险+三方成员协调",同时考虑信息不对称和成员收益时的协调等。针对相关问题的研究有助于丰富现有契约合同理论并推动供应链协调理论创新进步。

四、研究内容

(一)研究概述

本书内容来源于对实际问题的提炼,主要站在核心企业视角,解决中小企业资金援助及援助过程中的风险控制问题,为其合理提供融资模式、控制融资风险提供运营管理策略。

具体是建立在以下实际背景下进行的:供应链运营过程中充斥着各类风险,如消费者购买数量随机导致的市场需求不确定风险;突发事件引发的需求中断(投资失败)风险;数据获取困难导致的需求信息缺失风险;下游中小企业掌控市场信息优势导致的信息不对称(失信)风险等。为提升供应链运作效率、增强供应链竞争力,核心企业不得不"冒险"为资金约束下的中小企业提供资金援助。其中,核心企业可以选择的资金提供方式主要包括贸易信用、供应链金融等。

基于以上背景,本书期望通过研究解决以下问题:面对各类融资运营风险情形(需求不确定、需求信息缺失、需求信息不对称),核心企业如何合理化制定运营决策;如何合理选择融资提供模式;如何开展风险控制等。针对需求的不确定风险,期望运用 Mean-CVaR、CVaR 准则权衡决策者风险和收益,为决策者在合理风险控制情况下制定最优化决策提供依据。考虑解决需求不确定风险常用的贸易保险、差额回购担保等风险控制方案,论证其在资金约束情境下的有效性,并提出执行策略。同时,研究需求不确定风险下的核心企业最优运营决策、融资模式提供、融资参数改进、融资系统协调等策略；针对需求信息缺失风险，主要借助鲁棒优化分析方法，探究该风险下的最优运营决策及协调策略，为核心企业应对信息缺失风险提供风险决策准则；针对需求信息不对称风险，主要运用委托代理方法，探究信息显示机制，以实现投融资双方的信息甄别和信息显示，并进一步探究融资系统协调策略。

一方面，本书期望将供应链运营风险管理理论从资金充足情形拓展至资金约束情形；另一方面，期望丰富供应链金融理论体系中的风险管理理论，形成专题研究，为特定风险情形下开展供应链融资提供理论支持。

（二）核心章节内容

本书核心章节由五个专题组成，分别以核心企业为视角，探究贸易信用融资下的核心企业最优运营决策准则、供应链协调策略、贸易信用保险投资策略；保兑仓融资下的核心企业最优运营决策准则、供应链协调策略、需求信息不对称风险控制策略、需求分布信息缺失下的稳态定价策略；资本市场竞争下的核心企业最优融资提供策略等。

重点章节安排如下：

第三章，基于决策者风险偏好程度，探究在使用贸易信用融资时各企业风险态度对其最优决策及整个供应链和各企业利润的影响。运用 Mean – CVaR 准则刻画各企业风险态度，权衡企业风险和利益，通过建立双层规划博弈模型，运用均衡分析方法对不同资金情形下分散式和集中式供应链决策及均衡解性质进行理论分析，探究 Mean – CVaR 准则对企业风险决策的价值，风险态度及初始资金等参数影响。并设计契约合同以实现成员收益协调改进。

第四章，站在核心企业角度，探究贸易信用融资保险的投资策略，运用 Stackelberg 博弈分析方法分别建立并比较贸易信用融资、贸易信用融资保险、资金约束无融资、资金充足四类优化模型，探究博弈均衡下最优运营决策，并分析零售商初始资金、生产商风险态度等关键参数的影响。从而为工业界合理且高效开展贸易信用融资保险运营提供策略指导和管理启示。

第五章，运用多层规划方法建立保兑仓融资均衡博弈模型，通过均衡分析博弈均衡策略；对各资金情形进行比较，对分销商初始资金、担保回购价格等关键参数进行敏感度分析并获得最优担保策略；并进一步对融资系统协调开展分析。

第六章，运用 Stackelberg 博弈模型刻画信息不对称风险下的保兑仓融资系统成员关系，运用动态规划优化分析方法求解对应博弈均衡策略。总结需求信息不对称的三种表现形式：信息造假、信息优势及信息隐匿，分析各类信息不对称情形对融资系统所造成的影响，并相应地提出实现信息显示功能的契约甄别机制。

第七章，考虑需求分布未知，进一步讨论融资系统稳健最优决策应对策略。运用最小最大后悔值方法分析仅获知需求区间信息缺失风险情形下稳健性融资运营决策。从而对融资企业合理应对信息缺失风险提供决策准则和方法支持。

第八章，考虑核心企业同时推出贸易信用、供应链金融两种融资合同，中小企业可同时选择外部独立融资解决资金困境，即资本市场存在竞争。分析生产商和零售商融资提供和选择均衡博弈策略。并对核心企业的最优融资提供策略、中小企业选择策略、融资关键参数改进策略等予以分析。

综上所述，本书第三章到第四章基于核心企业视角，分析贸易信用融资下的供应链运营策略、协调策略、风险控制策略；第五章到第七章基于核心企业视角，分析保兑仓融资下的供应链运营策略、协调策略、风险控制策略；第八章基于核心企业视角，分析资本市场竞争情境下的融资提供策略。研究期望为核心企业合理开展融资、风险控制提供行之有效的解决方案。一方面，协助供应链整体运营和财务的优化协调运作，实现供应链整体运作效率的提升；另一方面，优化核心企业投资效率，提升其资金援助积极性。

五、研究思路与技术路线

根据以上研究设想，为更加科学规范地实现上述研究，现提出研究的整体思路、研究方法、技术路线，解决方案设计等。如图1-1所示。

收集近年来中小型企业融资案例、报道等，梳理目前中小型企业融资途径、融资策略并总结融资过程中面临及存在的问题。以资金援助、资金约束、供应链融资、供应链金融、贸易信用、延期支付、互联网金融、股权融资等为关键词，梳理国内外文献，总结融资与运营结合领域研究现状，发现研究不足、待解决的研究问题。最终从案例中抽取资金援助相关科学问题进行研究，从而帮助核心企业更高效地解决中小企业的资金问题提供决策依据和管理支持。同样地，认真梳理中小企业融资过程中的风险类型，这些风险类型对核心企业及融资机构所产生和造成的影响，在实践中是如何开展风险控制的。以供应链风险、风险控制、信用保险、库存转运、需求突变、需求扰动、供应链中断、信息不对称、信息缺失、鲁棒性优化等为关键词，收集针对供应链风险影响、控制等相关文章、文献，总结现有针对相关风险的控制方法。分析探究实践中的融资风险控制方法，以及现有理论研究中针对传统供应链的风险控制方法的合理性和实用性，分析能否将相关方法运用到融资过程的风控中，如果不能，应当如何改进。总结出适用于供应链融资过程的风险控制方式、方法、方案、解决策略等，从而为更加有效地开展和解决中小微企业融资提供理论依据。

基于风险识别、衡量、控制、监控、应急处理等风险治理建模思路，后续研究拟运用以下方法及技术手段予以开展。在模型初步建立阶段，主要运用金融学科、经济学科等相关专业理论知识对模型现实背景进行分析，明确建模思路。运用微积分、概率论等学科知识刻画融资成员期望收益、期望损失、期望风险等，从而确定各方成员期望利润、决策目标等。

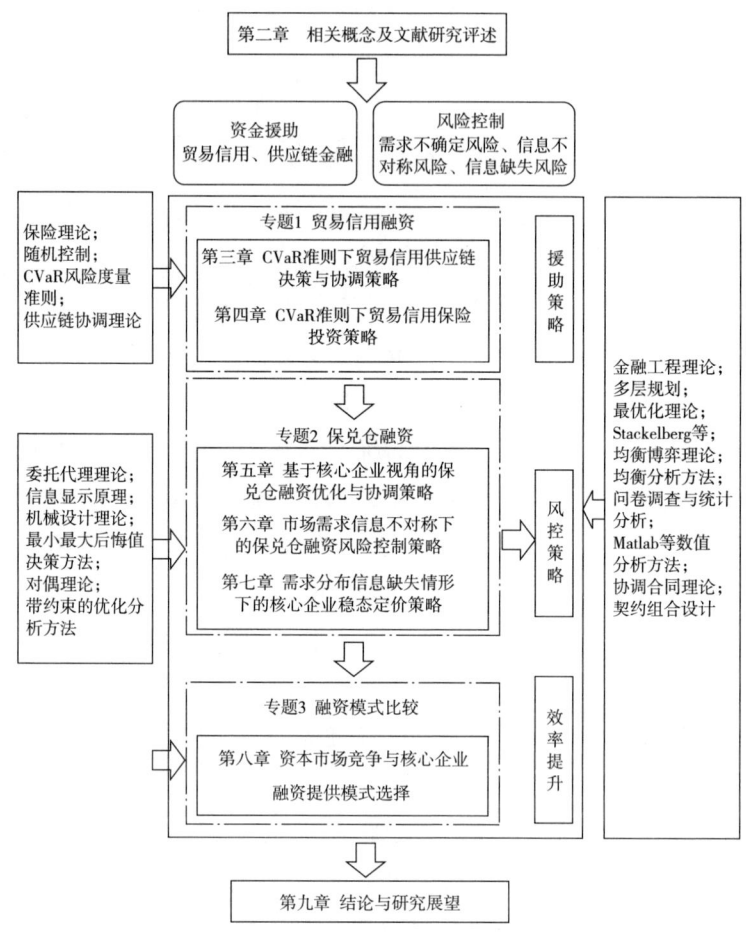

图 1-1　研究结构与技术路线

运用 Stackelberg、Nash 等均衡博弈方法分析成员间的博弈策略，并借助多层规划模型刻画单供应商、单金融机构、单分销商组成的融资系统均衡博弈状态，运用 MPEC 模型刻画单供应商、单金融机构、多分销商竞争情形下的融资系统均衡博弈状态。在模型分析和求解阶段，借助微积分、代数学、运筹学等学科方法判断决策目标函数的凹凸性并分析均衡解的存在及唯一性。在分析模型参数性质时，借助微积分方法对决策解的情况进行灵敏度分析，判断决策解关于参数的单调性，探究参数的影响，总结融资的运营机理；在模型的实际论证阶段，需收集现实数据，此时借助统计学相关决策解关于参数的单调性，并基于此探究参数的影响，并总结融资的运营机理；在模型的实际论证阶段，需收集现实数据，借助统计学相关理论知识进行调查问卷的设计、发放、收集，对数据进行总结整理，并借助 SPSS 等统计分析工具进行严谨的数据论证和分析，最终获取模型所需的实际数据；在数值分析模拟阶段，主要借助运筹学优化求解算法对模型进行均衡优化求解，在模型显性解表达式获取较为困难，运用解析方法进行模型求解相对较难，此时需借助模拟退火算法、遗传算法等启发式优化求解计算方法对模型进行数值的模拟计算分析，此时，还需要借助 Matlab 等计算工具进行算法实现。

  针对特定风险情形下的风险控制策略，需运用相应的理论分析方法，如针对不确定风险的控制分析中主要运用随机控制理论、报童模型分析方法进行模型的建立并采用 CVaR 风险度量准则进行风险度量，运用运营保险、库存转运等相关理论方法开展风险的控制策略分析；针对信息不对称风险的控制分析，则主要借助贝叶斯理论进行信息不对称风险的刻画，运用委托代理理论、信息显示理论进行信息的甄别；针对信息缺失风险的刻画和分析，主要运用鲁棒优化相关理论方法进行优化决策分析，主要采用后悔值、最小最大后悔值等鲁棒性优化策略分析方法对信息缺失情形下的决策目标进行刻画，运用对偶理论、带约束的优化求解方法等对目标决策进行求解；针对突发事件风险的控制分析，则主要运用风险应急管理理论、扰动理论、风险中断理论分析突发事件风险的应急处理方法；针对多分销商的分销情形，运用 MPEC 等优化模型方法进行竞争均衡的刻画，运用竞争分析法分析竞争和融资之间的相互作用机理，运用库存共享等理论开展风险控制分析；针对融资系统的协调，主要应用和结合协调合同设计相关的研究结论进行分析。而为了从宏观角度分析供应链融资的发展现状及特征，需配合实证或系统动力学等分析方法进行补充论证，从而对研究问题进行更加全面的了解。

第二章
相关概念及文献研究评述

与本书相关的研究领域主要包括：资金约束下的供应链融资及运营管理（运营决策、融资模式比较等）相关理论，供应链风险管理（不确定风险的预防策略、信息风险的控制研究、突发事件风险的应对策略等）相关理论。下面对这些研究领域的相关概念进行简要介绍，并对研究现状进行梳理、分类、评述、总结，以此进一步得出本书的创新点。

一、相关概念介绍

（一）供应链融资

针对中小企业开展的融资手段主要包括贸易信用、供应链金融、互联网金融等融资手段。下面依次阐述这些融资模式的相关概念及研究开展方式。

1. 贸易信用融资

贸易信用融资主要是指商品在交易过程中以延期支付和预付账款等方式解决上下游贸易企业资金不足问题的融资途径，是一类供应链企业内部融资形式。其主要借助企业间的信用，通过赊销、提前付款等形式援助资金不足的中小企业以保障其生产及销售环节的有序进行。延期支付和预付账款是贸易信用融资的两类常见方式，分别用于应对供应链下游和上游企业的资金缺乏问题。图 2-1 展示了核心企业为中小企业提供贸易融资流程图。在图 2-1（a）情形下，上游企业接到下游企业订单后，将产品交付下游企业，下游企业完成产品销售后，从客户手中收取回款，并用回款偿还上游企业为其赊销的信用款；在图 2-1（b）情形下，资金充足的下游企业先预付账款用于上游企业生产，随后交货销售，以解决上游企业生产资金缺乏问题。2017 年，我国仅规模以上的工业企业应收账款额度就高达 13.5 万亿元。

贸易信用有效地解决了核心企业所在供应链上下游企业的资金困境，但也存在占据核心企业资金、加剧核心企业风险的不利因素。考虑到市场风险及企业道德风险存在的可能，中小企业存在破产、违约还款风险。根据著名交易保险公司 Coface 的市场调查研究，发现我国 2016 年出现超期付款企业数量比例高达 68%。可见，贸易信用融资仅适用于核心企业资金充足、不受违约风险影响的情形。

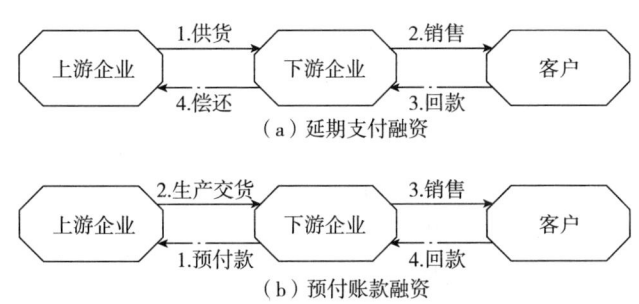

图 2-1 贸易信用融资运作流程

注：实线和虚线分别表示物流及现金流。

2. 供应链金融

供应链金融表示银行等金融机构通过引入供应链内部核心企业、电子商务平台、大型物流企业等新型风险控制变量，通过对供应链中的交易、物流、财务等数据信息展开详细分析，借助核心企业的强大信用、担保能力，与核心企业联合管理上下游中小企业，确保交易及物流、资金流的真实性，在此基础上为中小企业提供融资的金融服务。在核心企业担保下，供应链金融风险被有效降低。

供应链金融有助于参与主体实现共赢。对于中小企业来说，一方面，表现在融资的可获得性方面，中小企业在核心企业授信担保下，从商业银行获取优质资金。另一方面，借助核心企业高信用额度有助于大幅降低从银行等金融机构获取贷款的利率，有效地降低中小企业的运作成本。这最终表现在整条产业链成本降低上，有助于增加产业链竞争水平。对于核心企业来说，上下游中小企业解决资金问题后，不仅有助于其自身产品流通销售，还有助于核心企业提前收款，降低资金周转周期，避免资金占用，降低机会成本，优化核心企业财务报表。此外，还有助于维系核心企业与中小企业的关系并保持更高程度的战略合作，促使整条产业链维持良性循环，提升品牌竞争力。对于商业银行来说，随着创业板、新三板等资本市场的进一步开放，金融脱媒现象愈演愈烈，大型企业越来越倾向于选择股权及债券等直接融资方式。此外，互联网金融等民营资本的快速发展使得资本市场中的竞争愈演愈烈，商业银行市场份额被不断蚕食。伴随着利率市场化政策的实施和深化，存贷利率正在不断降低，银行依赖利率差额获取利益已经变得越来越困难。为此，商业银行不得不遭遇转型之痛，占据着我国98%比例的中小企业成为商业银行发展新的机遇及新的利润增长点。商业银行纷纷布局针对中小型企业的供应链金融业务，这给商业银行带来诸多好处：首先，借助核心企业强大的控制能力，银行将原来的不可控风险变为可控风险，大幅降低贷款风险；其次，借助核心企业在产业链中的作用，大幅拓展商业银行客户群，降低融资借款的搜寻成本和风控成本。综上，供应链金融可真正适用于中小型企业，解除了多方痛点。目前，供应链金融正处于高速发展期且多数商业银行均开展了这项业务，融资规模有望在2020年突破15万亿元。

供应链金融的运作模式：相比传统意义上的银行信贷融资，由于供应链金融中介入了核心企业或物流企业等的风险共担或监管机制，风险控制体系相对更加完善,大幅降低了金融机构所须承担的市场风险,从而推动了传统商业银行积极参与中小企业融资服务的开展。目前,供应链金融发展方式大概可被划分为应收账款、预付款、库存质押三类。

(1)应收账款主要解决上游中小型供应企业的资金问题。上游企业将与下游核心企业开展贸易往来开具的应收账款凭证转让给商业银行以获取融资,通过融资获得下一周期的生产运营成本。若到达约定还款期限后上游中小企业未能按期还款,商业银行则转而可凭借应收账款凭证向位于下游的核心企业收取欠款,核心企业只需将应付给上游中小型企业的账款转移给金融机构即可。由于核心企业的强大运营能力以及较高的信用体系,大大增加了银行收款的可能且有效降低银行坏账风险。可见,应收账款融资中下游核心企业的介入起到了关键的风险控制作用。实际上,这不仅帮助中小企业实现了低成本融资,还规避了供应链内部资金的占用,整体降低了供应链整体运作成本,大幅改进了供应链现金流并有效提升供应链整体运营效率和运作绩效。目前,采用这种融资模式的经典案例就是京东联合商业银行向其上游供货商提供的应收账款供应链金融业务。其运作流程如图2-2所示。

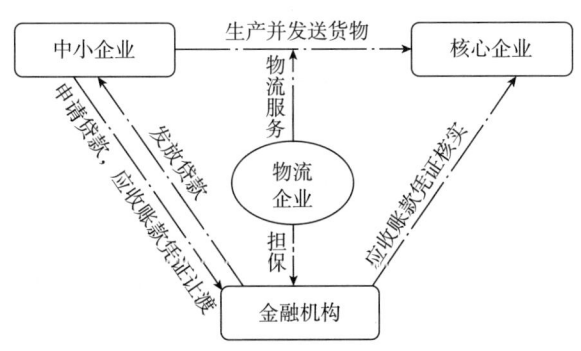

图2-2 应收账款融资运作流程

(2)预付款融资是指处于产业链下游的中小型企业在交纳一定的押金后,在上游核心企业信用担保下向金融机构借款,进而通过融资向核心企业进货的一类融资方式。为了确保中小企业所购买货物的价值以及资金的用途,银行往往引入第三方物流企业进行存货监管(在中小企业未完成销售前,货品所有权归银行)。中小企业通过分批提货、销售、还款、再提货的方式,不断循环往复,直至将位于保兑仓中的货物提取完毕,或中小企业不再提出进货要求。最终若中小企业还款额度低于贷款额度,上游的核心企业负责通过回购或退款的方式承担风险,从而保障商业银行资金的安全性。在实践中,海尔、TCL等大型生产企业均为其下游的分销商开展了预付账款融资业务,从而确保货物分销的畅通。其运作流程如图2-3所示。

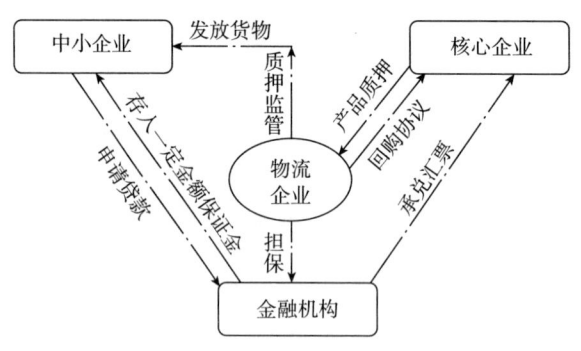

图2-3 预付款融资运作流程示意图

(3)库存质押融资。库存质押融资主要指存在资金周转压力的企业将所持有的库存抵押给商业银行获取融资的过程。风险的主要控制源于第三方监管公司(如物流企业等),通过物流企业的货物监管、价值评估等协助商业银行给出最优化的融资方案,协助商业银行发放贷款。中小企业通过运营所得款偿还贷款以获得货物的赎回权,最终完成货物销售。实践中,根据货物提取方式的不同,库存质押融资又可划分为静态抵押方式及动态抵押方式;根据抵押物的不同又被分为存货及仓单等质押方式。库存质押融资的优点在于通过融资将不可流动性资产变为可流动资产,盘活企业资金流。许多物流公司主导参与了这一融资模式,比较知名的如UPS、怡亚通等。其运作流程如图 2-4 所示。

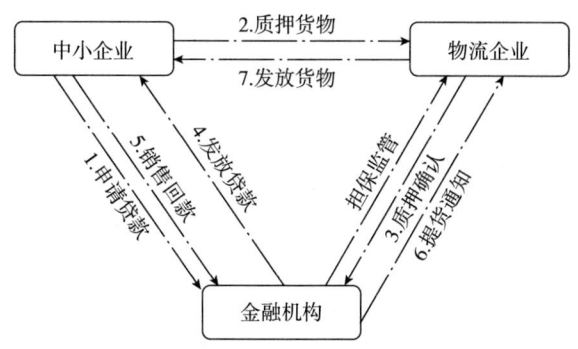

图 2-4 库存质押融资运作流程示意图

（4）供应链金融的具体实施案例。2014 年，海尔集团与平安银行联合推出贸易自由贷业务，经海尔集团认可的经销商，无须提供任何抵押即可借助平安融资平台申请融资借款。同时，海尔集团为其零售商提供全面的违约担保责任以确保金融机构的资金安全。双方合作的基础是充分利用了海尔集团完善的分销网络、强大的交易数据以及规范的物流业务开展等能力；以及平安集团雄厚的资金积累、技术优势等，通过平台对接最终实现产融结合。截至 2014 年末，平安银行已为愈千家海尔集团分销商提供了融资借款服务，累计授信超过 20 亿元，而融资不良率仅为 0.43%，远低于普通贷款的 7%。海尔、平安、经销商三方共赢，共同打造了完善的供应链金融生态圈。凭借平安银行的成功经验，许多商业银行、核心企业、物流企业、电商平台纷纷主导开展了属于自己的供应链金融业务，供应链金融正呈现百花齐放的前景，为我国实体行业发展提供了强大的原动力及保障。

3. 其他融资形式

除上述融资形式，互联网金融和股权融资也是两类常见的融资方式。

（1）互联网金融是指传统金融企业借助信息及互联网等技术在线上实现支付、投资、融资等交易行为的一种新型金融业务模式。与贸易信用融资以及供应链金融不同的是，互联网金融可由中小企业独立寻求并获得，无须依赖核心企业援助。依据融资的运作方式不同，可将其大致分为网络支付、众筹和P2P三类模式。而涉及企业投融资行为的主要方式是众筹融资和P2P网贷融资。金融机构运用互联网、信息等技术实现资金汇集，并为企业及消费者提供投资、支付等金融服务的金融业务形态。相比传统融资方式，互联网金融具备信息透明度高、低成本、高效率、高覆盖、无垄断、低门槛等特征。鉴于该融资模式的优越特性，其迅速成为中小型企业争相追逐的资金融通手段，催生了如蚂蚁金服、京东金融、宜人贷、陆金所等诸多知名互联网金融企业及平台。截至2015年底，我国互联网融资交易额高达12万亿元，互联网金融用户规模高达5亿元，并呈现高速发展态势。

（2）股权融资则是指企业以出让企业部分所有权的方式募集资金的融资形式。股权融资中的投融资双方共享收益、共担风险。区别于贸易信用、银行信贷、互联网金融以及供应链金融等债券融资方式，股权融资中企业通过引入新股东并出让部分所有权解决资金困境，企业无须偿还融资付息，可解决债权融资成本高、融资额度有限等因素的阻碍，激活企业成长性，但股权融资大多仅适用于新兴产业。

（二）供应链运营风险

融资市场借助技术及法规等手段建立了严密风控体系，金融机构凭借大数据等信息技术手段对企业资产、交易记录、市场前景、征信记录等开展多维分析，以揭示其行为特征与信用风险间的关系；借助银行及信用法制体系对企业开展行为约束及监管。技术及法规对借贷方的道德风险起到了较好的约束作用，但对于环境因素、操作因素、企业经营管理不善等造成的供应链运营风险无法较好地预防和应对，开展有效的企业及供应链运作风险管理是风险控制和预防的另一类有效方法和手段。综合起来，融资过程主要面临以下外部环境及操作风险：

1. 市场不确定风险

经济学理论认为，风险由各类不确定性引发，风险控制的核心即消除和降低不确定性。企业在进行经济决策时无法准确预知所有知识,这决定了企业从事任何经济活动均面临风险。多数商品均采用先生产后销售的推式运营模式,这造成市场需求无法被准确预知。借助数据统计分析虽能测算大致分布,却难以准确预知其确切值,一旦市场需求低迷,企业销售不力,中小企业随时面临破产风险,并对投资核心企业及金融机构造成违约。除需求不确定性,原材料供给、商品剩余价值等的不确定性均使供应链风险进一步积聚。

2. 突发事件风险

灾害、事故、宏观政策等外部环境风险因素突然变化极易造成供应链风险进一步加剧,甚至直接导致企业破产、投资失败。市场突变使供应链变得脆弱和不稳健,环境及人为因素导致的突发事件时有发生。2016年,我国因地震、台风、洪涝、地质、火灾、海啸等自然灾害受灾人数达1.9亿人。事故频发,世界宏观政治、经济、金融风起云涌、变幻莫测,这些因素的干扰造成市场商品需求、供给、价格、成本、汇率、利率等参数大幅波动,进一步加剧供应链投资及融资风险甚至直接导致投资失败,企业破产。

3. 信息缺失风险

一方面,复杂多变的交易市场使得信息预测、数据收集变得困难,企业往往仅能获取有限的交易信息;另一方面,新成立的中小企业,特别是新兴产业数据积累有限,数据收集困难、数据含量低使得企业决策难度进一步加大,如何在信息缺失风险下最有效地利用有限信息制定最有利于企业的运营决策成为企业及供应链所关心和关注的问题。

4. 信息非对称风险

许多中小企业并未谋求长远发展,存在伪造信息等失信现象。在与中小企业交易过程中,存在较大信息非对称风险,中小企业通常掌握一定优势及私有信息,通过谎报或隐瞒市场信息(如质押物价值、市场前景等)攫取利益,并将风险转嫁给融资提供方。而中小企业是否具备利用信息优势获利行为难以界定,唯有建立有效手段实现信息甄别,但这增加了投资方运作的成本。

此外，中小企业多数以家庭及合伙制经营，企业规模小、科技含量低、抗风险能力差、缺乏竞争力，存在管理水平低、财务制度不健全、产品研制技术力量有限、对市场变化趋势缺乏预见性、制定决策不具备科学性、未对市场风险形成合理有效的控制和预防措施等问题，这进一步导致运营风险的积聚。

二、相关文献综述

（一）供应链融资

供应链融资相关理论最早起源于财务金融与企业运营管理相结合的领域。以往研究中，多数学者均将企业现金流假设在较理想的环境下，即资金充足情形下。Xu 等（2004）较早地将资金问题引入报童问题中，考虑企业资金流影响对于企业优化运营决策具有重要的现实意义，探究资金约束对报童型企业订货的影响，同时他们还进一步分析企业权益比率及资本结构等对决策的影响。随后，从运营管理角度分析企业投融资决策问题得到广泛开展，并积累了丰富的研究成果。在相关研究中，学者主要考虑企业资金约束对于运营决策制定的影响。其中，Buzacott 等（2004）则进一步研究资产融资下库存决策问题，结果表明资产融资能提升零售商资本回报。Chao 等（2008）、Protopappa–Sieke 等（2010）依次探究企业资金约束对随机库存控制的影响和管理。Yang 等（2015）深入探究了零售商破产对供应链产生的掠夺、跳伞、支持三种效应。Feng 等（2014）和夏雨等（2017）研究资金约束下零售商期权合同采购策略。王文利等（2014a）则将研究拓展至两周期情形，探究零售商订货策略，发现资金约束零售商偏向于超额订货。Yan 等（2014）分析资金约束且信息更新情形下报童订货问题。Wang 等（2017）发现，生产商资金约束能有效地激励其生产高质量的再制造品,降低碳排放量。可见,企业的资金约束对其传统的运营决策制定造成了深刻影响。

基于以往学者的相关研究,后来的研究者则进一步将模型结构拓展到供应链层面,分析不同融资模式下的供应链融资均衡决策和协调等相关问题。其中,根据融资模式和方式的不同,可将供应链融资相关研究细分为贸易信用、银行信贷、互联网金融、供应链金融等债权融资形式,以及公开市场、私募等股权融资手段。而根据融资主体又可细分为供应链上游企业融资和下游企业融资,上游主要涉及供应链中的生产商及供应商等货品的供应企业,而下游则是指供应链中的零售、分销等销售型企业。下面,对于不同融资模式相关的理论研究进展进行一一介绍。

1. 贸易信用融资

贸易信用是一类供应链内部融资形式,主要依靠供应链链内成员间授信、资金互助等方式开展交易及资金援助。根据融资主体不同,可被细分为延期支付(上游企业为下游企业提供授信)和预付款(下游企业为上游企业提供授信)等融资形式。其中,延期支付主要为下游企业解决资金问题,以赊销形式开展和进行,作为一类传统且易于执行的贸易融资形式,其在商业运作中得以广泛开展,学者多基于该形式开展了广泛分析。其中,Gupta 等(2009)较早从运营层面对这类模式开展研究,分析信用期等贸易信用融资参数制定对企业最优化库存决策等的影响和变化。Luo 等(2012)则进一步将延期支付融资研究拓展至信息不对称情形,发现信息对称下延期支付融资能实现供应链协调,而非对称信息下虽能提升买方收益,但无法实现链内协调。陈祥锋(2013)论证延期支付融资形式在供应链协调中的作用,通过对延期支付供应链订货决策分析发现,延期支付有利于激励零售商订货,并起到供应链部分协调作用。与之类似的有 Lee(2011)和 Chen(2012)等的研究,他们均发现延期支付对供应链协调具有积极作用。此外,还有学者设计实现延期支付供应链协调新的契约机制,如张义刚等(2011)设计并分析批发价协调契约。Zhang 等(2014)设计了一类数量折扣合同,并与延期支付协调合同进行比较分析。刚号(2013)则就零售商损失厌恶情况下的延期支付供应链决策进行分析,并引入回购合同对供应链进行协调。Chen等（2015a）探究延期支付供应链中下游企业风险规避行为对运营决策的影响。李荣等（2017）分析供应链上下游企业均存在风险偏好情况下，核心企业如何协调此类延期支付类供应链。除此之外，冯海荣等（2013）和Chen等（2015b）则分别对易腐品联合采购费用分配问题及库存和信用期联合决策问题进行研究。王文利等（2014a）将延期支付研究框架拓展到两周期环境，并与传统供应链进行比较，分析交易信用和零售商初始资金对订货决策的影响。Wu等（2018）将研究拓展至一对二结构情形，分析了市场竞争对贸易信用融资的影响。

针对预付账款这类上游企业融资形式，Li（2014）分析预付款融资对决策的影响，发现预付款融资中会出现超额订货现象。王文利（2014b）对预付款融资决策与价值及供应商自有资金影响进行理论分析，指出企业接受预付款融资形式的条件。进一步地，王文利（2014c）对预付款融资中价格和订货联合策略问题进行了研究。

2. 银行融资

当供应链内企业（上下游企业）均出现资金不足时，贸易信用融资就变得难以开展。为不影响供应链的正常生产、运营、销售，供应链企业开始寻求外部融资。银行信贷融资是最为传统且有效的一类外部融资手段，这是由于相比其他渠道，银行融资利率和资金成本通常最低，这有助于降低企业融资成本，但同时存在手续繁多，审核严格，质押物、信用、财报、数据等要求高等特点。针对银行信贷融资模式，学者分别从银企决策及协调等方面开展研究，Dada等（2008）较早建立以银行为领导者下的银企主从博弈模型，并分析其均衡决策，该研究还讨论了银行及企业间的协调。陈祥锋等（2008）对竞争型资本市场中的融资及运营决策制定给予分析，发现开展融资能够为供应链创造价值。钟远光等（2011）针对零售商参与银行融资时的最优价格决策进行研究。Kouvelis等（2011）讨论零售商初始资金量等对均衡决策的影响，发现在考虑零售商破产成本和不考虑破产成本时，批发价分别随零售商自有资金增加而递增或递减。于辉等（2012）则假设市场需求信息缺失，针对融资系统的鲁棒性决策进行分析。

Zhang 等（2017）分析了零售商损失规避对融资决策的影响。Kouvelis 等（2016）进一步讨论银行信贷融资系统协调问题，发现收益共享契约和回购契约等仍可实现系统协调，而数量折扣机制难以达成链内协调。同样关注银行融资系统协调的还有 Yan 等（2013）。

3. 供应链金融

Lamoureux（2007）较早提出供应链金融这一概念，将该融资模式总结为核心企业对供应链中的资金获取及资金成本进行优化的过程。其概念主要强调资金及财务优化对供应链管理起到关键作用。胡跃飞等（2009）结合理论实践并从金融机构视角将供应链金融定义为：银行将核心企业引入融资环节，并借助核心企业信用担保为中小企业融资服务的过程。相比传统意义下的融资形式，供应链金融更着重强调核心企业的作用。在传统的融资形式中，考虑到中小企业资质问题，金融机构很少直接将信用借款提供给中小企业。供应链金融恰当地解决了这一难题，由于核心企业的介入，不仅帮助商业银行更好地了解中小型企业信息和资质，而且借助核心企业提供的信用担保大大降低了金融机构的风险损失。同时，依托核心企业形成大规模授信，也为金融机构带来规模效应，大幅降低融资的搜寻成本及风险控制成本。根据工业实践以及理论研究，可大致将供应链金融依据核心企业的不同细分为以下几类：由供应链内部核心企业、第三方物流、金融机构及电子商务平台分别主导的融资形式；而按照融资形式及主体不同，又可被细分为预付款、应收账款、存货质押等融资形式。当然，各类融资形式根据风控策略不同、开展形式不同又可被进一步细分。下面，对各模式下的研究现状、文献等展开分类、综述和梳理。

（1）供应链内核心企业主导。当供应链下游企业出现资金不足时，预付账款融资（即银行为下游企业支付订货款，随后企业以销售回款进行偿还，上游核心企业负责承担违约风险）被应用于解决这类企业的资金困境。针对相关融资形式，张义刚等（2013）分析生产商为其下游零售商提供融资担保的条件。易雪辉等（2011）和王宗润等（2016a）分别讨论了保兑仓融资形式下的融资系统成员均衡最优决策，并利用数值分析探讨生产商担保率对成员的影响。吴英晶等（2015）分析供应商回购对存货质押融资的影响，发现回购承诺有助于提高银行利润。Yan 等（2016）分析制造商部分信用担保下的融资均衡决策与收益共享协调策略，同样关注此类保兑仓融资协调的还有林强等（2013）。当供应链上游成员出现资金困境时，核心企业和金融机构主要采用应收账款融资（即上游企业在下游企业担保下将应收账款抵押给金融机构，以获取资金支持）形式开展授信融资。鲁其辉等（2012）基于多周期销售模型分析应收账款融资价值，发现应收账款融资的实施对企业和金融机构均有益。占济舟等（2014）主要对供应链决策结构进行比较分析，发现在一定条件下分散式供应链整体绩效优于集中式情形。于辉等（2015）针对订单转保理形式供应链融资模式进行研究分析，发现该融资模式可实现供应链系统多赢。王宗润等（2015）探究隐性股权对应收账款供应链金融影响，发现隐性股权供应链更容易从金融机构获取融资。Li 等（2016a）则研究当供应链成员均资金约束时生产商为其零售商提供贸易信用且供应商从银行获取信贷融资时，分析引入保险担保机制对融资系统的影响，研究发现保险机制有利于降低风险并扩大销售，对融资系统有利，但相关研究未考虑上游企业批发价决策影响。

（2）第三方物流企业主导。也有研究针对物流企业参与下的存货质押融资模式进行分析，陈祥锋等（2008）依据第三方物流企业在供应链中的地位及作用，分别构建传统、控制、代理三类结构下的供应链融资运作模型。研究发现，控制结构下第三方物流能够为融资企业创造更高的价值。随后，Chen 等（2011）分析物流企业在融资中的关键作用，发现物流企业参与融资能提升供应链绩效。Chen（2015b）进一步对供应链结构进行分析，发现物流企业主导下的供应链绩效优于供应商主导情形。Chen 等（2017）在进一步研究中发现物流企业参与供应链融资模式优于仅关注运输时的传统融资模式，于辉等（2010）分析仓单质押融资下金融机构最优质押率运营决策形式。李毅学等（2011a）和白世贞等（2013）分别就存货质押融资情形下最优质押率制定进行探究，并对该融资模式下的关键风控指标进行理论分析。进一步地，李毅学等（2011b）针对季节性产品存货质押率决策进行理论分析。于辉等（2013）探讨先票后货这一特定融资形式下的生产商最优运营决策，研究明确了先票后货融资产生的价值。辛玉红等（2015）提出实现存货质押融资下供应链协调的回购契约设计。鲁其辉等（2016）对委托监管、物流银行、统一授信三类物流融资形式给予比较，发现多数情形下统一授信模式是占优策略。

（3）电子商务平台主导。基于电子商务平台的强大数据分析能力、风险控制能力、企业整合能力，许多金融机构选择与电子商务平台协作共同开展供应链融资服务。如建设银行分别与金银岛、敦煌网及阿里巴巴等大型B2B电商平台合作设计了一系列针对平台中小企业的融资产品，起到了很好的示范作用。相关研究中，史金召等（2015）关注企业道德风险并运用委托代理模型对金融机构及B2B平台的激励机制予以分析和探究。Gao等（2017）讨论分析供应链生产商借助电商平台开展P2P融资时的运营决策问题，分析了电商平台服务水平对企业运营决策的影响机理。

4. 其他融资形式

除上述融资模式，学者也对互联网金融、股权融资等融资方案展开研究。

（1）针对互联网金融的研究主要聚焦于众筹融资和P2P融资领域。在众筹融资相关研究中，Schwienbacher等（2012）将众筹融资归纳为捐助型、借贷型和奖励型三类。王伟等（2016）和郑海超等（2015）分别证明众筹融资成功率取决于创业者的能力、语言的说服性和项目质量等因素。P2P网贷指个人对个人的线上借款模式，通常由互联网金融平台作为信息中介，对融资方的借款需求和投资者的理财需求进行匹配。研究认为决定P2P网贷平台上能否成功融资的因素来自融资项目特性（Bachmann等，2011）、借贷双方地理因素（Lin等，2013；Burtch等，2014）、借款者特性（Galak等，2011）等的影响。与传统金融类似，P2P借贷中也广泛存在羊群效应（Luo等，2013）。虽然研究者对互联网金融开展了一些初步设想和研究，但多数从实证和实验角度进行分析，研究目标则主要是分析互联网金融特性。不同的是，王宗润等（2016b）建立决策模型，定量分析互联网金融中的信息风险问题，应用委托代理理论设计了一类投资收益共享契约。

（2）在股权融资研究中，从金融领域对其分析较多，基于运营角度的分析仍较匮乏。其中，针对供应链持股投资，付红等（2014）分析生产商持股零售商时的供应链协调。Fu等（2017）发现组装型供应链中下游组装商持股上游配件商有助于降低零售价，提高产品质量。在针对企业资金约束下的股权融资方面的研究中，Yang等（2017）在零售竞争市场中研究考虑股权融资对决策的影响，发现当股权融资比例较高时供应商将选择成员合并策略。王宇等（2017a）分析零售商借助私募手段募集股权资金时，供应链成员开展合作的关键作用。进一步地，王宇等（2017b）分析零售市场竞争对股权融资零售商的影响，发现市场竞争有利于投资股东，但对零售商造成不利影响。

5. 融资模式比较分析

伴随着融资市场的丰富化和多样化，融资形式间也形成竞争。投资企业可以选择通过不同形式的融资方式开展资金援助，融资企业也可选择不同形式的参与融资。针对不同融资模式间的选择和比较研究，学者开展了一些研究。

关注延期支付融资和传统银行授信融资两类融资方式之间的比较分析较多，如Kouvelis等（2012）针对竞争资本市场中的银行信贷融资和延期支付融资进行比较分析，发现资金约束型零售商总是倾向于选择延期支付融资而非银行信贷融资。Jing等（2012，2014）和Wu等（2018）则发现生产商对融资提供模式的选择主要取决于产品的生产成本，生产成本较低时的融资均衡为延期支付模式，否则为银行信贷融资。Cai等（2014）发现零售商选择融资方式取决于资本市场的竞争程度，当银行资本市场竞争程度较高时，零售商将优先选择银行信贷融资，当其资金量较低时转向延期支付融资，当延期支付资本市场竞争程度较高时，则总是选择延期支付融资而不选择银行信贷融资。Chen（2015c）基于传统批发价合同和利润共享合同对延期支付和银行信贷融资进行比较，发现延期支付融资集中化程度较高，成员收益水平高于银行信贷。Kouvelis等（2018）进一步分析了供应商信用评级对零售商融资模式选择的影响，发现生产商信用评级较高时，零售商选择延期支付融资，否则选择延期支付和银行结合融资。

除延期支付及银行融资间的比较分析，也有学者针对其他不同融资形式进行比较研究，如针对预付款融资和银行融资，占济舟等（2015）发现一定批发价折扣率下预付款融资优于银行信贷融资。Deng 等（2018）针对一类特殊供应链系统——组装型供应链系统的融资选择问题进行分析，发现存在贷款利率区间，使得零部件供应商和组装商均倾向于选择银行融资或预付款融资，但也存在双方融资模式选择的冲突域。Tang 等（2018）考虑存在供应中断风险和信息不对称，比较了预付款融资和银行融资，发现信息对称情形下，预付款融资和银行融资对制造商（核心企业）的影响不存在差异。在信息不对称情形下，预付款融资占据优势。除以上研究，方磊等（2017）在考虑零售商促销努力决策的情况下分析了零售商融资模式的选择问题，发现初始资金水平较低的零售商应选择股权融资形式，初始资金较高的零售商则倾向于选择银行融资形式。于辉等（2017a）比较银行借贷融资和电商融资对生产商及电商平台的影响，发现存在银行贷款利率区间使得电商融资实现生产商及电商平台间的共赢。

（二）供应链风险管理

针对不同类型的供应链运营风险及其控制策略，学者开展了广泛的探究。

1. 市场不确定性风险

交易市场中存在的不确定因素主要包括市场需求、供给、价格、成本、汇率等。学者针对如何防范、消除和弱化这些常规不确定因素风险开展了相关研究，总结出不确定风险的控制和防范机制。具体来说，可分为金融避险（如采购期权、购买保险等金融避险工具）和运作避险（如借助库存转运、制定供应链合同等方式弱化不确定性风险）机制。针对相关的研究非常多，本书仅选取具有代表性的研究进行综述。

（1）金融避险工具。针对金融避险策略解决不确定风险研究中，Ding 等（2007）分析运用期权工具开展生产决策规避不确定风险的有效性。Kouvelis 等（2013）进一步分析金融工具在需求和商品价格同时不确定时的避险作用，研究分析了企业库存和金融避险的联合决策。Sayin（2014）

的研究同时表明进行金融市场投资可有效降低报童模型中的供应和需求不确定性。程永文等（2014）分析低于商品价值不确定性的最优期权购买数量决策。Liu 等（2014）比较两类不确定风险规避合同：期权合同和价格折扣合同，研究表明合同的选择取决于生产量的大小，但相关研究均没有考虑资金约束下的风险规避问题。Luo 等（2015）分析期权合同在产能不确定风险的规避作用，发现一定条件下该合同可以实现供应链的有效协调。针对保险应对市场不确定风险，Li 等（2016a）分析保险在应收账款融资中的作用，发现投保策略能够有效提升融资效率，实现资金约束生产商以及银行间的共赢。

（2）运作避险工具。供应链核心企业普遍采用制定供应链合同机制，如批发价、回购、数量折扣等方式分担风险，对此学者开展了诸多研究，本书不再赘述。除制定供应链合同以外，供应链库存转运也被广泛应用于消除需求不确定风险，如基于 Rudi 等（2001）的研究零售商协商库存转运应对市场需求不确定风险的基础上，后续研究分别针对信息不对称（Dong 等，2012）、顾客差异化服务（Alptekinoglu 等，2013）、转运成本（Noham 等，2015）、金融交易市场（Park，2016）、转运系统协调（Yan，2015）、转运模式创新（Glazebrook 等，2015；李荣等，2017）等方面开展了广泛的拓展研究。相关研究均论证了转运在应对市场需求端风险中的重要作用，但鲜有研究讨论库存转运在资金约束型供应链中的有效性。

2. 供应链突发事件风险

除常规概率风险，外部环境急剧改变通常招致突发事件的发生，所引发的市场突变风险同样值得被关注。风险通常导致需求突变、供应中断、价格变动、汇率波动等一系列不利因素，所引发的风险事故对供应链运作管理造成巨大损失。因此，突发事件的应急管理引发了各界的极大重视，相关风险的预防、应对和处理等也成为学术界和工业界共同关注的重要话题。Causen 等（2001）较早提出突发事件应急管理这一概念，他认为突发事件造成关键性资源脱离，需对其进行应对和调整。随后学者分别针对不同类型和领域对突发事件的应急、应对、管理等进行了多角度研究。

（1）扰动风险管理：针对需求扰动研究中，Qi 等（2004）考虑需求

第二章 相关概念及文献研究评述

为确定且线性情形，针对突发事件造成的需求规模变化，通过数量折扣契约协调应急管理下的供应链。于辉等（2005）基于 Qi 的研究，将线性需求协调扰动策略研究拓展至二级供应链。Huang 等（2006）将 Qi 的研究拓展至需求为指数形式情形，分析需求扰动应对策略。Xiao 等（2005）进一步研究需求变化下单生产商及两竞争型零售商组成的供应链分销系统协调的应对需求扰动风险问题。Chen（2009）分析和比较应对需求扰动的线性数量折扣契约和格罗夫斯机制，发现根据生产成本的不同，两种机制各为占优策略。Zhang 等（2012）分析单供应商，两竞争型零售商供应链需求扰动时如何设计收益共享契约进行供应链协调。曹二保等（2010）、Cao 等（2012）和 Zhang 等（2012）等将模型拓展到单供应企业多零售企业情况，分析基于收益共享的协调应对策略。Cao（2014）、Zhang（2015）和黄松等（2014）分别对双渠道供应链中的需求突变下协调问题展开讨论。李新然等（2015）针对闭环供应链下生产成本扰动变化时的供应链协调应对策略进行研究。

上述研究均是基于需求为确定情形的研究，针对随机需求下的扰动管理，Yu 等（2005）研究随机需求分布扰动时的数量折扣契约协调应对策略。于辉等（2006a，2006b）针对短生命周期二级供应链需求分布发生突变时，研究批发价及回购契约协调应对策略。滕春贤等（2009）分析供应链网络结构下需求突变应对策略，吴忠和等（2013）分析基于期权契约的需求分布和生产成本扰动应对策略。上述研究均是基于供应链发生扰动风险时，如何进行协调策略调整。此外，还有学者针对扰动风险，提出了其他应对策略，如陈敬贤等（2014，2015）提出应对需求突变的库存共享策略。

（2）中断风险管理。除需求和成本等参数的扰动管理研究外，供应中断风险也是研究中的一大重要主题，针对供应中断的应对策略，Parlar 等（1997）较早提出缓解中断风险的双源采购策略。Tomlin 等（2006）基于容量限制和信息非对称的考虑对运营决策模型进行了拓展探究。Dada 等（2007）针对多供应商单零售商的供应链结构情形，在考虑供应商可靠和不可靠情况下分析零售商订单分配问题。Chopra 等（2007）分析两种不同类型的不可靠性：产出不确定以及突发事件中断发生的不确定性，发现两类不可靠性可分别通过增加不可靠供应商和可靠供应商订单予以风险缓解。Yang 等（2012）分析信息不对称下双源采购策略对供应链产生的竞争效应和风险分散效应。Hu 等（2015）探究当制造商同时面临完全中断风险的不可靠供应商，以及订单费用更加昂贵的可靠供应商时，如何制定最优订单分配及采购策略的问题。Silbermayr 等（2016）考虑供应商学习效应对供货成本降低所产生的影响，通过建立随机优化模型研究采购者的最优订单分配策略，研究同时分析了采购成本、供应商可靠性、学习能力对运营决策的影响。

除采取双源采购应对供应中断风险，近年来，学者还总结出其他几类有效的风险控制策略，如备用供应商策略、持有库存策略、产能恢复策略、过程改善策略和金融工具风控策略等。Hou 等（2010）分析探究当制造商上游核心供应商为不可靠供应商，备用供应商为可靠供应商，且生产商可通过备用供应商退货时，生产商如何向两供应商联合制定采购决策。Hu 等（2013）探究考虑不可靠供应商借助中断发生前的可靠性投资，以及中断发生后的产能恢复应对系统风险时，对生产商批发价及订货决策激励产生的影响。研究同时通过比较总结了该策略相比双源采购策略的优势。Wang 等（2010）分析买方企业可对其供应商进行可靠性改善的风险应对策略，在产能随机及产出随机的情况下与双源采购策略展开对比分析。Tang 等（2014）比较供应商对其自身可靠性进行投资改善的直接激励策略，以及零售商分散供应商可靠性改善投资成本时的间接激励策略，研究发现，当供应商面临完全中断风险时，其更倾向于直接激励；面临部分中断风险时，间接型激励策略更具优势。Huang 等（2015）探究当供应商可靠性为其私有信息时，制造商如何采用委托代理模型进行合同设计，以实现信息显示以及产品采购的联合最优决策问题。Zhen 等（2016）考虑面临运输中断风险的分销中心可借助交易保险购买，以及运输恢复策略进行风险规避，研究发现追求最小化利润损失的企业更加倾向于采取混合策略的应对中断风险。Li 等（2016b）创新性地提出一类胡萝卜加大棒风险应对策略，发现制造商通过对供应商事前惩罚及事后资金援助混合机制能够有效应对中断风险,但对于供应商却并非如此。于辉等(2011)提出供应链开展突发事件应急援助的 CVaR 风险度量方法。于辉等(2017b)进一步探究保险在应对供应中断风险中的重要作用,发现供应商投保能够实现供应链成员间的协作共赢。

此外,除分析中断风险控制方法,学者还针对中断风险的相关特性进行探究。Chen 等(2014)还分析中断发生时生产商和零售商异质信念对供应链总体效率的影响。Bode 等(2015)基于实证方法分析得出,供应链横向、纵向和空间的复杂性加剧中断发生的可能性。Atan 等(2016)的研究表明,零售商应当关注中断发生的持续性而非发生的概率。

3. 信息缺失风险

当市场不确定性及扰动变化被进一步加大,不确定参数分布也变得难以预测和确定时。随着大众创业、万众创新的兴起,大量新兴产业得以诞生,对于新兴产业,市场数据很难获取,当信息不确定性程度较高时,企业优化决策变得困难。针对运营管理中的信息缺失、数据不足等问题,学者分析、研究并总结出一些方法:Scarf(1959)最早将分布鲁棒优化方法应用到运营管理领域,研究仅获知需求分布期望和方差条件下的报童订货决策问题。随后该方法得到了广泛的拓展延伸,并被命名为 Scarf 准则方法,也称为分布自由方法、Min – Max 方法、极大极小值方法等;Gallego 等(1993)对 Scarf 的结果进行重新证明阐释和推广后,分布式鲁棒优化方法逐渐被应用到更多的领域去解决信息缺失的优化问题。上述方法是在得知需求均值和方差时的优化方法,而针对已知需求分布区间的鲁棒优化方法,学者研究并推广了一类后悔值优化方法(Perakis 等,2008)后,该方法也被拓展到更多信息情形中。

随着鲁棒分析方法的不断成熟,鲁棒优化方法在诸多领域得以有效应用,如库存管理(Yue 等,2006;Hu 等,2012;Kamburowski 等,2014;Wagner,2015;于辉等,2017c)、投资组合(Chen,2011)、收益管理(Lan 等,2011)、供应链协调(邱若臻等,2011;邱若臻等,2014)、模糊规避(Xuan 等,2014;Han 等,2014)、质量控制(张翠华等,2015)以及供应链定价和订货联合决策(孙彩虹等,2014)等。然而,鲜有研究建立在资金约束背景下，作为投融资方共同关注的焦点，当市场信息不充分时，供应链企业和管理者及金融机构并不确定如何制定优化决策。于辉等（2012，2016）针对银行融资下需求分布未知鲁棒均衡决策进行了研究，但研究是建立在资金约束零售商总能偿还贷款，即不存在违约风险背景下展开的，且未来基于传统银行信贷融资，同时仅考虑获知均值和方差信息时的鲁棒性决策。有必要将研究进一步拓展至其他融资情形以及信息缺失情形。

4. 信息不对称风险

除市场不确定、不稳定性风险外，信息因素也是供应链风险的主要来源，主要表现在企业信息隐匿及信息不对称性等方面，这些因素是导致供应链效率损失的关键因素，信息风险广泛存在于供应链信息获取、传递、转变等各个环节中。由于各企业从事的工作不同，其掌握的信息也不尽相同，往往企业对某一信息具有天然优势，其可借助这一优势攫取利益，这可能对供应链中的其他成员造成不利。如何设置有效的信息共享机制，开展信息管理、防范信息风险相关研究成为学者研究的热点话题。

针对供应链中的信息不对称相关研究已涉及采购（Fang 等，2015）、生产（Çakanyıldırım 等，2012）、库存（Dong 等，2012）、营销（Gao 等，2017）等供应链运营的方方面面。且相关研究均表明，信息管理不当将造成信息扭曲和失真，给供应链造成巨大风险，信息不对称对信息劣势一方大为不利（Corbett 等，2001；Lau 等，2001；Lau 等，2006；Yue 等，2007；Eseili 等，2010；Li 等，2014）。因此，许多学者探究降低供应链信息风险的机制方法，通过设计信息甄别机制实现信息显示。如 Yan 等（2011）考虑单供应商双零售商组成的分销系统，当零售商间存在横向转运时，对市场需求信息不对称对供应链系统造成的影响及协调机制进行了探究。Babich 等（2012）则设计回购合同来协调需求信息非对称下的供应链，研究表明当参数满足一定情形时，回购契约有助于实现非对称信息供应链达到集中式决策水平。Shen 等（2012）针对零售商成本信息不对称的信息显示和供应链协调问题展开研究，发现批发价联合回购合同有助于达成供应链的有效协调。Cao 等（2013）和 Xiao 等（2016）分别就双渠道供应链下成本信息、考虑顾客退货时需求信息显示机制等特定情形进行拓展性分析和设计。近年来，也有学者将信息不对称的研究延伸至融资供应链中，如 Luo 等（2012）探究非对称信息对贸易信用供应链的影响，发现非对称信息使得贸易信用融资供应链无法达到有效协调。窦亚芹等（2012）则站在供应链视角分析信息在融资中的价值，发现非对称信息能够为供应链创造优势。刘克宁等（2016）则就销售价格信息不对称下的混同契约及甄别契约模式下的均衡决策进行研究分析。

5. 风险度量准则

当决策者面临风险，对风险进行度量，权衡收益及风险，考虑决策者对风险感知偏好对决策影响的研究变得十分必要。对此，学者也开展了一些研究，总结出目前常用的风险度量工具，包括均值方差、风险值（VaR）、条件风险值（CVaR）、均值条件风险值（Mean - CVaR）等。其中，相比其他准则，CVaR 准则具备反应超额损失、对非正态型分布适用与凸规划等价等特点（Rockafellar 等，2002；Alexander 等，2004）。Mean - CVaR 准则不仅具备 CVaR 准则的相关特性，还可以反映决策者风险喜好心理（Jammernegg 等，2007）。

后续研究中，决策者进一步将 CVaR 准则应用到报童模型中的目标管理（Chen 等，2012）、供应不确定（Wu 等，2013）、零售市场竞争（Wu 等，2014）、部分需求信息（Qiu 等，2014）、投资避险策略（Xue 等，2015）等研究主题和领域中。Yang 等（2009）和 Ozgun 等（2011）较早将研究拓展至供应链管理领域，分别分析决策者风险偏好下的供应链协调及销售折扣策略。随后，学者将研究拓展至更为丰富的结构上，如 Nash 均衡（Ma 等，2012）、三层供应链（Xu 等，2013）、双渠道供应链（Li 等，2016c）等。Gan 等（2004）、Chen 等（2014）和闻卉等（2013）研究了上下游企业均风险厌恶时的供应链决策与协调问题。Chen 等（2015a）则分析了零售商资金限制且风险厌恶对延期支付供应链决策的影响。

三、研究现状评述

本章主要从供应链融资及风险管理两大方面对研究相关理论及文献进行分类、梳理和介绍。其中，针对融资模式，以及市场风险类型的不同，本书进行了分类讨论，发现现有研究存在的不足如下：

（一）针对资金约束以及融资与运营结合管理等相关研究

学者主要从资金约束对企业的运营决策制定及企业绩效的影响；贸易信用（延期支付、预付款）、供应链金融（保兑仓、应收账款、存货质押、电子商务平台融资等）、互联网金融、股权融资等不同供应链融资模式下的成员博弈、运营决策、协调等；不同融资形式间的比较等方面开展了诸多研究。不足的是：在供应链资金援助和融资模式的选择方面，现有研究主要是针对传统融资模式间的比较展开研究，如贸易信用融资和银行信贷融资（Jing 等，2012；Kouvelis 等，2012；Cai 等，2014；Chen 等，2015c；Deng 等，2017；Wu 等，2018）、股权融资和银行融资（方磊等，2017）、互联网金融和银行融资（于辉等，2017a）。很少有研究关注分析供应链金融及传统融资形式间的比较；多数研究关注中小企业融资模式选择问题，鲜有文献关注中小企业融资模式的选择对核心企业的影响；较少有研究站在资金供给侧——核心企业视角分析其融资援助提供策略，核心企业并不明确应当为中小企业提供哪类融资形式（供应链金融还是贸易信用），也不明确应当为哪类中小型企业提供资金；针对供应链金融中的关键可控参数设定（如核心企业和银行间的风险分配）仍缺乏科学的分析；鲜有研究涉及两种以上的融资模式比较和选择策略；较少有研究分析融资提供方和融资需求方之间的融资模式选择博弈问题。

（二）针对供应链融资中特定风险类型控制及管理

研究者针对各类风险预防及管理开展了较多研究，但多数研究关注运用技术手段和法律手段进行风险控制，相关风控手段在风险防治过程中存在一定的局限性，这主要表现在环境风险应对和操作风险的识别上，运用运营管理和运营方法开展供应链融资风险控制是降低融资系统风险的有效补充。此外，多数研究仅关注单个企业风控问题，相关研究主要存在于金融领域（Falkner等，2015），针对供应链决策情境下的融资风险控制策略研究仍有较大不足；已有关于供应链融资风控策略的分析停留在定性分析层面上，难以深入理解风险对融资的影响机理。实际上，供应链融资过程中充斥着各类风险，如市场不确定性、突发事件、信息缺失、企业信用等，而这些风险恰恰是企业获取贷款困难的关键，且风险在供应链中的传导对核心企业造成损害，针对特殊风险的运营控制策略研究十分重要。有必要针对特定风险因素对融资运营决策的影响及控制策略进行补充分析，从而为供应链融资应对风险提供依据。

（三）针对不确定风险控制方面

学者主要提出运作风险管理及金融风险管理工具加以应对，但大多数研究没有考虑资金约束情形。实践中，保险、库存转运、核心企业担保被用来调节风险（如兴业银行推出的信保项下应收账款融资；民生银行推出的调剂销售融资业务、保兑仓业务），但实际上工业界并不明确相关风控工具的运作机理以及这些风险控制方式是否真正有效，有必要建模分析这些风控模式的合理性、有效性，对于业界实践和改进这些风控策略提供管理建议，以增进风险控制的有效性，提升融资效率。

（四）关于需求突变和供应中断等突发事件应急管理研究

多数研究均建立在供应链企业资金完全充足的框架下，研究结论对广泛存在的资金约束型企业运营决策制定和风险管理开展缺乏适用性和指导性，而针对这类风险的控制和管理是投融资机构所广泛关注的，针对融资环境下突发事件应急管理研究将弥补这一理论空白，能更好地指导企业开展风险应对，提高供应链运营决策稳健性。

（五）信息缺失风险的防范主要借助鲁棒性优化决策方法

但目前多数鲁棒性优化分析研究均建立在资金充足情况下进行，而实际上资金约束下供应链决策模型更为复杂，补充分析这一情况下优化决策分析对于企业在信息不足情况下科学制定运营决策具有重要意义。虽然已有研究开始关注融资中鲁棒性优化决策问题（于辉等，2016），但仅仅是针对特定的信息情形（获知均值和方差）以及特殊假设（假设零售商没有破产可能）下展开的分析。有必要对更多信息情形（获知区间、中位数等）以及放松假设（考虑零售商破产风险）的情况进行拓展分析。

（六）针对融资信息不对称风险控制策略研究

已有研究（刘克宁等，2016）仅分析销售价格信息不对称的显示机制，同时，研究仅考虑离散信息情形而没有研究更一般的连续信息情形，此外，所设计机制仅能实现信息显示，无法实现供应链协调。有必要对其他信息非对称情形、连续信息情形以及非对称信息下资金约束供应链协调等进行拓展研究，以丰富和拓展融资供应链信息非对称风险控制策略的相关理论。

（七）风险度量以及决策者风险态度的刻画

已有研究仅考虑供应链一方企业（如供应商、零售商或金融机构）具备风险偏好属性。在融资过程中，零售商、生产商以及金融机构都必须承担一定的市场风险，同时考虑他们的风险偏好十分必要。当考虑上下游企业均具备风险偏好情况时，供应链及融资系统的决策和协调变得不同、复杂且困难，研究这类情况下的均衡决策及协调以及分析与传统模型间的差异，有助于弥补相关理论研究的不足，以建立这类特殊情境下的供应链融资运营决策指导。

综上所述，已有研究忽略了中小企业资金约束及融资对核心企业的影响,鲜有研究站在资金供给侧——核心企业视角分析供应链运作和财务结合管理问题;关注供应链融资相关研究未能兼顾融资中特定风险影响,而针对供应链风险管理问题的相关研究忽略了企业资金约束影响。本书期望站在核心企业视角,分析融资模式提供策略以及融资模式参数改进策略、融资系统协调策略、融资风险控制策略等,从而为核心企业高质量、高效率开展融资援助,提高融资效率提供理论支持。

第三章
CVaR 准则下贸易信用供应链决策与协调策略

一、问题提出

贸易信用，又称商业信用，是指买方因资金约束而采取的先赊销后还款的一种融资贸易形式。该交易形式能缓解买方资金压力，促进贸易开展且易于执行，因此被企业界广泛采纳。截至 2015 年末，我国规模以上工业企业应收账款额高达 11 万亿元，多数企业采用该模式开展交易。可见，延期支付规模巨大，但对于上游授信业来说，在为下游企业提供延期付款服务的同时，也须承担可能发生的下游企业违约或坏账风险，鉴于不同企业对待风险的态度和感知差异，及不同风险态度对决策制定的较大影响，研究决策者风险偏好程度如何影响企业决策制定和绩效损益对于指导企业合理开展运营决策具有重要的现实意义。同时，合理地开展供应链协调有助于改善供应链整体效率并实现企业双赢，当考虑延期付款且上下游企业均具备风险偏好时，如何设计新的合同机制实现此类供应链协调？相关问题研究能为企业绩效提升提供理论指导。

近年来，学者们分别从延期支付决策与价值（Luo 等，2012；陈祥

第三章 CVaR准则下贸易信用供应链决策与协调策略

锋，2013；Chen，2015c），应收账款与延期支付组合策略（占济舟等，2014），考虑延迟期限（Gupta等，2009）、易腐品（Chen等，2015b）、延期保险（Li等，2016a）等特定条件对延期支付供应链的影响，延期支付供应链的协调合同设计，如批发价合同（张义刚等，2011）、数量折扣合同（Zhang等，2014）等方面对延期支付供应链开展了广泛研究。遗憾的是，上述均未考虑上下游决策者风险态度的影响。

针对风险态度问题，多数研究忽略缺货损失影响且仅讨论供应链一方企业，如上游（但斌等，2014）或下游（Yang等，2009；罗春林等，2015）风险厌恶研究链内决策与协调问题，上述文献讨论了上下游均风险厌恶时供应链决策与协调，许明辉等（2006）分析了缺货惩罚对决策影响，其不足之处在于未考虑上游决策且现有研究CVaR准则的文献均未考虑企业资金约束影响，研究结论对广泛存在的资金约束型中小型企业并不适用。在风险态度刻画方面，对于均值方差（MV）和风险值（VaR）度量准则，条件风险值（CVaR）准则具有反映超额损失，适用非正态分布，等价于凸规划等优势（Rockafellar等，2002；Alexander等，2004）。而相对于CVaR准则，均值条件风险值（Mean–CVaR）准则更具一般性，同时可克服CVaR准则过于保守等弊端，能同时反映决策者的风险厌恶、风险中性及风险追求等特性。

综上，当中小型企业面临资金约束，贸易信用融资成为核心企业解决合作中小企业资金困境的主要方法，市场需求不确定性是造成违约风险的主要来源，Mean–CVaR准则是决策者进行风险控制下决策、平衡收益及风险的常用工具。而现有研究未综合考虑风险偏好和资金约束的影响。本章拟运用Mean–CVaR准则刻画企业风险态度，探究贸易信用供应链决策及该类型供应链的协调等问题，研究结论可为企业合理化制定运营策略提供理论依据和决策参考。

二、模型构建

考虑由单个生产商及单个零售商组成的两级分销系统,零售商 R 从生产商 M 处以批发价 w 采购 q 单位商品,该产品单位生产成本为 c。零售商以售价 p 销售商品,市场需求 Z 具有随机性,通过市场调查研究可获知其服从 $[0, +\infty]$ 间概率分布及密度函数分别为 $F(x)$ 和 $f(x)$ 的概率分布。令 $\overline{F}(x) = 1 - F(x)$,并假设该概率分布服从广义递增失效率(Banciu,2013),即满足 $G(x) = xf(x)/\overline{F}(x)$ 单调递增性质(研究表明,多数常见分布满足该性质,如正态分布、均匀分布、指数分布、Gamma 分布、韦伯分布等)。考虑到需求的不确定性,当订货量高于实际需求量,即 $q > Z$ 时,零售商产品出现剩余,并以商品剩余价值 s 处理残余商品。本书暂不考虑因缺货导致的机会损失,这部分内容将在本章拓展部分予以补充。

考虑到零售商运营现金流的不稳定性,假设执行交易时零售商所具备的初始资金量为 η。显然,当 $\eta \geq wq$ 时,零售商并不缺乏订货资金(资金充足);而当 $\eta < wq$ 时,零售商资金缺乏,生产商可以为其提供贸易信用融资(订货不足的货款通过期末销售收益偿还),零售商所需融资额度为 $wq - \eta$。此时,资金约束的零售商可以选择参与融资或不参与,而处于供应链上游的生产商可以选择为其提供贸易信用融资或者不提供,一旦融资发生,生产商为零售商赊销 $wq - \eta$ 的信用额度,而零售商需要用销售回款 $p\min\{Z, q\} + s(q-Z)^+$ 予以偿还欠款。这意味着当市场需求低于一定程度时,零售商销售回款较少,此时不足以覆盖贸易信贷额度,即 $pZ + s(q-Z)^+ < wq - \eta$。这时当需求临界点 θ 满足:

$$Z < \theta(q, w) = \frac{(w-s)q - \eta}{p-s}$$

时,零售商全部销售收益被予以偿还欠款,零售商被执行破产清算(本书

第三章 CVaR准则下贸易信用供应链决策与协调策略

假设零售商不存在多余资产,这符合现实背景)。这意味着零售商破产需求临界值为 $\theta(q,w)$。可以发现,零售商破产临界值与决策变量 w 和 q 有关。生产商在为零售商提供贸易信贷合同时,同样面临和承受着零售商因销售不力造成的违约风险。本章用Stackelberg博弈刻画生产商及零售商间的博弈关系,并分析其均衡博弈策略。生产商为博弈领导者,双方首先明确融资策略及投保策略(是否融资、是否投保),随后决策令自身收益最大化的批发价、订货量等最优决策。

用上标T、N、A分别表示贸易信用、资金约束但不融资、资金充足三类情形。上标*和0表示供应链分散式及集中式决策情形下均衡策略。$i = M, R$ 表示供应链成员,$j = T, N, A$ 表示资金情形,Π_i^j 表示 j 情形下决策者 i 期望收益,$k = p - s$,$t(w) = w - s$。

下面分析各资金情形发生的具体条件,令 $L_a = w^{T*} q^{T*}$,$L_b = w^{A*} q^{A*}$,显然当 $\eta \geqslant L_b$ 时,零售商资金充足,情形A发生。下面分析 $\eta < L_b$ 时的情况,当 $L_a \geqslant L_b$ 时,零售商在 $\eta \in [0, L_b]$ 区间的资金情形如命题3-1所示;当 $L_b \geqslant L_a$ 时,零售商在 $\eta \in [0, L_a]$ 区间的资金情形如命题3-1所示,在 $\eta \in [L_a, L_b]$ 区间,N情形发生。

命题3-1 当 $\eta < \min\{L_a, L_b\}$ 时,资金情形及发生条件可总结为:

命题3-1(1) 情形T发生的条件为:$\Pi_M^{T*} \geqslant \Pi_M^{N*}$,$\Pi_R^{T*} \geqslant \Pi_R^{N*}$。

命题3-1(2) 情形N发生的条件为:$\Pi_M^{N*} \geqslant \Pi_M^{T*}$ 或 $\Pi_R^{N*} \geqslant \Pi_R^{T*}$。

供应链双方均衡博弈策略如下

$$(q^*, w^*) = \begin{cases} (q^{T*}, w^{T*}), & \text{情形 T} \\ (q^{N*}, w^{N*}), & \text{情形 N} \\ (q^{A*}, w^{A*}), & \text{情形 A} \end{cases} \tag{3-1}$$

对以上结论的解释说明如下:当 $\eta < w^{A*} q^{A*}$ 时,零售商资金不足以最优方式订货,此时零售商可以选择参与生产商提供的贸易信用融资,显然,只有 η 同时满足 $\eta < w^{T*} q^{T*}$ 时,零售商才能参与到T形融资中(融资额度为 $w^{T*} q^{T*} - \eta$)。然而,融资模式的最终选择取决于双方博弈,生产商可以选择提供T模式,或不提供融资(N模式),零售商则可以选择生产

商提供的融资策略或选择不参与融资（N 模式）。当双方的选择一致时，如 $\Pi_M^{T*} \geqslant \Pi_M^{N*}$，$\Pi_R^{T*} \geqslant \Pi_R^{N*}$ 时，融资的均衡策略不存在争议，均衡融资模式为 T 模式。当双方选择存在冲突时，如当 $\Pi_M^{T*} \geqslant \Pi_M^{N*}$，$\Pi_R^{N*} \geqslant \Pi_R^{T*}$ 时，生产商的最优融资提供策略为 T，但对于零售商来说，此时宁可选择不融资（N 模式），此时，即使零售商资金约束，融资也不会发生。其他情形下的均衡资金模式可类似分析获得。

以上分析了各资金情形发生的条件，对于生产商根据零售商资金量合理选择融资提供策略，如是否提供贸易信用融资、是否投资贸易信用保险等提供了决策依据。而具体的均衡决策形式将在下文进行具体分析。下面分析存在风险偏好型企业贸易信用供应链最优决策情况。

三、供应链均衡策略分析

依据上文分析及市场需求实现值，可写出生产商及零售商收益表达式如下：

$$\pi_M^T = \begin{cases} \eta + pZ + s(q^T - Z) - cq^T, & 若 0 < Z < \theta(q^T, w^T) \\ (w^T - c)q^T, & 若 Z \geqslant \theta(q^T, w^T) \end{cases} \quad (3-2)$$

$$\pi_R^T = \begin{cases} -\eta, & 若 0 < Z < \theta(q^T, w^T) \\ pZ + s(q^T - Z) - wq^T, & 若 \theta(q^T, w^T) \leqslant Z \leqslant q^T \\ (p - w^T)q^T, & 若 Z > q^T \end{cases} \quad (3-3)$$

经计算可知生产商及零售商期望收益值分别为：

$$E(\pi_M^T) = (w^T - c)q^T - (p - s)\int_0^{\theta(q^T, w^T)} F(x)\,dx \quad (3-4)$$

$$E(\pi_R^T) = -\eta + (p - s)\int_{\theta(q^T, w^T)}^{q^T} \overline{F}(x)\,dx \quad (3-5)$$

鉴于融资过程中各成员均需承担市场风险，且考虑到各决策者对风险感知的差异性，本章考虑决策者用 Mean – CVaR 准则实施风险控制下决策，并用该准则表示成员风险偏好程度。给出 Mean – CVaR 准则定义如下：

定义 3 – 1 令 $\alpha_i \in [0, 1]$ 及 $\lambda_i \in [0, 1]$ 分别表示决策者风险偏好因子、悲观因子，$e = (q^T, w^T)$ 表示决策变量，$\xi_{\alpha_i}(\pi_i^T(e, Z)) = \sup\{v_i^T \mid Pr[\pi_i^T(e, Z) \leq v_i^T] \leq \alpha_i\}$ 表示分位数。此时贸易信用融资下决策者 $R(M)$ 关于订货量 q^T（批发价 w^T）的条件风险值（CVaR 值）可被表示为：

$$\alpha_i - \text{CVaR}: C(\pi_i^T(e, Z)) = E[\pi_i^T(e, Z) \mid \pi_i^T(e, Z) \leq \xi_{\alpha_i}(\pi_i^T(e, Z))]$$

决策者均值条件风险值（Mean – CVaR 值）可被进一步定义为：

$$\Pi_i^T(e, Z) = \lambda_i E[\pi_i^T(e, Z) \mid \pi_i^T(e, Z) \leq \xi_{\alpha_i}(\pi_i^T(e, Z))] + (1 - \lambda_i) E[\pi_i^T(e, Z) \mid \pi_i^T(e, Z) \geq \xi_{\alpha_i}(\pi_i^T(e, Z))] \quad (3-6)$$

对表达式（3 – 6）进一步推导分析可得到等式（3 – 6）的等价形式。令

$$u_i^T(e, v_i^T) = v_i - \frac{1}{\alpha_i} E[v_i^T - \pi_i^T(e, Z)]^+$$

简单推导后可知决策者条件风险效用值被简化为：

$$C(\pi_i^T(e, Z)) = \max_{v_i^D \in \Re}\left\{v_i^T - \frac{1}{\alpha_i} E[v_i^T - \pi_i^T(e, Z)]^+\right\} = \max_{v_i \in \Re} u_i^T(e, v_i^T) \quad (3-7)$$

而其均值条件风险值（Mean – CVaR）则可被表示为：

$$\Pi_i^T = \phi_i E(\pi_i^T) + (1 - \phi_i) \text{CVaR}_{\alpha_i}(\pi_i^T) \quad (3-8)$$

其中，式（3 – 7）中参数 $\phi_i = (1 - \lambda_i) / (1 - \alpha_i)$，且当 $\alpha_i < \lambda_i$，$\alpha_i = \lambda_i$，$\alpha_i > \lambda_i$ 时分别表示决策企业风险厌恶、风险中性及风险追求型。

上述分析表明，Mean – CVaR 准则可同时表征企业决策者的风险厌恶、风险中性以及风险追求三类偏好，相比 CVaR 准则更具一般性。而式（3 – 8）表明，当 $\lambda_i = 1$ 和 $\lambda_i = \alpha_i$ 时 Π_i^T 将分别被退化为 $C(\pi_i^T)$ 和 $E(\pi_i^T)$，即 CVaR 准则下的期望函数以及企业风险中性下的期望效用函数表达式。接下来，本章分析企业在 Mean – CVaR 准则下的最优决策情况，在此之前，需要给出该准则下企业的期望效用表达式，分析式（3 – 7）中

分位数的具体形式。有以下命题成立：

命题 3 - 2 存在满足式（3 - 9）和式（3 - 10）的最优分位数 v_i^{T*}，使得决策者 i 的条件风险效用值 $C(\pi_i^T) = u_i(e, v_i^{T*})$，其中，

$$v_R^{T*} = \begin{cases} y_3, & \text{若 } q^T < F^{-1}(\alpha_R) \\ y_2 + kF^{-1}(\alpha_R), & \text{若 } q^T \geqslant F^{-1}(\alpha_R) \end{cases} \quad (3-9)$$

$$v_M^{T*} = \begin{cases} z_2, & \text{若 } \theta(q^T, w^T) < F^{-1}(\alpha_M) \\ z_1 + kF^{-1}(\alpha_M), & \text{若 } \theta(q^T, w^T) \geqslant F^{-1}(\alpha_M) \end{cases} \quad (3-10)$$

$y_3 = (p - w^T)q^T > y_1 = -\eta > y_2 = -tq^T$，$z_2 = (w^T - c)q^T > z_1 = \eta - (c - s)q^T$。

证明 首先分析最优分位数 v_R^{T*} 的具体值，根据定义 3 - 1 所述的定义可将 u_R^T 分为以下几种情况：

$$u_R^T(q^T, v_R^T) = v_R^T - \frac{1}{\alpha_R} \left(\int_0^{\theta(q^T, w^T)} (v_R^T - y_1)^+ f(x) dx + \int_{\theta(q^T, w^T)}^{q^T} ((v_R^T - y_2) - \right.$$
$$\left. (p-s)x)^+ f(x) dx + \int_{q^T}^{+\infty} (v_R^T - y_3)^+ f(x) dx \right)$$

$$= \begin{cases} 1) v_R^T, \text{若 } v_R^T \leqslant y_2, \\ 2) v_R^T - \frac{1}{\alpha_R}\left(\int_{\theta(q^T, w^T)}^{\frac{v_R^T - x_2}{p-s}} ((v_R^T - y_2) - (p-s)x)f(x)dx \right), \\ \quad \text{若 } y_2 < v_R^T \leqslant y_1, \\ 3) v_R^T - \frac{1}{\alpha_R}\left(\int_0^{\theta(q^T, w^T)} (v_R^T - y_1)f(x)dx + \right. \\ \quad \left. \int_{\theta(q^T, w^T)}^{\frac{v_R^T - y_2}{p-s}} ((v_R^T - y_2) - (p-s)x)f(x)dx \right), \\ \quad \text{若 } y_1 < v_R^T \leqslant y_3, \\ 4) v_R^T - \frac{1}{\alpha_R}\left(\int_0^{\theta(q^T, w^T)} (v_R^T - y_1)f(x)dx + \int_{\theta(q^T, w^T)}^{q^T} ((v_R^T - y_2) - \right. \\ \quad \left. (p-s)x)f(x)dx + \int_{q^T}^{+\infty} (v_R^T - y_3)f(x)dx \right), \text{若 } v_R^T > y_3 \end{cases}$$

$$(3-11)$$

进一步分析 $u_R^T(q^T, v_R^T)$ 的凹凸性，求解 $u_R^T(q^T, v_R^T)$ 关于 v_R^T 的二阶条件可知：

$$0 \geq \frac{\partial^2 u_R^T(q^T, v_R^T)}{\partial (v_R^T)^2} = \begin{cases} -\frac{1}{\alpha_R k} f\left(\frac{v_R^T - y_2}{k}\right), & \text{若 } y_2 \leq v_R^T \leq y_3 \\ 0, & \text{其他} \end{cases}$$

这说明 $u_R^T(q^T, v_R^T)$ 是关于 v_R^T 的严格可微凹函数，存在极大值点。对 $u_R^T(q^T, v_R^T)$ 关于 v_R^T 进行一阶条件求解可知：

$$\frac{\partial u_R^T(q^T, v_R^T)}{\partial v_R^T} = \begin{cases} 1, & v_R^T \leq y_2 \\ 1 - \frac{1}{\alpha_R}\left\{F\left(\frac{v_R^T - y_2}{k}\right) - F(\theta(q^T, w^T))\right\}, & y_2 < v_R^T \leq y_1 \\ 1 - \frac{1}{\alpha_R} F\left(\frac{v_R^T - y_2}{k}\right), & y_1 < v_R^T \leq y_3 \\ 1 - \frac{1}{\alpha_R}, & v_R^T > y_3 \end{cases}$$

(3-12)

分析式 (3-12) 可知极值点处的最优分位数情况满足以下情形：

$$v_R^{T*} = \begin{cases} y_2 + kF^{-1}(\alpha_R + F(\theta(q^T, w^T))), & \text{若 } q^T \geq F^{-1}(\alpha_R), y_2 \leq v_R^{T*} < y_1 (\text{情形 1}) \\ y_2 + kF^{-1}(\alpha_R), & \text{若 } q^T \geq F^{-1}(\alpha_R), y_1 \leq v_R^{T*} < y_3 (\text{情形 2}) \\ y_3, & \text{若 } q^T < F^{-1}(\alpha_R), v_R^{T*} \geq y_3 (\text{情形 3}) \end{cases}$$

(3-13)

情形 1 中须满足 $v_R^{T*} = y_2 + kF^{-1}(\alpha_R + F(\theta(q^T, w^T))) < y_1$，对该式移项后可知须满足 $\theta(q^T, w^T) > F^{-1}(\alpha_R + F(\theta(q^T, w^T)))$，显然不成立。因此最终 v_R^{T*} 仅可能在情形 2 和情形 3 中取值，即当 $q^T < F^{-1}(\alpha_R)$ 时，$v_R^{T*} = y_3$，当 $q^T \geq F^{-1}(\alpha_R)$ 时，$v_R^{T*} = y_2 + kF^{-1}(\alpha_R)$。类似地，由上述分析可知 v_M^{T*} 同样满足命题 3-2 所述的情形。

证毕。

根据式 (3-7) 及命题 3-2 可写出零售商及生产商的条件风险值，

分别被表述为:

$$C(\pi_R^T) = \begin{cases} -\eta + k(q^T - \theta(q^T, w^T)) - \dfrac{k}{\alpha_R}\int_{\theta(q^T,w^T)}^{q^T} F(x)\mathrm{d}x, \\ \quad 若 q^T < F^{-1}(\alpha_R) \\ -\eta - k(F^{-1}(\alpha_R) - \theta(q^T, w^T)) - \dfrac{k}{\alpha_R}\int_{\theta(q^T,w^T)}^{F^{-1}(\alpha_R)} F(x)\mathrm{d}x, \\ \quad 若 q^T \geqslant F^{-1}(\alpha_R) \end{cases}$$

(3 - 14)

$$C(\pi_M^T) = \begin{cases} (w^T - c)q^T - \dfrac{k}{\alpha_M}\int_{\theta(q^T,w^T)}^{q^T} F(x)\mathrm{d}x, \\ \quad 若 \theta(q^T, w^T) < F^{-1}(\alpha_M) \\ (w^T - c)q^T - k(\theta(q^T, w^T) - F^{-1}(\alpha_M)) - \dfrac{k}{\alpha_M}\int_{\theta(q^T,w^T)}^{F^{-1}(\alpha_M)} \\ F(x)\mathrm{d}x, 若 \theta(q^T, w^T) \geqslant F^{-1}(\alpha_M) \end{cases}$$

(3 - 15)

此时,综合式(3 - 4)、式(3 - 5)、式(3 - 8)、式(3 - 14)和式(3 - 15),可以明确各决策者(生产商及零售商)在 Mean - CVaR 准则下的决策目标函数(期望效用)表达式。下面,进一步分析双方博弈的均衡策略解,由上文可知,双方展开以生产商为主导者的 Stackelberg 博弈,供应链双方博弈均衡策略求解可转化为如下的双层规划优化求解模型:

$$\max_{w^T} \Pi_M^T(w^T, q^{T*}(w^T))$$
$$\text{s.t. } q^{T*} \in \arg\max \Pi_R^T(q^T)$$

(3 - 16)

为简化分析,本章仅讨论决策解取在极大值点时的情况,可通过逆序求解法对上述双层规划模型进行优化求解,在获知零售商最优订货策略关于批发价反应决策 $\breve{q}(w^T)$ 后,将其代入上游生产商期望效用函数表达式 $\Pi_M^T(w^T, \breve{q}(w^T))$ 并求解其关于 w^T 的一阶条件,即可获得均衡状态下的最优批发价策略 w^{T*},进而得到均衡订货策略 $q^{T*} = \breve{q}(w^{T*})$。而根据式(3 - 6)、式(3 - 7)和式(3 - 8)可知,根据 q^{T*} 和 $F^{-1}(\alpha_R)$,$\theta(q^{T*}$,

w^{T*})和$F^{-1}(\alpha_M)$的大小关系,成员i决策效用函数Π_i^{T*}可分为两种情况,分别用下标$n_i=1,2$表示这两类情况,因此$\Pi_{R\mid n_R}^{T*}$,$\Pi_{M\mid n_M}^{T*}$共有四类组合情形,令(q_{n_R},w_{n_M})表示情形(n_R,n_M)下决策值取在极大值点时均衡决策解。贸易信用融资分散式供应链均衡决策满足下述命题:

命题3-3 均衡状态下分散式贸易信用融资供应链订货及批发价最优运营决策满足下述情况:

$$(q^{T*},w^{T*})=\begin{cases}(q_1,w_1),若q_1<F^{-1}(\alpha_R),\theta_{11}(q_1,w_1)<F^{-1}(\alpha_M),\\\lambda_R>\alpha_R,(\Pi_M^T)''_{w^T}(w_1,\breve{q}_1(w_1))<0,\\(q_2,w_1),若q_2\geqslant F^{-1}(\alpha_R),\theta_{21}(q_2,w_1)<F^{-1}(\alpha_M),\\C_{21}(q_2,w_1)<0,(\Pi_M^T)''_{w^T}(w_1,\breve{q}_2(w_1))<0,\\(q_1,w_2),若q_1<F^{-1}(\alpha_R),\theta_{12}(q_1,w_2)\geqslant F^{-1}(\alpha_M),\\\lambda_R>\alpha_R,(\Pi_M^T)''_{w^T}(w_2,\breve{q}_1(w_2))<0,\\(q_2,w_2),若q_2\geqslant F^{-1}(\alpha_R),\theta_{22}(q_2,w_2)\geqslant F^{-1}(\alpha_M),\\C_{22}(q_2,w_2)<0,(\Pi_M^T)''_{w^T}(w_2,\breve{q}_2(w_2))<0\end{cases}$$

其中:

$\tau_i=\dfrac{\lambda_i}{\alpha_i}$, $\widetilde{F}(\cdot)=\dfrac{\lambda_i}{\alpha_i}-F(\cdot)$

$A_{1n_M}=k\widetilde{F}(q_1)-t(w_{n_M})\widetilde{F}(\theta(q_1,w_{n_M}))$, $A_{2n_M}=\delta_R k\overline{F}(q_2)-\tau_R t(w_{n_M})$
$\widetilde{F}(\theta(q_2,w_{n_M}))$

$B_{n_R 1}=\delta_M\widetilde{F}(\theta(q_{n_R},w_1))q_{n_R}+((s-c)+\tau_M t(w_1)\widetilde{F}(\theta(q_{n_R},w_1)))$
$(\breve{q}_{n_R})'_{w^T}(w_1)$

$B_{n_R 2}=\delta_M\overline{F}(\theta(q_{n_R},w_2))q_{n_R}+((s-c)+\tau_M t(w_2)\overline{F}(\theta(q_{n_R},w_2)))$
$(\breve{q}_{n_R})'_{w^T}(w_2)$

$C_{2n_M}=-\delta_R k^2 f(q_2)+\tau_R t^2(w_{n_M})f(\theta(q_2,w_{n_M}))$, $\theta_{n_R n_M}=\theta(q_{n_R},w_{n_M})$

q_{n_R},w_{n_M}满足$A_{n_R n_M}(q_{n_R},w_{n_M})=0$, $B_{n_R n_M}(q_{n_R},w_{n_M})=0$。

证明 令$A_{31}=k^2f(q^T)-t^2f(\theta(q^T,w^T))$,显然,根据需求分布函数的IGFR性质及$\lambda_R>\alpha_R$的条件可知:

$$\frac{\mathrm{d}}{\mathrm{d}x}\left(\frac{xf(x)}{\widetilde{F}(x)}\right) = \frac{\mathrm{d}}{\mathrm{d}x}\left(\frac{xf(x)}{\widetilde{F}(x)}\frac{\overline{F}(x)}{\widetilde{F}(x)}\right)$$

$$= \frac{\mathrm{d}}{\mathrm{d}x}\left(\frac{xf(x)}{\overline{F}(x)}\right)\left(\frac{\overline{F}(x)}{\widetilde{F}(x)}\right) + \frac{xf(x)}{\overline{F}(x)}\left(\frac{(\lambda_R - \alpha_R)f(x)}{\lambda_R \widetilde{F}^2(x)}\right) > 0$$

即 $\dfrac{xf(x)}{\widetilde{F}(x)}$ 也是递增函数。由 $\Pi_{R|1}^T$ 关于 q^T 的一阶条件 $A_{11}(q_1, w_1) = 0$ 可知,$\widetilde{F}(q_1) = \dfrac{t}{k}\widetilde{F}(\theta(q_1, w_{n_M}))$,因此有:

$$\frac{\mathrm{d}^2 \Pi_{R|1}^T}{\mathrm{d}^2 (q^T)^2} = -\frac{\tau_R A_{31}}{k} = -\tau_R \widetilde{F}(q^T)\left(\frac{kf(q^T)}{\widetilde{F}(q^T)} - \frac{t^2 f(\theta(q^T, w^T))}{k\widetilde{F}(q^T)}\right)$$

$$= -\tau_R \widetilde{F}(q^T)\left(\frac{kf(q^T)}{\widetilde{F}(q^T)} - \frac{tf(\theta(q^T, w^T))}{\widetilde{F}(\theta(q^T, w^T))}\right) < 0$$

这说明 $\Pi_{R|1}^T$ 为关于 q^T 的凹函数,而只有当 $C_{2n_M} < 0$ 和 $(\Pi_M^T)''_{w^T}(w_{n_M}, \widetilde{q}_{n_R}(w_{n_M})) < 0$ 时,$\Pi_{R|2}^T$ 和 $\Pi_{M|n_M}^T$ 才是关于其各自决策变量的凹函数,通过逆向求解算法依次计算零售商关于订货量以及生产商关于批发价的一阶条件即可得到均衡批发价及订货量策略。

证毕。

鉴于各情形论证相似性,在以下分析中仅给出 $n_i = 1$,即第一种情形的均衡博弈结果。下面将 $\Pi_{R|1}^T$、$\Pi_{M|1}^T$ 简写为 Π_R^T,Π_M^T。

命题 3-4 当 $f(x)/\overline{F}(x)$ 为凸增函数,Π_M^T 为关于 w^T 的单峰函数。

证明 $\Pi_M^T = (w^T - c)q^{T*}(w^T) - \tau_M k \int_0^{\theta(q^{T*}(w^T), w^T)} F(x)\mathrm{d}x$

$$\frac{\mathrm{d}\Pi_M^T}{\mathrm{d}w^T} = (w^T - c - \tau_M t(w^T) F(\theta(q^{T*}(w^T), w^T)))\frac{\mathrm{d}q^{T*}(w^T)}{\mathrm{d}w^T} + q^{T*}(w^T)$$

$$(1 - \tau_M F(\theta(q^{T*}(w^T), w^T)))$$

$$= \frac{\begin{Bmatrix}(w^T - c - \tau_M t(w^T) F(\theta(q^{T*}(w^T), w^T)))(k - t(w^T)q^{T*}(w^T)H(\theta(q^{T*}(w^T), w^T))) + \\ t(w^T)q^{T*}(w^T)(1 - \tau_M F(\theta(q^{T*}(w^T), w^T)))(t(w^T)H(\theta(q^{T*}(w^T), w^T)) - kH(q^{T*}(w^T)))\end{Bmatrix}}{t(w^T)(t(w^T)H(\theta(q^{T*}(w^T), w^T)) - kH(q^{T*}(w^T)))}$$

$$= \frac{t(w^T)k(1 - \tau_M F(\theta(q^{T*}(w^T), w^T)))(1 - q^{T*}(w^T)H(q^{T*}(w^T)))}{t(w^T)(t(w^T)H(\theta(q^{T*}(w^T), w^T)) - kH(q^{T*}(w^T)))} -$$

$$(c-s)\frac{(k-t(w^T)q^{T*}(w^T)H(q^{T*}(w^T))}{t(w^T)(t(w^T)H(\theta(q^{T*}(w^T),w^T))-kH(q^{T*}(w^T))}$$

$$=\left[\frac{t(w^T)k(1-\tau_M F(\theta(q^{T*}(w^T),w^T)))(1-q^{T*}(w^T)H(q^{T*}(w^T))}{k-t(w^T)q^{T*}(w^T)H(\theta(q^{T*}(w^T),w^T))}-(c-s)\right]\times$$

$$\frac{\mathrm{d}q^{T*}(w^T)}{\mathrm{d}w^T}=\left[\mu(w^T)-(c-s)\right]\frac{\mathrm{d}q^{T*}(w^T)}{\mathrm{d}w^T}$$

鉴于 $t(w^T)k(1-\tau_M F(\theta(q^{T*}(w^T),w^T)))$ 为关于 w^T 的增函数，要想证明 $\mu(w^T)$ 的单调性，仅需证明 $\varphi(w^T)=\dfrac{1-q^{T*}(w^T)H(q^{T*}(w^T))}{k-t(w^T)q^{T*}(w^T)H(\theta(q^{T*}(w^T),w^T))}$ 关于 w^T 的单调性，有：

$$\frac{\mathrm{d}\theta(q^{T*}(w^T),w^T)}{\mathrm{d}w^T}-\frac{\mathrm{d}q^{T*}(w^T)}{\mathrm{d}w^T}=\frac{q^{T*}(w^T)-(p-w^T)\mathrm{d}q^{T*}(w^T)/\mathrm{d}w^T}{k}>0$$

而由 $f(x)/\overline{F}(x)$ 为凸增函数可知：

$$\frac{\mathrm{d}^2 H(x)}{\mathrm{d}x^2}=\frac{\mathrm{d}^2}{\mathrm{d}x^2}\frac{f(x)}{\widetilde{F}(x)}=\frac{\mathrm{d}^2}{\mathrm{d}x^2}\frac{f(x)}{F(x)}+2\frac{\mathrm{d}}{\mathrm{d}x}\frac{f(x)}{F(x)}\frac{\mathrm{d}}{\mathrm{d}x}\frac{\overline{F}(x)}{\widetilde{F}(x)}+\frac{f(x)}{F(x)}\frac{\mathrm{d}}{\mathrm{d}x}$$

$$\left[\frac{(\lambda_R-\alpha_R)f(x)}{\lambda_R\widetilde{F}(x)}\times\frac{1}{\widetilde{F}(x)}\right]>0$$

即 $H(x)=f(x)/\widetilde{F}(x)$ 亦为凸增函数，因此，

$$\frac{\mathrm{d}H(q^{T*}(w^T))}{\mathrm{d}q^{T*}(w^T)}>\frac{\mathrm{d}H(\theta(q^{T*}(w^T),w^T))}{\mathrm{d}\theta(q^{T*}(w^T),w^T)}$$

因此，

$$\frac{\mathrm{d}\varphi(w^T)}{\mathrm{d}w^T}=$$

$$\frac{\begin{cases}\left[-H(q^{T*}(w^T))\dfrac{\mathrm{d}q^{T*}(w^T)}{\mathrm{d}w^T}-q^{T*}(w^T)\dfrac{\mathrm{d}H(q^{T*}(w^T))}{\mathrm{d}q^{T*}(w^T)}\dfrac{\mathrm{d}q^{T*}(w^T)}{\mathrm{d}w^T}\right]\\ \left[k-t(w^T)q^{T*}(w^T)\times H(\theta(q^{T*}(w^T),w^T))\right]-(1-q^{T*}(w^T)\\ H(q^{T*}(w^T)))(-t(w^T)H(\theta(q^{T*}(w^T),w^T))\times\dfrac{\mathrm{d}\theta(q^{T*}(w^T),w^T)}{\mathrm{d}w^T}-\\ t(w^T)q^{T*}(w^T)\dfrac{\mathrm{d}H(\theta(q^{T*}(w^T),w^T))}{\mathrm{d}\theta(q^{T*}(w^T),w^T)}\dfrac{\mathrm{d}\theta(q^{T*}(w^T),w^T)}{\mathrm{d}w^T}\dfrac{t(w^T)}{k})\end{cases}}{(k-t(w^T)q^{T*}(w^T)H(\theta(q^{T*}(w^T),w^T)))^2}>$$

$$\frac{\left\{\begin{array}{l}(1-q^{T*}(w^T)H(q^{T*}(w^T)))[-kH(q^{T*}(w^T))\dfrac{\mathrm{d}q^{T*}(w^T)}{\mathrm{d}w^T}-kq^{T*}(w^T)\times \\ \dfrac{\mathrm{d}H(q^{T*}(w^T))}{\mathrm{d}q^{T*}(w^T)}\dfrac{\mathrm{d}q^{T*}(w^T)}{\mathrm{d}w^T}+t(w^T)H(\theta(q^{T*}(w^T),w^T))\dfrac{\mathrm{d}\theta(q^{T*}(w^T),w^T)}{\mathrm{d}w^T}+ \\ t(w^T)q^{T*}(w^T)\dfrac{\mathrm{d}H(\theta(q^{T*}(w^T),w^T))}{\mathrm{d}\theta(q^{T*}(w^T),w^T)}\dfrac{\mathrm{d}\theta(q^{T*}(w^T),w^T)t(w^T)}{\mathrm{d}w^T}\dfrac{}{k}]\end{array}\right\}}{(k-t(w^T)q^{T*}(w^T)H(\theta(q^{T*}(w^T),w^T)))^2}>$$

$$\frac{\left\{\begin{array}{l}(1-q^{T*}(w^T)H(q^{T*}(w^T)))[-kH(q^{T*}(w^T))-kq^{T*}(w^T) \\ \dfrac{\mathrm{d}H(q^{T*}(w^T))}{\mathrm{d}q^{T*}(w^T)}+t(w^T)\times H(\theta(q^{T*}(w^T),w^T))+ \\ \dfrac{t^2(w^T)q^{T*}(w^T)}{k}\dfrac{\mathrm{d}H(\theta(q^{T*}(w^T),w^T))}{\mathrm{d}\theta(q^{T*}(w^T),w^T)}]\dfrac{\mathrm{d}q^{T*}(w^T)}{\mathrm{d}w^T}\end{array}\right\}}{(k-t(w^T)q^{T*}(w^T)H(\theta(q^{T*}(w^T),w^T)))^2}>0$$

以上分析表明 $\varphi(w^T)$ 关于 w^T 递增,因此 $\mu(w^T)$ 也关于 w^T 递增。

(1) 当 $w^T \to p$ 时,由 q^{T*} 的最优决策函数 $(p-s)\widetilde{F}(q^{T*})=(w^T-s)\widetilde{F}(\theta(q^{T*},w^T))$,可知 $\theta(q^{T*},w^T) \to q^{T*}$,此时 $\mu(w^T) \to k(1-\tau_M F(q^{T*}))>k(1-\tau_M F(q^{T0}))=c-s$ 即 $\dfrac{\mathrm{d}\Pi_M^T}{\mathrm{d}w^T}<0$。

(2) 假设 w_L 为 w^T 有效区间最小值 $(w_L>c)$,当 $w^T \to w_L$ 时,供应链双方不存在双重边际效应,此时 $q^{T*} \to q^{T0}$,由命题 3-5 (iii),此时,
$$1-q^{T*}(w^T)H(q^{T*}(w^T)) \to 1-q^{T0}H(q^{T0}) \to 0,\text{即}\mu(w^T)\to 0$$
$$\dfrac{\mathrm{d}\Pi_M^T}{\mathrm{d}w^T}\to(-c+s)\dfrac{\mathrm{d}q^{T*}(w^T)}{\mathrm{d}w^T}>0$$

上述分析意味着 Π_M^T 在 $w^T \in [w_L,p]$ 为关于 w^T 的单峰函数。

证毕。

以上定理证明了博弈均衡策略。实际上,$f(q)/\overline{F}(q)$ 为凸函数这一必要条件具备一定普适性,多数常见的分布函数均满足该性质(Kouvelis 等,2011),图 3-1 中用数值仿真的形式论证了上述条件的实际有效性。

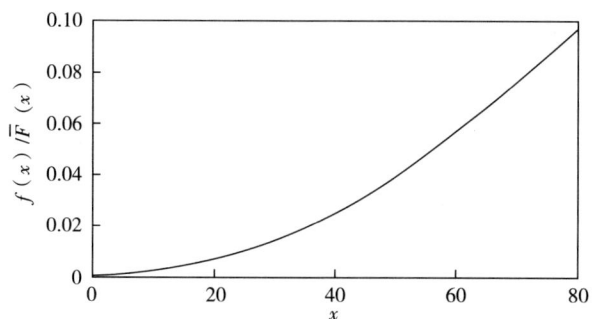

图 3-1 $f(q)/\bar{F}(q)$ 的函数性质仿真分析

注：$p=8$，$c=3$，$s=2$，$\eta=30$，$Z\sim N(50,20)$，$\lambda_i=0.8$，$\alpha_i=0.7$。

下面进一步对相关关键参数（如零售商初始资金量，决策者风险厌恶程度等）对决策及成员效用的影响作出分析。通过灵敏度分析可得到如下结论：

推论 3-1 给定 w^T，随着 α_R 的增加，η 的降低，s 的增加，p 的增加，有 q^{T*} 的增加，Π_R^{T*} 的增加，Π_M^{T*} 的增加。

证明 令

$$A_{41}=A_3(q^{T*}), A_{42}=F(q^{T*})-F(\theta(q^{T*},w^T)), A_{43}=q^{T*}-\theta(q^{T*},w^T)$$

$$A_{44}=(p-w^T)-\tau_R(kF(q^{T*})-tF(\theta(q^{T*},w^T)))$$

$$A_{45}=\tau_R\left(\int_{\theta(q^{T*},w^T)}^{q^{T*}}F(x)\mathrm{d}x-A_{43}F(\theta(q^{T*},w^T))\right)$$

$$A_{46}=\tau_R\left(A_{43}-\int_{\theta(q^{T*},w^T)}^{q^{T*}}F(x)\mathrm{d}x+\theta(q^{T*},w^T)\widetilde{F}(\theta(q^{T*},w^T))\right)$$

易知 $A_{42}>0$，$A_{43}>0$，由命题 3-3 已知 $A_{41}>0$，由

$$\frac{\mathrm{d}\Pi_R^T}{\mathrm{d}q^T}=\tau_R(k\widetilde{F}(q^T)-t\widetilde{F}(\theta(q^T,w^T)))=0 \tag{3-17}$$

可知 $A_{44}=0$，根据积分中值定理可得 $A_{45}>0$，$A_{46}>0$，综上，对 q^{T*} 及 Π_R^{T*} 分别求导并分析可知：

$$\frac{\mathrm{d}q^{T*}}{\mathrm{d}\alpha_R}=\frac{k(p-w^T)}{\lambda_R A_{41}}>0$$

$$\frac{\mathrm{d}q^{T*}}{\mathrm{d}\eta} = -\frac{tf(\theta(q^{T*},w^T))}{A_{41}} < 0$$

$$\frac{\mathrm{d}q^{T*}}{\mathrm{d}s} = \frac{kA_{42} + tf(\theta(q^{T*},w^T))A_{43}}{A_{41}} > 0$$

$$\frac{\mathrm{d}q^{T*}}{\mathrm{d}p} = \frac{t(\widetilde{F}(\theta(q^{T*},w^T)) - f(\theta(q^{T*},w^T)))}{A_{41}} > 0$$

$$\frac{\mathrm{d}\Pi_R^{T*}}{\mathrm{d}\alpha_R} = A_{44}\frac{\mathrm{d}q^{T*}}{\mathrm{d}\alpha_R} + \frac{\tau_R k}{\alpha_R}\int_{\theta(q^{T*},w^T)}^{q^{T*}} F(x)\,\mathrm{d}x > 0$$

$$\frac{\mathrm{d}\Pi_R^{T*}}{\mathrm{d}\eta} = A_{44}\frac{\mathrm{d}q^{T*}}{\mathrm{d}\eta} - F(\theta(q^{T*},w^T)) < 0, \quad \frac{\mathrm{d}\Pi_R^{T*}}{\mathrm{d}s} = A_{44}\frac{\mathrm{d}q^{T*}}{\mathrm{d}s} + A_{45} > 0$$

$$\frac{\mathrm{d}\Pi_R^{T*}}{\mathrm{d}p} = A_{44}\frac{\mathrm{d}q^{T*}}{\mathrm{d}p} + A_{46} > 0$$

证毕。

推论 3-1 表明，零售商订货和收益反而会随着其资金含量的降低而增加。这实际上是由于在融资情形下，零售商收益不仅依赖于销售边际收益、订货边际成本，还与破产时违约收益有关（零售商破产后无须偿还额外欠款），当 w^T 固定时，零售商违约可能性随着下降而上升，其所承受的风险渐渐下降。既然成本固定，零售商更倾向于增加订货，以便更多地从违约中获取更大利益。可见，融资对于供应链来说反而具有一定的正向激励作用（激励零售商提高订货量）。

上述分析还表明，当批发价固定时，越惧怕风险（风险厌恶）的零售商，其订货决策越趋于保守（订货量越低），风险值也相应降低，这实际上是由于风险厌恶的零售商更加惧怕因多货所造成的滞销风险，因此主动降低其订货量。然而，生产商收益因零售商风险规避造成的消极订货而下降，其不得不选择降低批发价抑制这种行为。但由于批发价及订货量的共同下降，生产商期望收益随之降低，对于零售商而言，风险厌恶虽然可能导致因降低订货而错失市场机会，但并非总是不利的，零售商可能受益于生产商所指定批发价决策的下降。综合以上分析，得到如下推论：

推论 3-2 分散式贸易信用融资供应链企业博弈均衡策略下，存在参数情形使得零售商因其风险厌恶行为而获益。

图 3-2 通过一个实际例子描述了零售商风险态度对其自身期望收益的影响,从中可以发现,在该参数情形下,当 $\alpha_M = 0.2$ 时,即生产商风险规避水平较高时,零售商最优收益取在 $\alpha_R = 0.53$ 处,即零售商选择适当的风险规避对其自身有利,这实际上是由于风险规避的生产商制定的批发价决策较高,此时零售商的风险规避(α_R 降低)激励其通过降低批发价来抑制订货决策的降低,生产商批发价降低对零售商所产生的益处超过订货量降低带来的损害,最终使得零售商收益增加。实践中,CVaR 准则常常被金融机构或企业用于制定风险控制策略(通过降低 α_i 实现风控),可见,在一定情况下,采取风险控制对零售商有益,但却对生产商产生不利。下面进一步关注生产商对风险的规避水平对运营决策的相关影响。

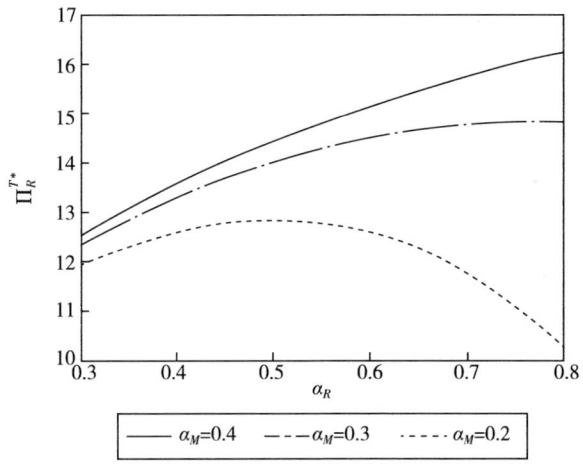

图 3-2 零售商期望效用值随其风险偏好程度变化情况

注:$p = 8$,$c = 3$,$s = 2$,$Z \sim N(50, 20)$,$\lambda_i = 0.8$,$\eta = 10$。

由包络定理可知 $\dfrac{\mathrm{d}\Pi_M^{T*}}{\mathrm{d}\alpha_M} = \dfrac{\partial \Pi_M^{T*}}{\partial \alpha_M}\bigg|_{q^T = q^{T*}, w^T = w^{T*}} = \dfrac{k \int_0^{\theta(q^{T*}, w^{T*})} F(x) \mathrm{d}x}{\alpha_M^2} > 0$,即

推论 3-3 随着 α_M 的增加,Π_M^{T*} 增加。

上文分析表明：生产商的风险追求能够使其自身从中获益。下面进一步分析参数 η，以探究零售商资金限制对供应链运营决策造成的影响。先定义 α_R-IGFR，即需求分布函数 $\dfrac{d}{dx}\left(\dfrac{xf(x)}{\tilde{F}(x)}\right)>0$，实际上，由命题 3-3 已知，当需求分布满足 IGFR 及 $\lambda_R > \alpha_R$ 时，α_R-IGFR 成立，进一步分析可得到如下结论：

命题 3-5 （i）当 $\eta \to 0$ 且 $\tau_M = \tau_R$ 时，$w^{T*} \to p$，$q^{T*} \to q^{T0}$，$\Pi_M^{T*} \to \Pi^{T0}$，$\Pi_R^{T*} \to 0$。

（ii）存在零售商初始资金量临界值，使得 η 低于该临界值时，结论 $w^{T*} > w^{A*}$，$q^{T*} > q^{A*}$，$\Pi_M^{T*} > \Pi_M^{A*}$，$\Pi_R^{T*} < \Pi_R^{A*}$ 成立；当 $\eta \to (w^T - s)q^T$ 且 $\alpha_M \to +\infty$ 时，有 $q^{T*} = q^{A*}$，$w^{T*} = w^{A*}$，$\Pi_i^{T*} = \Pi_i^{A*}$ 成立。

（iii）用 $\breve{q}$ 表示 $\theta(q^T, w^{T*}(q^T))$ 取得极值对应的订货量，有 $q^{T0} f(q^{T0}) = \tilde{F}(q^{T0})$，$\breve{q} f(\breve{q}) = \tilde{F}(\breve{q})$ 成立；随着 w^T 的增加，q^{T*} 减小；随着 q^T 增加，$\theta(q^T, w^{T*}(q^T))$ 增加。

证明 （i）由 $\dfrac{d\Pi_M^T}{dw^T} = \dfrac{dq^T}{dw^T}\left(\dfrac{\partial \Pi_M^T}{\partial q^T} + \dfrac{\partial \Pi_M^T}{\partial w^T}\dfrac{dw^T}{dq^T}\right) = \dfrac{dq^T}{dw^T}\dfrac{\partial \Pi_M^T}{\partial q^T} = 0$，决策顺序可等价于先由零售商决策 $w^{T*}(q^T)$，再由 $\Pi_M^T(q^T, w^{T*}(q^T))$ 决策产量 q^{T*}。根据需求 α_R-IGFR 性质并结合命题 3-5(iii) 可知 $\dfrac{\theta(q^T)f(\theta(q^T))}{\tilde{F}(\theta(q^T))} < \dfrac{q^T f(q^T)}{\tilde{F}(q^T)} < \dfrac{q^{T0} f(q^{T0})}{\tilde{F}(q^{T0})} = 1$，由上述不等式可知：

$$\dfrac{\partial w^{T*}(q^T)}{\partial \eta} = -\dfrac{kt(w^{T*}(q^T))f(\theta(q^T, w^{T*}(q^T)))}{k\tilde{F}(\theta(q^T, w^{T*}(q^T))) - t(w^{T*}(q^T))q^T f(\theta(q^T, w^{T*}(q^T)))} <$$

$$-\dfrac{kt(w^{T*}(q^T))f(\theta(q^T, w^{T*}(q^T)))}{k\tilde{F}(q^T) - t(w^{T*}(q^T))q^T f(q^T)} < 0,$$

为保证最优订货条件 $A_{11}(q^T, w^{T*}(q^T)) = 0$ 成立，当 $\eta \to 0$ 时，有 $w^{T*}(q^T) \to p$，此时有 $\theta(q^T, w^{T*}(q^T)) \to q^T$ 成立，由 $\Pi_M^T(q^T)$ 表达式可知其逐渐接近集中式利润函数，即 $\Pi_M^T(q^T) = (w^{T*}(q^T) - c)q^T - e\displaystyle\int_0^{\theta(q^T, w^{T*}(q^T))} F(x) dx \to (p-c)q^T - \tau_M \displaystyle\int_0^{q^T} F(x) dx$。特别地，当 $\tau_M = \tau_R$ 时，

通过一阶条件求解$d\Pi_M^T(q^T)/dq^T=0$可知：

$q^{T*}\to q^{T0}$，$\Pi_M^{T*}\to\Pi^{T0}$，$\Pi_R^{T*}\to 0$.

上述分析同时论证了结论命题3-5（ii）的有效性。命题3-5（iii）对表达式（3-11）关于w^T求导分析可知：

$$k\widetilde{F}(\theta(q^{T*},w^T))-tq^{T*}f(\theta(q^{T*},w^T))=A_{41}\frac{dq^{T*}}{dw^T} \quad (3-18)$$

当$\eta\to 0$时，式（3-18）右侧无限接近0，对式（3-18）的左侧进行极限分析、整理后可知$q^{T0}f(q^{T0})=\widetilde{F}(q^{T0})$成立，移项可知$\frac{dq^{T*}}{dw^T}=$

$-\frac{k\widetilde{F}(\theta(q^{T*},w^T))-tq^{T*}f(\theta(q^{T*},w^T))}{A_{41}}<0$，进而求解分析可知$\frac{d\theta(q^T,w^{T*}(q^T))}{dq^T}=$

$\frac{1}{k}\left(t(w^{T*}(q^T))+q^T\frac{dw^{T*}(q^T)}{dq^T}\right)=\frac{k(q^Tf(q^T)-\widetilde{F}(q^T))}{t(w^{T*}(q^T))q^Tf(\theta(q^T,w^{T*}(q^T)))-k\widetilde{F}(\theta(q^T,w^{T*}(q^T)))}\geq 0$。

且该式取0时，$\theta(q^T,w^{T*}(q^T))$达得最大值，此时$\breve{q}f(\breve{q})=\widetilde{F}(\breve{q})$，结论得证。

证毕。

综合以上对零售商自有初始资金量η的参数分析可以发现，均衡订货量及批发价随着零售商初始资金量的下降而上升，生产商收益随之增加，但零售商收益下降。这是由于，零售商所需贷款量随着自有资金的下降而升高，零售商也有可能违约。而破产造成的违约则对零售商有利（相当于市场风险被生产商承担），造成零售商提升其订货水平。风险增加的生产商也选择提高订货量覆盖风险损失，当破产违约产生的收益大于生产商批发价增加带来的损害时，零售商最终选择提高订货决策，最终，批发价和订货量的同时提升对生产商有利，但违约无法实质性改善零售商收益，零售商收益则因批发价提升而降低。特别地，当η趋近于0时，批发价决策无限增大至市场零售价p，而均衡状态下的订货决策以及生产商收益则无限增加至集中式订货以及期望收益水平，零售商收益因过高的批发价导致接近0的水平。可见，对于资金限制型零售商而言，过分地依赖贸易信用融资反而对其不利。但对于生产商来说，深入开展的贸易信用融资反而对其有利。生产商应当尽可能为资金更为缺乏的零售商提供融资援助授信，这有利于激励零售商订货，改善供应链总体绩效。

四、供应链协调合同设计

分散式供应链中的生产商及零售商之间的策略博弈引发了融资系统中的双边效应，导致融资运作效率下降，因此有必要进一步分析贸易信用融资系统的协调策略。传统研究已经针对成员风险中性下的贸易信用融资系统，以及风险偏好下的资金充足供应链协调策略开展了研究。但考虑上下游企业均风险偏好的融资系统协调并未有研究涉及。下面，本章期望设计一类协调合约机制以实现该类型供应链协调。由于协调基准是集中式供应链期望效用值，下面须先对集中式最优决策予以分析。

（一）集中式决策

相关研究表明，当供应链内企业决策者均风险厌恶时，集中式供应链期望效用可被定义为供应链整体效用累加值（Gan 等，2004；Chen 等，2014；Yang 等，2018；闻卉等，2013），可见，本章中集中式供应链决策效用目标函数为 $\Pi^T_{n_R n_M} = \Pi^T_{R\mid n_R} + \Pi^T_{M\mid n_M}$，$n_i = 1, 2$。分析集中式贸易信用融资供应链最优决策，有下述命题成立。

命题 3-6 当 $\Pi^T_{n_R n_M}$ 为关于 (w^T, q^T) 的联合凹函数，集中式贸易信用融资供应链最优订货决策 q^{T0} 为：

$$q^{T0} = \begin{cases} F^{-1}\left(\dfrac{p-c}{\tau_R k}\right), & \text{若 } \lambda_R k > p - c \\ F^{-1}\left(\dfrac{\delta_R k - c + s}{\delta_R k}\right), & \text{若 } \lambda_R k \leqslant p - c \end{cases} \quad (3-19)$$

证明 风险厌恶下集中式供应链效用函数 $\Pi^T_{n_R n_M}$ 同时含有批发价 w^T 和订货量 q^T 决策，可通过求解 $\Pi^T_{n_R n_M}$ 关于 w^T, q^T 的一阶条件方程组获得集中式供应链最优决策策略。经求解可知 $\Pi_{n_R n_M}^T$ 关于 w^T 及 q^T 的一阶条件分别为：

$$\frac{\partial \Pi_{n_R n_M}^T}{\partial w^T} = \begin{cases} (\tau_R - \tau_M) q^T F(\theta(q^T, w^T)) = 0, \text{ 若 } n_R = 1, \\ \quad n_M = 1 \text{ 或 } n_R n_M = 21 \\ (\tau_R F(\theta(q^T, w^T)) + \delta_M \overline{F}(\theta(q^T, w^T)) - 1) q^T = 0, \\ \quad \text{若 } n_R n_M = 12 \text{ 或 } n_R n_M = 22 \end{cases} \quad (3-20)$$

$$\frac{\partial \Pi_{n_R n_M}^T}{\partial q^T} = \begin{cases} p - c - \tau_R k F(q^T) + t(\tau_R - \tau_M) q^T F(\theta(q^T, w^T)) = 0, \\ \quad \text{若 } n_R n_M = 11 \\ p - c - \tau_R k F(q^T) + t(\tau_R F(\theta(q^T, w^T)) + \delta_M \overline{F}(\theta(q^T, w^T)) - \\ \quad 1) q^T = 0, \text{ 若 } n_R n_M = 12 \\ \delta_R k \overline{F}(q^T) - c + s + t(\tau_R - \tau_M) q^T F(\theta(q^T, w^T)) = 0, \\ \quad \text{若 } n_R n_M = 21 \\ \delta_R k \overline{F}(q^T) - c + s + t(\tau_R F(\theta(q^T, w^T)) + \delta_M \overline{F}(\theta(q^T, w^T)) - \\ \quad 1) q^T = 0, \text{ 若 } n_R n_M = 22 \end{cases}$$

$$(3-21)$$

由式（3-20）和式（3-21）可得：

$$\begin{cases} p - c - \tau_R k F(q^T) = 0, \text{若 } n_R n_M = 11 \text{ 或 } n_R n_M = 12 \\ \delta_R k \overline{F}(q^T) - c + s = 0, \text{若 } n_R n_M = 21 \text{ 或 } n_R n_M = 22 \end{cases} \quad (3-22)$$

只需将式（3-22）进行移项整理即可得到集中式供应链下的最优订货决策 q^{T0}，满足式（3-19）。

证毕。

推论 3-4 (i) 集中式供应链最优订货策略 q^{T0} 与 α_M、η 无关，且随着 α_R 的增加而递增，Π^{T0} 随 α_i 的提高而递增。

(ii) 当 $\tau_0 = \tau_R$ 时，Mean-CVaR 具有可加性，即 $\Pi^T|_{\alpha_0} = \Pi_M^T|_{\alpha_M} + \Pi_R^T|_{\alpha_R}$（$\alpha_0$ 表示集中式供应链企业整体风险偏好）。

证明 由包络定理可知：

$$\frac{d\Pi^{T0}}{d\alpha_M} = \frac{k\int_0^{\theta(q^{T0},w^{T0})} F(x)dx}{\alpha_M^2} > 0, \frac{d\Pi^{T0}}{d\alpha_R} = \frac{k\int_{\theta(q^{T0},w^{T0})}^{q^{T0}} F(x)dx}{\alpha_R^2} > 0$$

根据命题 3-5 可知（i）结论成立，用 Π_0 表示供应链总体期望效用，通过比较分析可知，当 $\tau_0 = \tau_R$ 时有 $\Pi_0 = \Pi_R^T + \Pi_M^T$ 成立，即 Mean-CVaR 准则具有可加性。

证毕。

（二）协调合同

协调理论表明，仅需令分散式供应链中零售商决策与集中式决策相一致即可实现分散式决策及收益达到集中式水平，而为了保证供应链成员均选择参与该协调合同，需保证协调后成员收益均不低于协调之前，即满足激励相容约束。以上标 ∧ 表示协调后的供应链决策及收益，$\hat{D}$ 表示销售结束生产商向零售商收取的固定转移支付费用，经分析可知，满足以下结论的协调机制可以达成供应链有效协同。

命题 3-7 当协调批发价 $\hat{w}^T$ 满足等式（3-23），且转移支付费用 $\hat{D}$ 满足 $\hat{\Pi}_R^T = \Pi_R^T(\hat{w}^T) - \hat{D} \geq \Pi_R^{T*}$ 和 $\hat{\Pi}_M^T = \Pi_M^T(\hat{w}^T) + \hat{D} \geq \Pi_M^{T*}$，二部定价合同 $(\hat{w}^T, \hat{D})$ 可达成分散式风险偏好型贸易信用融资供应链收益协调。

$$\begin{cases} k\tilde{F}(q^{T0}) - t(\hat{w}^T)\tilde{F}(\theta(\hat{w}^T, q^{T0})) = 0, & \text{若 } \lambda_R k > p - c \\ \delta_R k \overline{F}(q^{T0}) - \tau_R t(\hat{w}^T)\tilde{F}(\theta(\hat{w}^T, q^{T0})) = 0, & \lambda_R k \leq p - c \end{cases} \quad (3-23)$$

显然，当 $\hat{w}^T \in \{w^T | q^{T*}(w^T) = q^{T0}\}$，协调价格可使得供应链总体收益实现集中式水平，借助固定费用转移 $\hat{T}$ 可最终达到供应链收益再分配，须保证成员参与的激励机制相容，即执行合同后的各企业收益均不低于实行合约前。

推论 3-5 当需求分布函数满足 α_R-IGFR，$\hat{w}^T$ 随着 α_R 和 η 的增加而降低。

证明 令 $A_{61} = k\tilde{F}(\theta(\hat{w}^T, q^{T0})) - t(\hat{w}^T)q^{T0}f(\theta(\hat{w}^T, q^{T0}))$ 由命题 3-3 可知 $A_{61} > 0$，进一步分析可知：

$$c \leq s + \frac{c-s}{\tau_R \tilde{F}(\theta(\hat{w}^T, q^{T0}))} = \hat{w}^T = s + \frac{k\tilde{F}(q^{T0})}{\tilde{F}(\theta(\hat{w}^T, q^{T0}))} \leq p$$

$$\frac{\mathrm{d}\hat{w}^T}{\mathrm{d}\eta} = -\frac{kt(\hat{w}^T)f(\theta(\hat{w}^T, q^{T0}))}{A_{61}} < 0, \quad \frac{\mathrm{d}\hat{w}^T}{\mathrm{d}\alpha_R} = -\frac{k(p-\hat{w}^T)}{\lambda_R A_{61}} < 0$$

证毕。

以上结论对于生产商合理制定合同参数给予了启示：执行合同价格时，应当为风险厌恶型零售商提高批发价格（这与传统的批发价合同不同），为初始资金量较多的零售商降低批发价格。当然，除了以上提出的二部定价合同，收益共享机制也有助于达到供应链协同。令 $\hat{\chi}$ 表示生产商向零售商收取的利益分成，令 $A_{62} = \delta_R q^T + (1-\delta_R)F^{-1}(\alpha_R) - \breve{\theta}(q^T, w^T)$，执行收益共享机制后，零售商期望效用值变为：

$$\Pi_R^T = \begin{cases} -\eta + (1-\hat{\chi})k(q^T - \breve{\theta}(q^T, w^T)) - \tau_R(1-\hat{\chi})k\int_{\breve{\theta}(q^T, w^T)}^{q^T} F(x)\mathrm{d}x, 若 q^T < F^{-1}(\alpha_R) \\ -\eta + (1-\hat{\chi})k(A_{62} - (\delta_R \int_{\breve{\theta}(q^T, w^T)}^{q^T} F(x)\mathrm{d}x + \frac{1-\delta_R}{\alpha_R}\int_{\breve{\theta}(q^T, w^T)}^{F^{-1}(\alpha_R)} F(x)\mathrm{d}x)), 若 q^T \geq F^{-1}(\alpha_R) \end{cases}$$

满足下述结论的收益共享机制可达成供应链企业有效协调。

命题 3-8 当制定批发价 $\hat{w}^T$ 服从式（3-24），且执行收益共享后各企业收益 $\hat{\Pi}_i^T > \Pi_i^{T*}$，收益共享合同 $(\hat{\chi}, \hat{w}^T)$ 能够实现风险厌恶型分散式贸易信用供应链有效协调。

$$\begin{cases} (1-\hat{\chi})k\widetilde{F}(q^{T0}) - (\hat{w}^T - (1-\hat{\chi})s)\widetilde{F}(\breve{\theta}(q^{T0}, \hat{w}^T)) = 0, 若 \lambda_R k > p-c \\ \delta_R(1-\hat{\chi})k\overline{F}(q^{T0}) - \tau_R(\hat{w}^T - (1-\hat{\chi})s)\widetilde{F}(\breve{\theta}(q^{T0}, \hat{w}^T)) = 0, \\ \qquad 若 \lambda_R k \leq p-c \end{cases}$$

(3-24)

其中，$\breve{\theta}(q^{T0}, \hat{w}^T) = \dfrac{(\hat{w}^T q^{T0} - \eta) - (1-\hat{\chi})sq^{T0}}{(1-\hat{\chi})k}$。

显然，满足等式（3-24）的批发价可确保相关类型供应链收益达到集中式水平，而 $\hat{\Pi}_i^T \geq \Pi_i^{T*}$ 可保证成员参与的激励相容。

相较而言，收益共享机制只需调整参数 $\hat{\chi}^T$ 即可达成协调，更易执行。其他情形（情形 K、情形 N、情形 A）下供应链协调方式与情形 T 协调方式类似,可参照命题 3-7 及命题 3-8 设计相应的二部定价或收益共享机制,以实现相关情形下的供应链协调。实践中,可通过将协调合同嵌入到贸易信用融资或供应链交易合同中的方式予以签订和执行,但必须保证成员风险偏好等参数信息的对称性。

五、无融资情形

下面进一步探讨当零售商不进行融资时的供应链均衡运营决策情况。由于不存在贸易信用融资,零售商期望收益函数表达式与传统报童模型类似。风险中性零售商与生产商期望效用表达式可分别表示为:

$$E[\pi_R^l] = (p - w^l)q^l - k\int_0^{q^l} F(x)\mathrm{d}x, l = N, S \quad (3-25)$$

$$E[\pi_M^l] = (w^l - c)q^l, l = N, S \quad (3-26)$$

与命题 3-2 类似,可得无融资情形下风险偏好零售商期望效用函数表达式:

$$C(\pi_R^l) = \begin{cases} (p - w^l)q^l - \dfrac{k}{\alpha_R}\int_0^{q^l} F(x)\mathrm{d}x, 若 q^l < F^{-1}(\alpha_R) \\ k\left(F^{-1}(\alpha_R) - \dfrac{1}{\alpha_R}\int_0^{F^{-1}(\alpha_R)} F(x)\mathrm{d}x\right) - (w^l - s)q^l, \\ \quad 若 q^l \geqslant F^{-1}(\alpha_R) \end{cases} \quad (3-27)$$

结合式(3-25)和式(3-27)可进一步得到其均值条件风险值 $\Pi_R^l = E[\pi_R^l] + C(\pi_R^l)$。由于无融资情形下生产商不需要分担风险,其风险偏好实际上对其收益不产生任何影响,此时其期望效用函数为 $\Pi_M^l = E[\pi_M^l]$。下面对两种资金情形(情形 A 和情形 N)下供应链均衡决策进行分析。

在 N 资金情形下,零售商面临资金缺乏,但未借助贸易信用进行融

资,此时零售商仅通过使用自有资金 η 完成订货,其订货量始终为:

$$q^{N*} = \frac{\eta}{w^N} \qquad (3-28)$$

将零售商订货反应决策代入生产商期望效用函数表达式后可知:

$$\Pi_M^N = (w^N - c) q^{N*} = (w^N - c) \frac{\eta}{w^N}$$

通过分析上述函数式可知,Π_M^N 为关于 w^N 的单调递增函数,可见生产商在 N 情形下的最优批发价决策 w^{N*} 仅可能取在情形 N 的有效决策区间右侧端点处(有效决策区间可见本章命题 3-1)。

在 A 资金情形下,生产商及零售商均能够取到期望收益极值对应的最优决策。经分析可知,博弈均衡策略存在且唯一。同样运用逆序求解法依次求解一阶条件 $\Pi_R^A(q^A)$ 关于 q^A 的方程式,以及 $\Pi_M^A(w^A, q^{A*}(w^A))$ 关于 w^A 的一阶条件表达式,即可得到均衡最优状态下的供应链成员决策满足下式:

$$(q^{A*}, w^{A*}) = \begin{cases} \left(F^{-1}\left(\frac{p - w^{A*}}{\tau_R k}\right), \ c + \tau_R k q^{A*} f(q^{A*}) > c \right), \\ \quad 若 \ \lambda_R k > p - w^{A*} \\ \left(F^{-1}\left(\frac{\delta_R k - w^{A*} + s}{\delta_R k}\right), \ c + \delta_R k q^{A*} f(q^{A*}) > c \right), \\ \quad 若 \ \lambda_R k \leq p - w^{A*} \end{cases} \qquad (3-29)$$

六、数值分析

为更加直观地理解结论内容,并对相关结论予以补充延伸,下面借助数值分析工具进一步补充分析论证相关理论结果。参数随机获得并设置如下:

$p=8$，$c=3$，$s=2$，$Z \sim N(50, 20)$，$\lambda_i = 0.8$，$\eta = 10$

例 3-1 主要针对零售商资金约束的影响、决策者风险偏好的影响等做出分析；而例 3-2 则论证协调合同的有效性。

例 3-1 固定其他参数，分别针对各决策者风险偏好因子 a_i 以及零售商初始资金量 η 进行敏感度分析，如图 3-3 和图 3-4 所示。为表征其他相关参数的影响，并同时对其他外生参数展开补充分析，如表 3-1 所示。可得到下述结论：

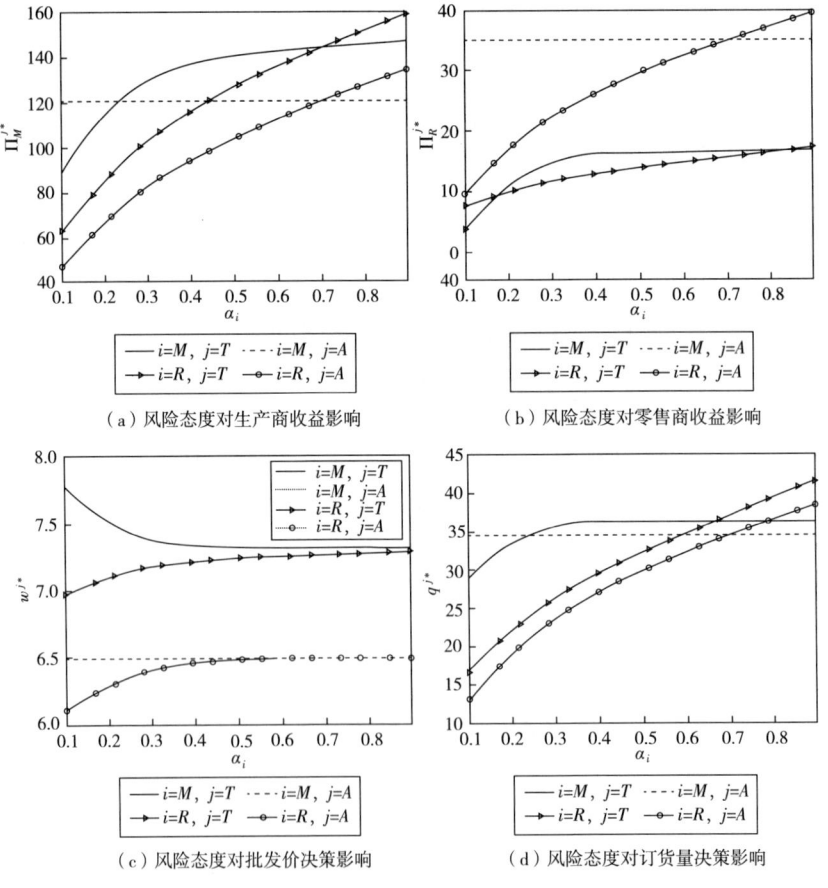

(a) 风险态度对生产商收益影响
(b) 风险态度对零售商收益影响
(c) 风险态度对批发价决策影响
(d) 风险态度对订货量决策影响

图 3-3 各模式下供应链决策者风险态度对均衡决策和成员收益的影响

第三章 CVaR 准则下贸易信用供应链决策与协调策略

1. 风险规避型成员决策更趋保守

由图 3-3 可知，随着零售商风险规避因子的降低，其风险厌恶程度增加，导致 w^{j*}、q^{j*}、Π_M^{j*}、Π_R^{j*} 均下降。这是由于零售商主要面临商品剩余风险，风险厌恶零售商为规避商品剩余，所制定的订货决策更加保守，而生产商为了激励其订货不得不选择降低批发价，最终导致生产商及零售商收益均出现下降（但推论 3-2 表明一定参数情形下，风险厌恶可能对零售商有利）。同时发现，随着生产商风险规避程度的提升，其批发价 w^{T*} 增加，q^{T*}、Π_M^{T*}、Π_R^{T*} 均随之降低，这是由于生产商的风险主要来源于零售商的过量订货风险（过量订货导致零售商破产概率增加，导致生产商承担的破产风险增加），风险规避生产商则通过提升批发价决策来阻止零售商的超额订货行为，这同时导致零售商订货水平的下降，导致供应链效率的下降及成员收益的损失。可见，生产商不应盲目制定风险控制，应当关注风控策略对供应链决策的影响。上述分析同时论证了命题 3-2 及命题 3-6。

2. 执行贸易信用融资合同可达成供应链成员共赢

由图 3-4 可发现，随着零售商初始资金额度的下降，零售商最优订货决策提高，生产商批发价决策借机提升，导致生产商和零售商收益水平的分别提升和降低。这主要是源于零售商的违约风险激励了其提升订货，生产商则通过增加批发价弥补其承担的风险。最终生产商受益于订货水平及批发价水平的同时提升，而过量订货以及过高的批发价导致零售商收益下降。特别地，当零售商初始资金量趋近于零时，生产商收益提升至集中式供应链收益水平，可见，贸易信用融资模式的深入开展不仅有助于提高生产商收益，还有助于起到供应链的激励协调作用，这对生产商以及供应链整体均是有益的。值得注意的是，虽然零售商收益因贸易信用的过量开展而下降，但开展贸易信用同样对其有利。由图 3-4 可知，考虑到期望收益大小，生产商不会为资金量较高（处于 N 情形）的零售商提供贸易信用，导致 N 情形下批发价过高，零售商订货不足，收益极度下降，最终，零售商在 T 情形下的收益始终大于 N 情形下的期望收益。这意味着资金约束的零售商始终受益于开展贸易信用融资，N 情形零售商则应适度减少初始资金使用以获取融资。但同样应注意的是，过分地依赖融资对其不利，零售商在参与融资时应当尽可能地提供更多的初始资金量。而站在生产商资金援助的角度来看,生产商在开展贸易信用资金援助时应当选择初始资金量较低的零售商提供融资,以确保融资效率。上述分析同时论证了本章推论 3-1 和命题 3-5。

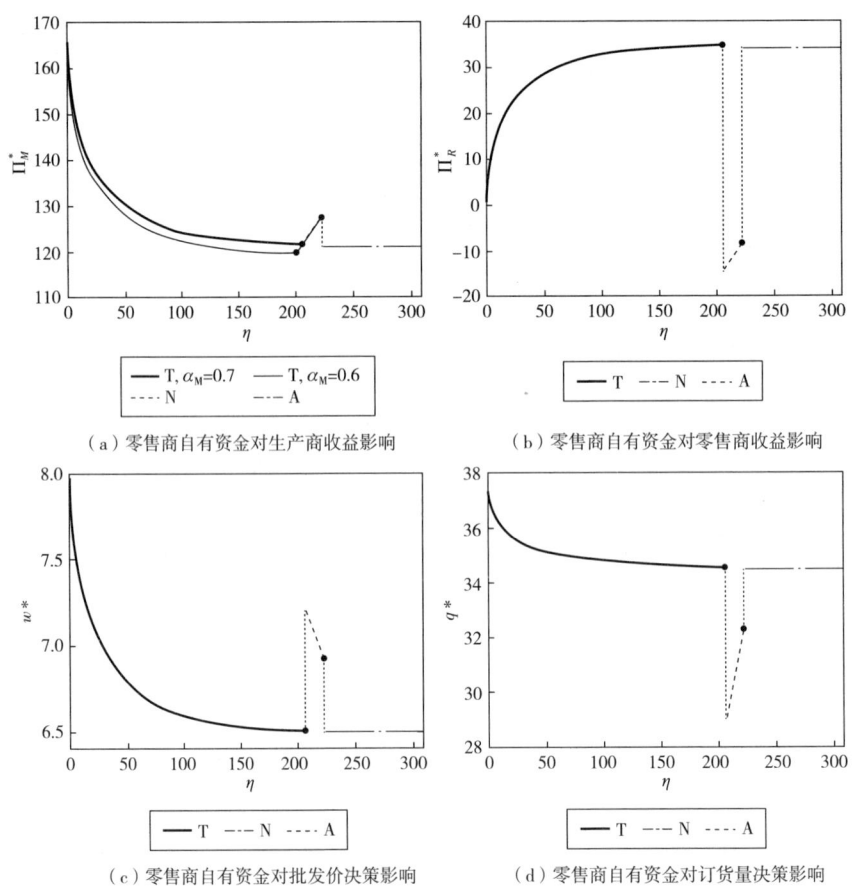

图 3-4　各模式下零售商自有资金额度对均衡决策和成员收益的影响

3. 零售商价格决策

观察图 3-4 可知,当零售商初始资金量无限接近零时,均衡批发价决策无限接近市场零售价格水平;零售商最优订货无限接近集中式水平;

生产商效用无限接近集中式供应链水平；且零售商收益则无限接近零。这论证了命题3-5及命题3-7的正确性。

4. 核心企业应当合理选择交易者

根据图3-4中的T、N、A三类情况可发现，生产商应当根据其风险规避大小及零售商提供的初始自有资金使用额度合理选择对自身有益的零售商进行交易。例如，当生产商风险追求水平较高时（α_M较高），应选择资金量对应T＞N＞A情形的零售商；随着生产商风险规避水平的增加（α_M降低），选择N＞T＞A和N＞A＞T情形的零售商。而对于零售商而言，持有较多初始资金量的零售商可改变其初始订货资金的使用量，使得其处于更加有利的决策区间，如T情形下的零售商选择使用更多初始订货资金，并选择与风险偏好类型的生产商开展交易，处于N情形下的零售商则选择适度降低其初始订货资金使用额度。α_M的增加不仅使得零售商收益提升，还使其收益状态由A＞T变为T＞A，即A情形下的零售商可降低资金使用量参与贸易信用融资，以获取更大收益。但对于风险规避型生产商，资金充足的零售商降低资金使用量参与融资反而对其不利（$\Pi_M^{A*}＞\Pi_M^{T*}$），风险规避的生产商应当做好零售商的财产调查，确保零售商不谎报初始资金额度。此外，观察α_M对w^{j*}、q^{j*}、Π_M^{j*}、Π_R^{j*}的影响可以发现，当α_M增大到一定程度，均衡决策及企业效用变化即趋于稳定。

表3-1 (p,c,s)等参数变化对各资金情形均衡决策及收益的影响

	w^{j*}	q^{j*}	Π_M^{j*}	Π_R^{j*}
T	(↗, ↗, ↘)	(↗, ↘, ↗)	(↗, ↘, ↗)	(↗, ↘, ↗)
N	(↗, →, ↘)	(↘, →, ↗)	(↗, ↘, ↗)	(↘, →, ↘)
A	(↗, ↗, ↘)	(↗, ↘, ↗)	(↗, ↘, ↗)	(↗, ↘, ↗)

5. 其他参数的影响分析

为了得到更具备一般性的研究结论，进而分析外生参数(p,c,s)的影响（见表3-1）。由表3-1可总结出参数变化对均衡决策及成员收益的影响和变化趋势。可结合该参数的敏感度分析通过移动图3-3到图3-4

中的线段表征相关参数变化时均衡变化的最终状态。

下面通过例 3-2 对命题 3-7 及命题 3-8 的合同有效性及协调价格性质进行分析。

例 3-2 固定 $\alpha_i = 0.7$，取固定支付费用 $\hat{D} = 170$，并代入式（3-28）运算可得到 $c < \hat{w}^T < p$ 间的合同价格 $\hat{w}^T = 3.02$，执行合同后零售商的订货水平以及各企业效用值 $(\hat{q}^T, \hat{\Pi}_M^T, \hat{\Pi}_R^T) = (37.5, 171.32, 24.14) > (36.1, 144.4, 16.6) = (q^{T*}, \Pi_M^{T*}, \Pi_R^{T*})$，表明执行合同后成员决策及期望效用值相比未实施契约机制时均有显著提升。同时分散式供应链总体期望效用水平达到集中式水平，表明二部定价合同能够达成风险厌恶型贸易信用融资分散供应链完全协调。降低零售商风险规避因子至 $\alpha_R = 0.6$ 后可知，协调合同批发价增加至 3.03。增加零售商初始资金量 $\eta = 30$ 后可知，$\hat{w}^T$ 降低至 3.01，且伴随 η 的提升，$\hat{w}^T$ 无限接近 3。以上分析同时论证了推论 3-5。取命题 3-10 中的收益共享比例 $\hat{\chi} = 0.8$，经计算后可知协调价格 $\hat{w}^T = 0.6$，协调后供应链决策及成员收益 $(\hat{q}^T, \hat{\Pi}_M^T, \hat{\Pi}_R^T) = (37.5, 162.95, 30.62) > (36.1, 144.4, 16.2) = (q^{T*}, \Pi_M^{T*}, \Pi_R^{T*})$，即供应链总体效用实现集中式效用水平，说明收益共享机制协调的有效性。

七、缺货损失影响

上文未考虑零售商缺货带来的损失，实际上，缺货带来的损失感知同样是影响零售商订货决策的关键因素，也是零售商积极寻求融资援助的主要目的。下面进一步考虑缺货损失对供应链决策造成的影响。假设零售商对缺货的损失感知为 g，并令 $\overline{\alpha}_R = 1 - \alpha_R$，类似命题 3-2 的分析可知，有如下命题结论成立。

命题 3-9 存在满足式（3-30）的最优分位数 v_R^*，使得 $C(\pi_R) = u_R(q^T, v_R^*)$ 成立，

$$v_R^* = \begin{cases} h_3 + gq^T - gF^{-1}(\overline{\alpha}_R), & 若\ q^T < A_7 F^{-1}(\overline{\alpha}_R) \\ \hat{v}_R, & 若\ q^T \geq A_7 F^{-1}(\overline{\alpha}_R) \end{cases} \quad (3-30)$$

其中，$h_3 = (p-w^T)q^T > h_1 = -\eta > h_2 = -(w^T-s)q^T$，$A_7 = g/(k+g)$，且 $\hat{v}_R$ 满足 $\frac{1}{\alpha_R}\left(1 + F\left(\frac{\hat{v}_R - h_2}{k}\right)\right) - F\left(h_3 + gq^T - \frac{\hat{v}_R}{g}\right) = 1$。

证明 根据式（3-7），给出 $u_R(q^T, v_R)$ 的形式如下：

$$u_R(q^T, v_R) = v_R - \frac{1}{\alpha_R}\Big(\int_0^{\theta(q^T, w^T)} (v_R - h_1)^+ f(x)\mathrm{d}x + \int_{\theta(q^T, w^T)}^{q^T} ((v_R - h_2) - kx)^+ f(x)\mathrm{d}x + \int_{q^T}^{+\infty} (v_R - h_3 + g(x - q^T))^+ f(x)\mathrm{d}x\Big)$$

$$= \begin{cases} 1)\ v_R - \frac{1}{\alpha_R}\int_{\frac{h_3-v_R}{g}+q^T}^{+\infty}(v_R - h_3 + g(x-q^T))f(x)\mathrm{d}x, & v_R < h_2 \\ 2)\ v_R - \frac{1}{\alpha_R}\Big\{\int_{\frac{h_3-v_R}{g}+q^T}^{+\infty}(v_R - h_3 + g(x-q^T))f(x)\mathrm{d}x + \int_{\theta(q^T,w^T)}^{\frac{v_R-h_2}{p-s}}((v_R-h_2)-(p-s)x)f(x)\mathrm{d}x\Big\}, & h_2 < v_R < h_1 \\ 3)\ v_R - \frac{1}{\alpha_R}\Big\{\int_0^{\theta(q^T,w^T)}(v_R-h_1)f(x)\mathrm{d}x + \int_{\theta(q^T,w^T)}^{\frac{v_R-h_2}{p-s}}((v_R-h_2)-(p-s)x)f(x)\mathrm{d}x + \int_{\frac{h_3-v_R}{g}+q^T}^{+\infty}(v_R-h_3+g(x-q^T))f(x)\mathrm{d}x\Big\}, & h_1 < v_R < h_3 \\ 4)\ v_R - \frac{1}{\alpha_R}\Big\{\int_0^{\theta(q^T,w^T)}(v_R-h_1)f(x)\mathrm{d}x + \int_{\theta(q^T,w^T)}^{q^T}((v_R-h_2)-(p-s)x)f(x)\mathrm{d}x + \int_{q^T}^{+\infty}(v_R-h_3+g(x-q^T))f(x)\mathrm{d}x\Big\}, & v_R > h_3 \end{cases}$$

参考命题 3-2 证明，可按 $v_R < h_2$，$h_2 \leq v_R \leq h_1$，$h_1 \leq v_R \leq h_3$，$v_R > h_3$ 将 u_R 分为上述四类情况，由

$$0 \geq \frac{\partial^2 u_R(q^T, v_R)}{\partial v_R^2} = \begin{cases} -\frac{1}{\alpha_R g} f\left(\frac{h_3 + gq^T - v_R}{g}\right), & 若\ v_R < h_2 \\ -\frac{1}{\alpha_R g} f\left(\frac{v_R - h_2}{k}\right) - f\left(\frac{h_3 + gq^T - v_R}{g}\right), & 若\ h_2 \leq v_R \leq h_3 \\ 0, & 其他 \end{cases}$$

可知 $u_R(q^T, v_R)$ 是关于 v_R 的连续可微分凹函数，并存在 $v_R^*(q^T)$ 使得 $u_R(q^T, v_R)$ 达到极大值。下面对极值点进行分析，对 $u_R(q^T, v_R)$ 关于 v_R 求导可知：

$$0 = \frac{\partial u_R(q^T, v_R)}{\partial v_R}$$

$$= \begin{cases} 1 - \frac{1}{\alpha_R}\left(1 - F\left(\frac{h_3 + gq^T - v_R}{g}\right)\right), & \text{若 } v_R < h_2 \\ 1 - \frac{1}{\alpha_R}\left(1 - F(\theta(q^T, w^T)) + F\left(\frac{v_R - h_2}{k}\right) - F\left(\frac{h_3 + gq^T - v_R}{g}\right)\right), & \text{若 } h_2 \leq v_R \leq h_1 \\ 1 - \frac{1}{\alpha_R}\left(1 + F\left(\frac{v_R - h_2}{k}\right) - F\left(\frac{h_3 + gq^T - v_R}{g}\right)\right), & \text{若 } h_1 \leq v_R \leq h_3 \\ 1 - \frac{1}{\alpha_R}, & \text{若 } v_R > h_3 \end{cases}$$

并进一步分析可知：

$$v_R^* = \begin{cases} h_3 + gq^T - gF^{-1}(\overline{\alpha}_R), & \text{若 } q^T < A_7 F^{-1}(\overline{\alpha}_R), v_R < h_2 \text{（情形 1）} \\ \overline{v}_R, & \text{若 } q^T \geq A_7 F^{-1}(\overline{\alpha}_R), h_2 \leq v_R < h_1 \text{（情形 2）} \\ \hat{v}_R, & \text{若 } q^T \geq A_7 F^{-1}(\overline{\alpha}_R), h_1 \leq v_R \leq h_3 \text{（情形 3）} \end{cases}$$

令 $\overline{v}_R = h_2 + kH < h_1$，移项可知 $H < \theta(q^T, w^T)$，因此有 $\frac{\overline{v}_R - h_2}{k} = H < \theta(q^T, w^T)$，说明 v_R 表达式中的情形 2 被退化为情形 1，即 v_R^* 中仅有情形 1 和情形 3 是有效存在的。

证毕。

用 L 表示需求上限，根据上述分析，当 $q^T < A_7 F^{-1}(\overline{\alpha}_R)$ 时，有

$$C(\pi_R^T) = h_3 + gq^T - gF^{-1}(\overline{\alpha}_R) - \frac{1}{\alpha_R}\int_{F^{-1}(\overline{\alpha}_R)}^{L} g(x - F^{-1}(\overline{\alpha}_R))f(x)\mathrm{d}x$$

$$(3-31)$$

当 $q^T \geq A_7 F^{-1}(\overline{\alpha}_R)$ 时，有

$$C(\pi_R^T) = \hat{v}_R - \frac{1}{\alpha_R}(\int_0^{\theta(q^T,w^T)} (\hat{v}_R - h_1)f(x)\,\mathrm{d}x + \int_0^{\frac{\hat{v}_R-h_2}{k}} (\hat{v}_R - h_2 - kx)$$

$$f(x)\,\mathrm{d}x + \int_{\frac{h_3+gq^T-\hat{v}_R}{g}}^{L} (\hat{v}_R - h_3 + g(x - q^T))f(x)\,\mathrm{d}x)$$

$$= \hat{v}_R - \frac{1}{\alpha_R}(k + \int_0^{\frac{\hat{v}_R-h_2}{k}} F(x)\,\mathrm{d}x + Lg - h_3 - gq^T - g\int_{\frac{h_3+gq^T-\hat{v}_R}{g}}^{L} F(x)\,\mathrm{d}x)$$

$$(3-32)$$

考虑缺货损失风险中性零售商期望效用函数表达式为：

$$E(\pi_R^T) = -\eta + k\int_{\theta(q^T,w^T)}^{q^T} \overline{F}(x)\,\mathrm{d}x - g(L - q^T + \int_{q^T}^{L} F(x)\,\mathrm{d}x) \quad (3-33)$$

此时，$E[\pi_M^T]$ 和 $C[\pi_M^T]$ 的形式与式（3-5）及式（3-14）完全相同，进一步类似上文分析即可得到均衡状态下考虑缺货损失贸易信用供应链订货决策，满足如下结论。

命题 3-10 Mean-CVaR 准则下考虑缺货损失时的贸易信用供应链零售商最优订货决策：

$$q^{T*} = \begin{cases} \lambda_R U + (1-\lambda_R)(p - w^T + g), & \text{若 } q^{T*} < A_7 F^{-1}(\overline{\alpha}_R), \hat{v}_R < h_2 \\ \lambda_R U + (1-\lambda_R)V/\alpha_R, & \text{若 } q^{T*} \geq A_7 F^{-1}(\overline{\alpha}_R), h_2 \leq \hat{v}_R < h_3 \end{cases}$$

$$(3-34)$$

其中，

$$U = k\overline{F}(q^{T*}) + g(1 + F(q^{T*})) - (w^T - s)\overline{F}(\theta(q^{T*}, w^T))$$

$$V = (w^T - s)\left(F\left(\frac{\hat{v}_R - h_2}{k}\right) - F(\theta(q^{T*}, w^T))\right) + (p - w^T + g)$$

$$\left(F\left(\frac{h_3 - \hat{v}_R gq^{T*}}{g}\right) - 1\right)$$

$$\hat{v}_R = h_2 + kF^{-1}\left(\frac{(w^T - s)F(\theta(q^{T*}, w^T)) + \alpha_R(p - w^T + g)}{k + g}\right)$$

推论 3-6 当 $\lambda_R = 1$ 时，Π_R^T 退化为 $C(\pi_R^T)$，此时只有 $q^{T*} \geq A_7 F^{-1}(\overline{\alpha}_R)$ 时 Π_R^T 才是关于 q^T 的凹函数。

证明 当 $q^{T*} < A_7 F^{-1}(\overline{\alpha}_R)$ 时，$C(\pi_R^T)$ 关于 q^T 的一阶条件等于 $p -$

$w^T + g > 0$。这意味着 $C(\pi_R^T)$ 不是关于 q^T 的凹函数。

证毕。

除此之外,考虑缺货损失时的其他最优决策 q^{j*}、w^{j*}、q^{j0}、w^{j0} 及供应链协调合同设计也与上文分析类似,本节不再赘述。以下数值分析表征了 g 和 α_i 对决策者期望效用值的影响。

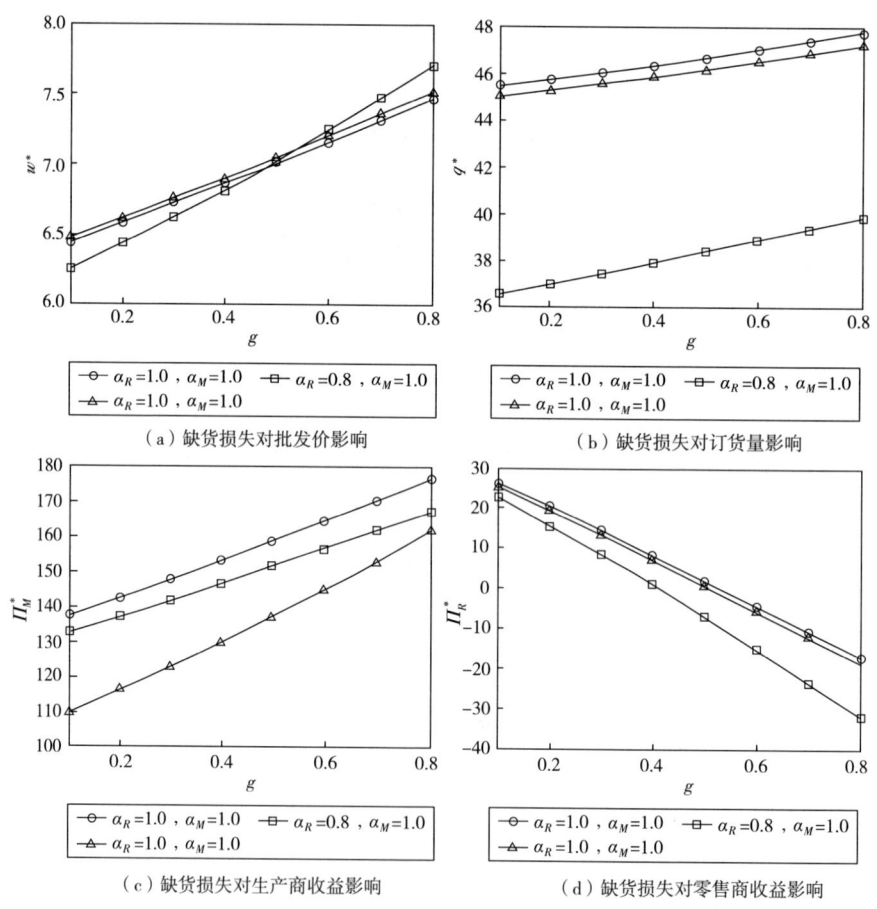

图 3-5 零售商缺货损失感知对供应链成员均衡决策及收益影响

例 3-3 令市场需求 $Z \sim U(0, 100)$,关于 g 和 α_i 展开敏感度分析

（见图 3-5）可以发现，随着零售商对缺货损失感知水平的增加，其订货水平增加，生产商也因此提高其批发价决策，从而引发生产商期望效用提升，但过量订货却导致零售商自身收益水平的下降；风险厌恶型生产商及零售商在决策时更加保守（制定更高的批发价及较低的订货量），造成决策者期望效用低于风险喜好。

八、本章小结

本章主要探究了决策者风险态度及资金约束对供应链均衡、收益和协调的影响，运用 Mean-CVaR 准则刻画上下游企业的风险偏好程度，对零售商三种资金情形进行了讨论。研究表明：①生产商的风险规避行为不利于供应链双方，而零售商可能因风险规避而受益；②延期支付融资能实现双赢，深入开展对生产商有益，但不利于零售商，因此零售商不应过度依赖融资，应提供更多自有资金；③企业应根据风险偏好和资金大小等参数合理制定运营策略，如何时参与融资等，应关注供应链协调以提升运作效率，延期支付融资本身具备一定的协调作用，而二部定价合同可实现不同资金情形和风险偏好供应链有效协调。本章研究对企业合理开展延期支付融资实践具有理论指导意义，但结论是基于零售商完全守信、无资金时间价值、信息完全对称、无市场竞争等假设下得出的，考虑相关因素的影响将是未来进一步研究的方向。

第四章
CVaR 准则下贸易信用保险投资策略

一、问题提出

融资难是长期困扰中小企业的难题,为保障供应链运作效率,为中小企业提供贸易信用融资成为各行业的共识,2017 年我国仅规模以上工业企业应收账款额就高达 13.5 万亿元。融资风险成为困扰核心企业新的难题,保险巨头 Coface 调查显示,2017 年我国超过 68% 的企业存在商业信用逾期付款现象,这同时也是引发供应链资金流断裂,造成企业破产的关键因素。为了应对中小企业的违约风险,核心企业开始自发购买贸易信用保险,以应对这类不确定性。本章期待解决以下关键问题:贸易信用保险下企业如何制定最优运营决策?企业应当在何时投资和购买商业保险?

近年来,学者针对贸易信用融资在供应链运营中的关键作用展开了诸多研究。其中,Gupta 等(2009)较早从运营层面对这类模式开展研究,分析信用期等贸易信用融资参数制定对企业最优化库存决策等的影响和变化。Luo 等(2012)则进一步将延期支付融资研究拓展至信息不对称情形,发现非对称信息下虽能提升买方收益,但无法实现链内协调。陈祥锋(2013)论证延期支付融资形式在供应链协调中的作用,发现延期支付有利于激励零售商订货，并起到供应链部分协调作用。与之类似的还有 Lee（2011）和 Chen 等（2015c）的研究。还有学者设计实现延期支付供应链协调新的契约机制，如王志宏等（2016）设计实现零售商信息披露的商业信用激励契约机制。Zhang 等（2014）设计实现延期支付供应链协调的数量折扣合同。李荣等（2017）分析供应链上下游企业均存在风险偏好情况下的延期支付类供应链协调问题。除此之外，冯海荣等（2013）和 Chen 等（2015b）则分别对易腐品联合采购费用分配问题及库存和信用期联合决策问题进行研究。王文利等（2014a）将延期支付研究框架拓展至两周期环境，并与传统供应链进行比较，分析交易信用和零售商初始资金对订货决策的影响。Cao 等（2018）对贸易信用交易背景下低碳供应链运营协调开展了研究。Kouvelis 等（2012）比较贸易信用融资和银行融资，论证了贸易信用融资的运营优势。虽然贸易信用融资和运营结合管理领域积累了诸多研究，但上述研究并未讨论贸易信用融资保险的运营策略。

保险作为一项有效的风险管理工具，同样成为学术研究的焦点。Li 等（2016a）针对应收账款融资中的保险策略给予研究，发现投保有助于提升供应链的运作效率。Jin 等（2017）进一步针对银行融资情境下的最优库存和保险联合决策问题展开了研究。于辉等（2017d）将营业中断保险应用于供应链风险管理，发现投保有助于实现供应商、零售商及保险公司三方共赢。杨雷等（2018）探究退货运费险对供应链运营的影响，发现运费险存在"市场失灵"的情况。陈静等（2018）制定应对农副产品产出不确定风险的商业保险运营策略。王文利等（2014d）发现交易信用保险有助于激励供应商为零售商提供融资，为供应链创造价值。

与本章类似的研究是王文利等（2014d），但其研究未讨论零售商初始资金这一关键参数对企业融资保险运营投资策略制定的影响；此外，作者讨论的是一个相对简单的单层优化决策问题。本章期望基于 Stackelberg 博弈方法，通过建立双层规划优化博弈模型，一方面探究贸易信用融资下供应链运营和保险的联合最优决策；另一方面借助 CVaR 等风险度量方法，探究生产商风险厌恶、零售商初始资金量等关键运营和融资参数对保险策略制定的影响。以期为贸易信用保险的合理实施提供行之有效且科学的运营策略指导。

二、模型构建

考虑由单生产商及单零售商组成的两级分销系统,零售商 R 从生产商 M 处以批发价 w(生产商决策变量)采购 q(零售商决策变量)单位商品,该产品单位生产成本为 c。零售商以售价 p 销售商品,并以剩余价值 s 处理过剩商品。各类价格间满足 $p>w>c>s$,即生产商和零售商都可以通过销售新产品获利,但销售剩余产品无利可图。市场需求 Z 具有随机性,通过市场调查研究可获知其服从 $[0,+\infty]$ 分布及密度函数分别为 $F(x)$ 和 $f(x)$ 的概率分布。令 $\overline{F}(x)=1-F(x)$,并假设该概率分布同时满足递增失效率和广义递增失效率(Lariviere 等,2001),即满足 $H(x)=\dfrac{f(x)}{\overline{F}(x)}$ 和 $G(x)=\dfrac{xf(x)}{\overline{F}(x)}$ 单调递增的性质。

执行交易时零售商所具备初始资金量为 η。显然,当 $\eta \geqslant wq$ 时,零售商并不缺乏订货资金(资金充足);而当 $\eta<wq$ 时,零售商资金缺乏,生产商可以为其提供贸易信用融资(订货时不足的货款通过期末销售收益偿还),零售商所需融资额度为 $wq-\eta$。此时,资金约束的零售商可以选择参与融资或不参与,而处于供应链上游的生产商可以选择为其提供贸易信用融资或者不提供,一旦融资发生,生产商为零售商赊销 $wq-\eta$ 的信用额度,而零售商需要用销售回款 $p\min\{Z,q\}+s(q-Z)^+$ 予以偿还欠款。这意味着当市场需求低于一定程度时,零售商销售回款较少,此时不足以覆盖贸易信贷额度,即 $pZ+s(q-Z)^+<wq-\eta$。这时当需求临界点 θ 满足 $Z<\theta(q,w)=\dfrac{(w-s)q-\eta}{p-s}$ 时,零售商全部销售收益被予以偿还欠款,零售商被执行破产清算(假设零售商不存在多余资产,这符合现实背景)。

这意味着零售商破产需求临界值为 $\theta(q,w)$。生产商在为零售商提供贸易信贷合同时，同样面临和承受着零售商因销售不力造成的违约风险，此时生产商可以选择为交易投资保险策略，假设其投保额度为 $wq-\eta$，生产商须为该交易支付保费，经核算后保险费率为 r（保险公司决策变量），生产商支付贸易保险成本总额为 $(wq-\eta)r$。同时，保险公司 I 处于完全竞争市场，仅获取无风险保险费率 r_F。

与大多数供应链相关研究文献一致，本章采用 Stackelberg 博弈刻画生产商及零售商间的博弈关系，并分析其均衡博弈策略。生产商为博弈领导者，双方首先明确融资策略及投保策略（是否融资、是否投保），随后决策令自身收益最大化的批发价、订货量等最优决策。用上标 T、K、N、A 分别表示贸易信用且不投保、贸易信用投保、资金约束但不融资、资金充足四类情形；上标 * 和 0 表示供应链分散式及集中式决策情形下的均衡策略（分散式决策是指各决策主体分别以自身利益最大化为目标进行决策；而集中式决策则指决策者以供应链整体利益最大化为目标进行决策）；$i=M,R$ 表示供应链成员，$j=T,K,N,A$ 表示各资金情形，Π_i^j 表示 j 情形下决策者 i 期望收益（效用）大小，令 $k=p-s$，$t(w)=w-s$，分别表示因产品未能售出造成的零售商单位产品潜在利益损失和生产商单位产品潜在利益损失。需要特别说明的是，在以上模型参数假设中，除保险费率 r、批发价 w、订货量 q 为决策变量外，其余均为外生参数，这符合经典报童模型以及大多数相关文献的基本假设。下面依次分析供应链在各资金情形下的最优运营决策，并对关键参数的影响予以分析。

三、贸易信用融资

与大部分文献类似，本章专注于分析贸易信用对企业运营层面的影响，而不再单独考虑贸易信用为供应链所创造的额外成本和价值。因此，

依据模型构建部分假设及市场需求实现值,列出生产商及零售商收益表达式如下:

$$\pi_M^T = \begin{cases} \eta + pZ + s(q^T - Z) - cq^T, & \text{若 } 0 < Z < \theta \\ (w^T - c)q^T, & \text{若 } Z \geqslant \theta \end{cases} \quad (4-1)$$

$$\pi_R^T = \begin{cases} -\eta, & \text{若 } 0 < Z < \theta \\ pZ + s(q^T - Z) - w^T q^T, & \text{若 } \theta \leqslant Z \leqslant q^T \\ (p - w^T)q^T, & \text{若 } Z > q^T \end{cases} \quad (4-2)$$

经计算可知生产商及零售商的期望收益值分别为:

$$\Pi_M^T = (w^T - c)q^T - (p - s)\int_0^\theta F(x)dx \quad (4-3)$$

$$\Pi_R^T = -\eta + (p - s)\int_\theta^{q^T} \overline{F}(x)dx \quad (4-4)$$

鉴于融资过程中,生产商需承担风险,考虑其风险态度的影响尤为关键。在选取风险度量准则时发现,相比均值方差、VaR 等方法,CVaR 准则具有反映超额损失、适用非正态分布、等价于凸规划等优势。本章选取 CVaR 准则来刻画生产商风险下的效用函数,以探究其风险态度对最优决策制定的影响。给出 CVaR 准则相关定义如下:

定义 4-1 令 $\alpha_M \in [0, 1]$ 表示决策者风险偏好因子,v_M^T 表示分位数,$\xi_{\alpha_M}(\pi_M^T(w^T, Z)) = \sup\{v_M^T \mid \Pr[\pi_M^T(w^T, Z) \leqslant v_M^T] \leqslant \alpha_M\}$ 表示满足置信水平为 α_M 的分位数。此时贸易信用融资下生产商关于批发价 w^T 的条件风险值(CVaR)可被重新定义为:

$$\text{CVaR}(\pi_M^T(w^T, Z)) = E[\pi_M^T(w^T, Z) \mid \pi_M^T(w^T, Z) \leqslant \xi_{\alpha_M}(\pi_M^T(w^T, Z))] \quad (4-5)$$

对表达式(4-5)进行进一步推导分析可得到该式等价形式。令:

$$u_M^T(w^T, v_M^T) = v_M^T - \frac{1}{\alpha_M}E[v_M^T - \pi_M^T(w^T, Z)]^+$$

经推导后可知,决策者条件风险效用值被简化为:

$$\begin{aligned} \text{CVaR}(\pi_M^T(w^T, Z)) &= \max_{v_M^T \in \Re}\left\{v_M^T - \frac{1}{\alpha_M}E[v_M^T - \pi_M^T(w^T, Z)]^+\right\} \\ &= \max_{v_M^T \in \Re} u_M^T(w^T, v_M^T) \end{aligned} \quad (4-6)$$

为简化推导，令：

$$\tau_M = \frac{1}{\alpha_M}, \quad \widetilde{F}(\cdot) = \tau_M - F(\cdot), \quad z_2 = (w^T - c)q^T, \quad z_1 = \eta - (c-s)q^T$$

显然有 $z_2 > z_1$ 成立。分析求解最优分位数 v_M^{T*} 可知，有如下结论成立。

命题 4-1 存在最优分位数 $v_M^{T*} = z_2$，使得 $\text{CVaR}(\pi_M) = u_M^T(w^T, v_M^{T*})$。

证明 由命题 4-1，u_M^T 可被表述为：

$$u_M^T(w^T, v_M^T) = v_M^T - \tau_M \Big(\int_0^\theta ((v_M^T - z_1) - kx)^+ f(x) \mathrm{d}x + \int_\theta^{+\infty} (v_M^T - z_2)^+ f(x) \mathrm{d}x \Big)$$

$$= \begin{cases} v_M^T, \text{若 } v_M^T \leq z_1 \text{（情形 1）} \\ v_M^T - \tau_M \Big(\int_0^{\frac{v_M^T - z_1}{p-s}} ((v_M^T - z_1) - kx) f(x) \mathrm{d}x \Big), \\ \quad \text{若 } z_1 < v_M^T \leq z_2 \text{（情形 2）} \\ v_M^T - \tau_M \Big(\int_0^\theta ((v_M^T - z_1) - kx) f(x) \mathrm{d}x + \int_\theta^{+\infty} (v_M^T - z_2) f(x) \mathrm{d}x \Big), \text{若 } v_M^T \geq z_2 \text{（情形 3）} \end{cases}$$

通过求解 $u_M^T(w^T, v_M^T)$ 关于 v_M^T 的二阶条件可知：

$$0 \geq \frac{\partial^2 u_M^T(q^T, v_M^T)}{\partial (v_M^T)^2} = \begin{cases} -\frac{\tau_M}{k} f\Big(\frac{v_M^T - z_1}{k}\Big), & \text{若 } z_1 \leq v_M^T \leq z_2 \\ 0, & \text{其他} \end{cases}$$

这表明 $u_M^T(w^T, v_M^T)$ 是关于 v_M^T 的凹函数。求解 $u_M^T(w^T, v_M^T)$ 关于 v_M^T 的一阶条件可知：

$$\frac{\partial u_M^T(w^T, v_M^T)}{\partial v_M^T} = \begin{cases} 1, & v_M^T \leq z_1 \\ 1 - \tau_M F\Big(\frac{v_M^T - z_1}{k}\Big), & z_1 \leq v_M^T \leq z_2 \\ 1 - \tau_M, & v_M^T \geq z_2 \end{cases} \tag{4-7}$$

求解式（4-7）可知，最优分位数如下：

$$v_M^{T*} = \begin{cases} z_1 + kF^{-1}(\alpha_M), & \text{若 } \theta \geq F^{-1}(\alpha_M) \text{ (情形 1)} \\ z_2, & \text{若 } \theta < F^{-1}(\alpha_M) \text{ (情形 2)} \end{cases} \quad (4-8)$$

对应的条件风险值:

$$\text{CVaR}(\pi_M^T) = \begin{cases} (w^T - c)q^T - \tau_M k \int_0^\theta F(x)\mathrm{d}x, \text{若 } \theta < F^{-1}(\alpha_M) \text{ (情形 1)} \\ \eta - (c-s)q^T + kF^{-1}(\alpha_M) - \tau_M k \int_0^{F^{-1}(\alpha_M)} F(x)\mathrm{d}x, \\ \quad \text{若 } \theta \geq F^{-1}(\alpha_M) \text{ (情形 2)} \end{cases}$$

显然,上式情形2中有:

$$\frac{\mathrm{dCVaR}(\pi_M^T)}{\mathrm{d}w^T} = -(c-s)\frac{\mathrm{d}q^T}{\mathrm{d}w^T} > 0$$

这意味着此时 CVaR (π_M^T) 是关于 w^T 的递增函数;而由命题4-4可以证实,情形1中 CVaR (π_M^T) 为关于 w^T 的凹函数,因此 $v_M^{T*} = z_2$ 成立。

证毕。

综上可知,存在风险偏好的生产商期望效用函数可被表示为:

$$\Pi_M^T = (w^T - c)q^T - \frac{k}{\alpha_M}\int_0^\theta F(x)\mathrm{d}x \quad (4-9)$$

以上给出了贸易信用融资下的供应链成员期望效用表达式。基于此,下面进一步对成员博弈下的均衡决策情况予以分析。根据 Stackelberg 博弈的逆序求解算法思路,在批发—订货型供应链中,生产商(领导者)和零售商(跟随者)主从博弈均衡决策的求解过程可被转换为如下双层规划优化模型:

$$w^{T*} = \max_{w^T}\Pi_M^T(w^T, q^{T*}(w^T))$$
$$\text{s. t. } q^{T*}(w^T) = \max_{q^T}\Pi_R^T(q^T, w^T) \quad (4-10)$$

即在给定其他外生参数的基础上,作为博弈领导者,生产商决策最优批发价 w^{T*},但生产商在决策前需先预估零售商关于其批发价决策的最优反应,以做出最优批发价决策的应对策略。因此,式(4-10)模型算法求解第一步为,在假设 w^T 为给定参数基础上,根据零售商决策目标

$\Pi_M^T(q^T, w^T)$，求解零售商最优订货量关于批发价最优反应函数 $q^{T*}(w^T)$；第二步，将 $q^{T*}(w^T)$ 代入生产商决策目标函数 $\Pi_M^T(w^T, q^{T*}(w^T))$ 中。此时，式（4-10）转变为一个一元函数单层规划最大化求解问题，通过最优化求解即可获得生产商最优批发价 w^{T*}；第三步，将 w^{T*} 代入 $q^{T*}(w^T)$ 以获得均衡状态下最优订货量 q^{T*}；第四步，将 w^{T*}、q^{T*} 代入 $\Pi_M^{T*}(w^T, q^T)$、$\Pi_R^{T*}(w^T, q^T)$ 中，以获得均衡状态下生产商、零售商最优期望效用值。

下面，在给定 w^T 的情况下，求解零售商最优订货量关于批发价的最优反应函数 $q^{T*}(w^T)$ 可知，有命题4-2结论成立。

命题4-2 给定 w^T，分散式贸易信用供应链零售商最优订货决策 $q^{T*}(w^T)$ 满足：

$$k\overline{F}(q^{T*}(w^T)) - t\overline{F}(\theta(q^{T*}(w^T))) = 0 \tag{4-11}$$

证明 令 $A_1 = k^2 f(q^T) - t^2 f(\theta)$，显然，根据需求分布函数 IGFR 性质可知，$\dfrac{xf(x)}{F(x)}$ 为递增函数。求解 Π_R^T 关于 q^T 的一阶条件 $\dfrac{\mathrm{d}\Pi_R^T}{\mathrm{d}q^T} = k\overline{F}(q^T) - t\overline{F}(\theta) = 0$ 可知，极值点处的零售商订货值 $q^{T*}(w^T)$ 满足等式（4-11）。下面证明该极值点为唯一极大值点。由等式（4-11）可知 $\overline{F}(q^{T*}(w^T)) = \dfrac{t}{k}\overline{F}(\theta)$，当 $q^T = q^{T*}(w^T)$ 时，有：

$$\frac{\mathrm{d}^2\Pi_R^T}{\mathrm{d}^2(q^T)^2} = -\frac{A_1}{k} = -\overline{F}(q^T)\left(\frac{kf(q^T)}{F(q^T)} - \frac{t^2 f(\theta)}{k\overline{F}(\theta)}\right)$$

$$= -\overline{F}(q^T)\left(\frac{kf(q^T)}{F(q^T)} - \frac{tf(\theta)}{F(\theta)}\right) < 0$$

这说明 Π_R^T 为关于 q^T 的凹函数。由于 Π_R^T 为连续函数，$(q^{T*}(w^T), \Pi_R^{T*}(w^T))$ 为唯一极大值点。

证毕。

由命题4-2，经简单推导可知，有推论1结论成立。

推论1 （1）给定 w^T，$q^{T*}(w^T)$ 随着 η 的增加而减少。

（2）$q^{T*}(w^T)$ 随着 w^T 的增加而减少。

证明 由命题 4-2 可知 $A_1 > 0$ 成立，对式（4-11）关于 η 进行隐函数求导并整理可知：

$$\frac{dq^{T*}(w^T)}{d\eta} = -\frac{tf(\theta)}{A_1} < 0，即 q^{T*}(w^T) 随 \eta 递减。对式（4-11）关于 w^T$$

进行隐函数求导并整理可知：

$$tq^{T*}(w^T)f(\theta) - k\overline{F}(\theta) = (k^2 f(q^{T*}(w^T)) - t^2 f(\theta))\frac{dq^{T*}(w^T)}{dw^T} \quad (4-12)$$

当 $\eta \to 0$ 时，观察式（4-11）可知，该等式成立的充分条件是 $q^{T*}(w^T)$ 的反函数 $w^{T*}(q^T) \to p$，此时 $\theta \to q^T$ 成立。可见，当 $\eta \to 0$ 时，$k^2 f(q^{T*}(w^T)) - t^2 f(\theta) \to 0$，即式（4-12）的右端项趋近 0，而左端趋近 $k(\overline{F}(q^{T*}(w^T)) - q^{T*}(w^T) f(q^{T*}(w^T)))$，即

$$\overline{F}(q^{T*}(w^T)) - q^{T*}(w^T) f(q^{T*}(w^T)) \to 0，\frac{q^{T*}(w^T) f(q^{T*}(w^T))}{\overline{F}(q^{T*}(w^T))} =$$

$q^{T*}(w^T) H(q^{T*}(w^T)) \to 1$ 成立。由于 $\theta < q^{T*}(w^T)$，$\frac{dq^{T*}(w^T)}{d\eta} < 0$ 且 $xH(x)$ 为增函数，显然当 $\eta > 0$ 时，$\theta H(\theta) < q^{T*}(w^T) H(q^{T*}(w^T)) < 1$ 成立。由式（4-11）可知 $\overline{F}(\theta) = \frac{k\overline{F}(q^{T*}(w^T))}{t}$，而结合 $t < k$，$H(x)$ 为增函数等条件，且对式（4-12）移项可知：

$$\frac{dq^{T*}(w^T)}{dw^T} = \frac{tq^{T*}(w^T)f(\theta) - k\overline{F}(\theta)}{k^2 f(q^{T*}(w^T)) - t^2 f(\theta)} = \frac{tq^{T*}(w^T)H(\theta) - k}{t(kH(q^{T*}(w^T)) - tH(\theta))} <$$

$$\frac{k(q^{T*}(w^T)H(\theta) - 1)}{t^2(H(q^{T*}(w^T)) - H(\theta))} < \frac{k(q^{T*}(w^T)H(q^{T*}(w^T)) - 1)}{t^2(H(q^{T*}(w^T)) - H(\theta))}$$

$$< 0$$

即 $q^{T*}(w^T)$ 随 w^T 递减。

证毕。

命题 4-2 给出了零售商订货量关于批发价的最优反应函数 $q^{T*}(w^T)$，下面进一步求解生产商的最优批发价决策 w^{T*}，有命题 4-3 结论成立。

命题 4-3 当 $H(x)$ 为凸增函数（Kouvelis 等，2011），Π_M^T 为关于 w^T 的单峰函数，且最优批发价决策 w^{T*} 满足：

$$\frac{t(w^{T^*})k(1-\tau_M F(\theta(w^{T^*})))(1-q^{T^*}(w^{T^*})H(q^{T^*}(w^{T^*})))}{k-t(w^{T^*})q^{T^*}(w^{T^*})H(\theta(w^{T^*}))} = (c-s)$$

(4-13)

证明 生产商期望效用 $\Pi_M^T = (w^T-c)q^{T^*}(w^T) - \tau_M k\int_0^\theta F(x)\mathrm{d}x$，关于 w^T 进行一阶条件求解可知：

$$\frac{\mathrm{d}\Pi_M^T}{\mathrm{d}w^T} = (w^T - c - \tau_M tF(\theta))\frac{\mathrm{d}q^{T^*}(w^T)}{\mathrm{d}w^T} + q^{T^*}(w^T)(1-\tau_M F(\theta))$$

$$= \frac{(w^T-c-\tau_M tF(\theta))(k-tq^{T^*}(w^T)H(\theta)) + tq^{T^*}(w^T)(1-\tau_M F(\theta))(tH(\theta)-kH(q^{T^*}(w^T)))}{t(tH(\theta)-kH(q^{T^*}(w^T)))}$$

$$= \frac{tk(1-\tau_M F(\theta))(1-q^{T^*}(w^T)H(q^{T^*}(w^T)))}{t(tH(\theta)-kH(q^{T^*}(w^T)))} - (c-s)$$

$$\frac{(k-tq^{T^*}(w^T)H(\theta))}{t(tH(\theta)-kH(q^{T^*}(w^T)))}$$

$$= \left[\frac{tk(1-\tau_M F(\theta))(1-q^{T^*}(w^T)H(q^{T^*}(w^T)))}{k-tq^{T^*}(w^T)H(\theta)} - (c-s)\right]\frac{\mathrm{d}q^{T^*}(w^T)}{\mathrm{d}w^T}$$

$$= [\mu(w^T) - (c-s)]\frac{\mathrm{d}q^{T^*}(w^T)}{\mathrm{d}w^T}$$

鉴于 $tk(1-\tau_M F(\theta))$ 为关于 w^T 的增函数，要想证明 $\mu(w^T)$ 的单调性，仅需证明 $\varphi(w^T) = \dfrac{1-q^{T^*}(w^T)H(q^{T^*}(w^T))}{k-tq^{T^*}(w^T)H(\theta)}$ 关于 w^T 的单调性：

有 $\dfrac{\mathrm{d}\theta}{\mathrm{d}w^T} - \dfrac{\mathrm{d}q^{T^*}(w^T)}{\mathrm{d}w^T} = \dfrac{q^{T^*}(w^T)}{k} - \dfrac{(p-w^T)}{k}\dfrac{\mathrm{d}q^{T^*}(w^T)}{\mathrm{d}w^T} > 0$，而由 $\dfrac{f(x)}{F(x)}$ 为凸增函数可知 $\dfrac{\mathrm{d}H(q^{T^*}(w^T))}{\mathrm{d}q^{T^*}(w^T)} > \dfrac{\mathrm{d}H(\theta)}{\mathrm{d}\theta}$，因此，

$$\frac{\mathrm{d}\varphi(w^T)}{\mathrm{d}w^T} =$$

$$\frac{\left\{\begin{array}{l}\left[1-H(q^{T^*}(w^T))\dfrac{\mathrm{d}q^{T^*}(w^T)}{\mathrm{d}w^T} - q^{T^*}(w^T)\dfrac{\mathrm{d}H(q^{T^*}(w^T))}{\mathrm{d}q^{T^*}(w^T)}\dfrac{\mathrm{d}q^{T^*}(w^T)}{\mathrm{d}w^T}\right]\\ \left[k-tq^{T^*}(w^T)H(\theta)\right] - (1-q^{T^*}(w^T)H(q^{T^*}(w^T)))\\ \left(-tH(\theta)\dfrac{\mathrm{d}\theta}{\mathrm{d}w^T} - tq^{T^*}(w^T)\dfrac{\mathrm{d}H(\theta)}{\mathrm{d}\theta}\dfrac{\mathrm{d}\theta}{\mathrm{d}w^T}\dfrac{t}{k}\right)\end{array}\right\}}{(k-tq^{T^*}(w^T)H(\theta))^2} >$$

$$\frac{\left\{\begin{array}{l}(1-q^{T^*}(w^T)H(q^{T^*}(w^T)))[-kH(q^{T^*}(w^T))\dfrac{\mathrm{d}q^{T^*}(w^T)}{\mathrm{d}w^T}-kq^{T^*}(w^T)\\ \dfrac{\mathrm{d}H(q^{T^*}(w^T))}{\mathrm{d}q^{T^*}(w^T)}\dfrac{\mathrm{d}q^{T^*}(w^T)}{\mathrm{d}w^T}+tH(\theta)\dfrac{\mathrm{d}\theta}{\mathrm{d}w^T}+tq^{T^*}(w^T)\dfrac{\mathrm{d}H(\theta)}{\mathrm{d}\theta}\dfrac{\mathrm{d}\theta}{\mathrm{d}w^T}\dfrac{t}{k}]\end{array}\right\}}{(k-tq^{T^*}(w^T)H(\theta))^2}>$$

$$\frac{\left\{\begin{array}{l}(1-q^{T^*}(w^T)H(q^{T^*}(w^T)))[-kH(q^{T^*}(w^T))-kq^{T^*}(w^T)\\ \{\dfrac{\mathrm{d}H(q^{T^*}(w^T))}{\mathrm{d}q^{T^*}(w^T)}+tH(\theta)+\dfrac{tq^{T^*}(w^T)}{k}\dfrac{\mathrm{d}H(\theta)}{\mathrm{d}\theta}]\dfrac{\mathrm{d}q^{T^*}(w^T)}{\mathrm{d}w^T}\end{array}\right\}}{(k-tq^{T^*}(w^T)H(\theta))^2}>0$$

以上分析表明 $\varphi(w^T)$ 关于 w^T 递增，因此 $\mu(w^T)$ 也关于 w^T 递增。

（1）由推论 4-1 可知，订货量 $q^{T^*}(w^T)$ 随批发价 w^T 增加而降低。特别地，当 $w^T \to p$ 时，$\dfrac{\mathrm{d}\Pi_R^T}{\mathrm{d}q^T} \to F(\theta) - F(q^T) \leq 0$，由此可见，此时 $q^{T^*}(w^T) \to 0$，$\theta \to 0$，$\mu(w^T) \to p - s > c - s$ 即 $\dfrac{\mathrm{d}\Pi_M^T}{\mathrm{d}w^T} < 0$。

（2）由推论 4-1 可知，$q^{T^*}(w^T)$ 随着 η 的降低而增加，由命题 4-7（4）可知，当 $\eta \to 0$ 时，$q^{T^*}(w^T)$ 增加至 $q^{T^{**}}$，且满足 $1 - q^{T^{**}}H(q^{T^{**}}) = 0$。而 $q^{T^*}(w^T)$ 同时随着 w^T 的降低而增加，假设 w_L 为 $q^{T^*}(w^T)$ 取得 $q^{T^{**}}$ 时对应的批发价。当 $w^T \to w_L$ 时，此时 $q^{T^*}(w^T) \to q^{T^{**}}$，此时 $1 - q^{T^*}(w^T)H(q^{T^*}(w^T)) \to 1 - q^{T^{**}}H(q^{T^{**}}) = 0$，即 $\mu(w^T) \to 0$，$\dfrac{\mathrm{d}\Pi_M^T}{\mathrm{d}w^T} \to (-c+s)\dfrac{\mathrm{d}q^{T^*}(w^T)}{\mathrm{d}w^T} > 0$。

上述分析意味着 Π_M^T 在 $w^T \in [w_L, p]$ 为关于 w^T 的单峰函数，$\Pi_M^T(w^T)$ 必然存在唯一极大值点。通过一阶条件 $\dfrac{\mathrm{d}\Pi_M^T(w^T)}{\mathrm{d}w^T} = 0$ 求解可知最优批发价 w^{T^*} 满足等式（4-13）。

证毕。

命题 4-3 给出了均衡状态下的最优批发价决策 w^{T^*}，进一步将 w^{T^*} 代入式（4-11）$q^{T^*}(w^T)$ 中即可获得均衡状态下的最优订货量决策 q^{T^*}，进而可获得决策者最优期望收益 Π_M^{T*} 和 Π_R^{T*}。

四、投保策略

意识到需承担零售商违约风险，生产商可选择为交易购置保险。生产商支付保险费率 r^K 以为贸易信用额度 $w^K q^K - \eta$ 投保，并与保险公司共同监控零售商销售。一旦零售商出现违约，保险公司将零售商违约部分赔付生产商（最高赔付额度为 $w^K q^K - \eta$），确保生产商不因违约而受损。

显然，在执行投保策略后，零售商的收益函数表达式不变，仍然与传统的贸易信用融资中表达式一致。而由于生产商投入保险，其无须承担零售商的违约风险，因此生产商在投保策略下的期望收益函数变为：

$$\Pi_M^K = (w^K - c) q^K - (w^K q^K - \eta) r^K$$

而作为保险公司，需要承担零售商违约风险，经核算，其期望收益表达式为：

$$\Pi_I^K = (w^K q^K - \eta) r^K - k \int_0^\theta F(x) \mathrm{d}x$$

下面分析保险策略下均衡决策情况。这是一个三层规划问题，保险公司首先决策保险利率 r^{K*}，其次生产商决策批发价 w^{K*}，最后零售商决策订货量 q^{K*}。由于零售商的期望利润函数 Π_R^K 与 Π_R^T 形式上是一致的，显然，零售商订货最优决策形式 $q^{K*}(w^K)$ 也与命题 4-2 是一致的，即 $q^{K*}(w^K)$ 满足：

$$k \overline{F}(q^{K*}(w^K)) - t \overline{F}(\theta(q^{K*}(w^K))) = 0$$

下面分析生产商的最优批发价决策 $w^{K*}(r^K)$。传统的求解思路是，将 $q^{K*}(w^K)$ 代入 Π_M^K 中求解 $\max_{w^K} \Pi_M^K(w^K, q^{K*}(w^K), r^K)$。该问题等价于，给定 $w^{K*}(q^K)$ 满足：

$$k \overline{F}(q^K) - t(w^{K*}(q^K)) \overline{F}(\theta(w^{K*}(q^K))) = 0 \qquad (4-14)$$

零售商最优订货量：
$$q^{K*}(r^K) = \max_{q^K} \Pi_M^K(q^K, w^{K*}(q^K), r^K)$$

生产商最优批发价 $w^{K*}(r^K) = w^{K*}(q^{K*}(r^K))$。

命题 4-4 令 $A_2 = \dfrac{k(q^{K*}(r^K)f(q^{K*}(r^K)) - \overline{F}(q^{K*}(r^K)))}{t(q^{K*}(r^K))q^{K*}(r^K)f(\theta(q^{K*}(r^K))) - k\overline{F}(\theta(q^{K*}(r^K)))}$，给定 r^K，当 $H(x)$ 为凸函数时，保险策略下零售商最优订货量决策 $q^{K*}(r^K)$ 满足：

$$\frac{k\overline{F}(q^{K*}(r^K))}{\overline{F}(\theta(q^{K*}(r^K)))}\left[1 - q^{K*}(r^K)\left(\frac{f(q^{K*}(r^K))}{\overline{F}(q^{K*}(r^K))} - \frac{f(\theta(q^{K*}(r^K)))}{\overline{F}(\theta(q^{K*}(r^K)))}A_2\right)\right] =$$

$$\frac{c}{(1-r^K)} - s \tag{4-15}$$

证明 由式 (4-14) 可知，批发价关于订货量的反应函数 $w^{K*}(q^K) = \dfrac{k\overline{F}(q^K)}{\overline{F}(\theta)} + s$，将其代入生产商收益函数并求解关于产量一阶条件：

$$\frac{d\Pi_M^K(q^K)}{dq^K} = (1-r^K)\frac{k\overline{F}(q^K)}{\overline{F}(\theta)}\left[1 - q^K\left(\frac{f(q^K)}{\overline{F}(q^K)} - \frac{f(\theta)}{\overline{F}(\theta)}\frac{d\theta}{dq^K}\right)\right] - c + s(1-r^K) \tag{4-16}$$

在 $\dfrac{d\Pi_M^K(q^K)}{dq^K}$ 表达式中，由 $w^{K*}(q^K) = \dfrac{k\overline{F}(q^K)}{\overline{F}(\theta)} + s$ 可知 $\dfrac{k\overline{F}(q^K)}{\overline{F}(\theta)}$ 大于 0 且单调递减。由 $w^K(q^K)$ 关于 q^K 递减，$\theta(q^K) = \dfrac{(w^{K*}(q^K) - s)q^K - \eta}{k}$ 必然为关于 q^K 的凹增函数。而由假设 $\dfrac{f(q^K)}{\overline{F}(q^K)}$ 为凸增函数，这意味着 $\dfrac{f(q^K)}{\overline{F}(q^K)} - \dfrac{f(\theta)}{\overline{F}(\theta)}\dfrac{d\theta}{dq^K}$ 始终大于 0，且关于 q^K 递增。

综上，$\Pi_M^K(q^K)$ 始终为关于 q^K 的凹函数，而由命题 4-7 (4)，

(1) 当 $q^K \to q^{K0}$ 时，$\dfrac{q^K f(q^K)}{\overline{F}(q^K)} \to 1$，$\dfrac{d\theta}{dq^K} = \dfrac{\partial \theta}{\partial q^K} + \dfrac{\partial \theta}{\partial w^{K*}(q^K)}\dfrac{dw^{K*}(q^K)}{dq^K} = \dfrac{k(q^K f(q^K) - \overline{F}(q^K))}{tq^K f(\theta) - k\overline{F}(\theta)} \to 0$，即 $\dfrac{k\overline{F}(q^K)}{\overline{F}(\theta)}\left[1 - q^K\left(\dfrac{f(q^K)}{\overline{F}(q^K)} - \dfrac{f(\theta)}{\overline{F}(\theta)}\dfrac{d\theta}{dq^K}\right)\right] \to 0$，

$$\frac{\mathrm{d}\Pi_M^K(q^K)}{\mathrm{d}q^K} \to -c + s(1 - r^K) < 0。$$

(2) 当 $q^K \to 0$ 时，$\theta(q^K, w^{K*}(q^K)) \to 0$，此时 $\frac{\mathrm{d}\Pi_M^K(q^K)}{\mathrm{d}q^K} \to p - c > 0$，可知 $\Pi_M^K(q^K)$ 在 $[0, q^{K0}]$ 间为凹函数且存在极大值点。通过一阶条件 $\frac{\mathrm{d}\Pi_M^K(q^K, r^K)}{\mathrm{d}q^K} = 0$ 求解即可获得均衡状态下的最优订货决策 $q^{K*}(r^K)$，满足式（4-15）。进而将 $q^{K*}(r^K)$ 代入 $w^{K*}(q^K)$ 即可获得生产商最优批发价 $w^{K*}(r^K)$。

证毕。

在已知 $q^{K*}(r^K)$ 和 $w^{K*}(r^K)$ 后，下面分析保险公司的最优保险利率决策。由于保险公司处于竞争型资本市场中，其仅能获得市场的无风险保险收益率 r_F，因此，保险公司的最优保险利率决策应满足命题 4-5。

命题 4-5 贸易信用保险下，保险公司最优保险利率 r^{K*} 满足：

$$(w^{K*}(r^{K*})q^{K*}(r^{K*}) - \eta)r^{K*} - k\int_0^{\theta(r^{K*})} F(x)\mathrm{d}x = (w^{K*}(r^{K*})q^{K*}(r^{K*}) - \eta)r_F \tag{4-17}$$

五、无融资情形

进一步探讨当零售商不进行融资时的供应链均衡运营决策情况。由于不存在贸易信用融资，零售商期望收益函数表达式与传统报童模型类似。风险中性零售商与生产商期望效用表达式可被分别表示为：

$$\Pi_R^l = (p - w^l)q^l - k\int_0^{q^l} F(x)\mathrm{d}x, l = N, A \tag{4-18}$$

$$\Pi_M^l = (w^l - c)q^l, l = N, A \tag{4-19}$$

下面对两种资金情形（情形 A 和情形 N）下供应链均衡决策进行分析。

在 A 资金情形下，生产商及零售商均能够取到期望收益极值对应的最优决策。类似前文分析可知，博弈均衡策略存在且唯一。同样运用逆序求解法依次求解一阶条件 $\Pi_R^A(q^A)$ 关于 q^A 的方程式，以及 $\Pi_M^A(w^A, q^{A*}(w^A))$ 关于 w^A 的一阶条件表达式，即可得到均衡最优状态下的供应链成员决策满足下式：

$$(q^{A*}, w^{A*}) = F^{-1}\left(\frac{p - w^{A*}}{k}\right), c + kq^{A*}f([F(q^{A*})]) \quad (4-20)$$

在 N 资金情形下，零售商面临资金缺乏，但未借助贸易信用进行融资，此时零售商仅通过使用自有资金 η 完成订货，其订货量始终为：

$$q^{N*}(w^N) = \frac{\eta}{w^N} \quad (4-21)$$

将零售商订货反应决策代入生产商期望效用函数表达式后可知：

$$\Pi_M^N = (w^N - c)q^{N*}(w^N) = (w^N - c)\frac{\eta}{w^N}$$

通过分析上述函数式可知，Π_M^N 为关于 w^N 的单调递增函数，可见生产商在 N 情形下的最优批发价决策 w^{N*} 仅可能取在情形 N 的有效决策区间右侧端点处，满足 $\eta = w^{N*}q^{A*}(w^{N*})$。

六、参数灵敏度分析

以上分析了各资金情形下供应链企业博弈的最优均衡运营决策。下面进一步分析融资中的关键参数，如零售商初始资金、生产商风险厌恶程度等对供应链融资及保险运营的影响。

先分析零售商初始资金对均衡资金模式的影响。令

$L_a = w^{a*}q^{a*} = \min\{w^{T*}q^{T*}, w^{K*}q^{K*}\}$,

$L_b = w^{b*}q^{b*} = \max\{w^{T*}q^{T*}, w^{K*}q^{K*}\}$, $L_c = w^{A*}q^{A*}$

第四章 CVaR准则下贸易信用保险投资策略

分析各资金情形发生的具体条件，可知：

命题 4-6 （1）当 $\eta < \min\{L_a, L_b, L_c\}$ 时，资金情形及发生条件可总结为：

（i）情形 T 发生条件为 $\Pi_M^{T*} \geq \max\{\Pi_M^{K*}, \Pi_M^{N*}\}$，$\Pi_R^{T*} \geq \Pi_R^{N*}$ 或 $\Pi_M^{K*} \geq \Pi_M^{T*} \geq \Pi_M^{N*}$，$\Pi_R^{T*} \geq \Pi_R^{N*} \geq \Pi_R^{K*}$。

（ii）情形 K 发生的条件为 $\Pi_M^{K*} \geq \max\{\Pi_M^{T*}, \Pi_M^{N*}\}$，$\Pi_R^{K*} \geq \Pi_R^{N*}$ 或 $\Pi_M^{T*} \geq \Pi_M^{K*} \geq \Pi_M^{N*}$，$\Pi_R^{K*} \geq \Pi_R^{N*} \geq \Pi_R^{T*}$。

（iii）情形 N 发生的条件为 $\Pi_M^{N*} \geq \max\{\Pi_M^{T*}, \Pi_M^{K*}\}$，$\Pi_R^{N*} \geq \max\{\Pi_R^{T*}, \Pi_R^{K*}\}$ 或 $\Pi_M^{a*} \geq \Pi_M^{N*} \geq \Pi_M^{b*}$，$\Pi_R^{b*} \geq \Pi_R^{N*} \geq \Pi_R^{a*}$。

（2）当 $\eta \geq L_c$ 时，零售商资金充足，情形 A 发生。

（3）当 $\eta < L_c$，当 $L_a \geq L_c$ 时，零售商在 $\eta \in [0, L_c]$ 区间的资金情形如命题4-6（1）所示；当 $L_b \geq L_c \geq L_a$ 时，零售商在 $\eta \in [0, L_a]$ 区间的资金情形如命题4-6（1）所示，在 $\eta \in [L_a, L_c]$ 区间，当 $\Pi_M^{b*} \geq \Pi_M^{N*}$ 和 $\Pi_R^{b*} \geq \Pi_R^{N*}$ 同时满足时，b 情形发生，否则 N 情形发生；当 $L_b < L_c$ 时，零售商在 $\eta \in [0, L_a]$ 区间的资金情形如命题4-6（1）所示，在 $\eta \in [L_a, L_b]$ 区间，当 $\Pi_M^{b*} \geq \Pi_M^{N*}$ 和 $\Pi_R^{b*} \geq \Pi_R^{N*}$ 同时满足，b 情形发生，否则 N 情形发生。在 $\eta \in [L_b, L_c]$ 区间，N 情形发生。

对命题4-6的解释如下：显然，当 $\eta \geq L_c$ 时，零售商资金充足，无须融资，此时情形 A 发生；当 $\eta < L_c$ 时，根据 L_a、L_b、L_c 的大小关系，又可分为三种情况：$L_a \geq L_c$、$L_b \geq L_c \geq L_a$、$L_b < L_c$。鉴于相似性，仅讨论 $L_b < L_c$ 时的情况，此时，当 $\eta \in [0, L_a]$ 时，资金发生情形及条件如命题4-6（1）所示。对于生产商而言，其可以为零售商提供融资模式 T 和 K，也可以选择不为零售商提供融资（迫使零售商选择 N）。对于零售商而言，其可以选择接受 T 或 K，也可以主动选择 N。这主要取决于双方在各情形下的收益，以及资金情形选择博弈均衡情况。当 $\eta < \min\{L_a, L_b, L_c\}$ 时，零售商相比 T、K、A 三种资金情形均是资金约束的。即 T、K 融资情形均有可能发生。此时当 $\Pi_M^{T*} \geq \max\{\Pi_M^{K*}, \Pi_M^{N*}\}$、$\Pi_R^{T*} \geq \Pi_R^{N*}$ 时，生产商和零售商均选择 T 融资情形，此时的博弈均衡策略显然为 T 模式。当满足条件

$\Pi_M^{K*} \geq \Pi_M^{T*} \geq \Pi_M^{N*}$，$\Pi_R^{T*} \geq \Pi_R^{N*} \geq \Pi_R^{K*}$ 时，生产商的最优策略是选择 K 情形，但对于零售商而言，其宁可选择 N 情形，生产商不得不选择折中策略——为零售商提供 T 模式，命题 4-6（ii）和命题 4-6（iii）的分析类似。当 $\eta \in [L_a, L_b]$ 时，零售商在 a 情形下不再资金约束，仅有 b 情形和 N 情形可能发生，只有当生产商和零售商均选择 b 情形时，b 情形才会发生。当 $\eta \in [L_b, L_c]$ 时，零售商自有资金相比 T 情形、K 情形下所需订货资金均资金充足，即零售商虽然相比 A 情形资金约束，但却无法获得 T、K 融资，此时 N 情形发生。

以上分析了零售商资金量对融资模式均衡的影响。下面进一步针对相关关键参数，如零售商资金量、生产商风险厌恶程度等对供应链运营的影响作出分析。此前，给出集中式供应链的最优决策。在情形 K、情形 A、情形 N 情况下，由于决策者均为风险中性，集中式供应链效益函数可直接定义为：

$$\Pi^j = \Pi_M^j + \Pi_R^j + \Pi_I^j |_{j=K} = (p-c)q^j - k\int_0^{q^j} F(x)\mathrm{d}x (j=K, A, N)$$

在 T 情形下，由于包含风险厌恶型生产商，参考 Chen 等（2014）的定义，将含有风险厌恶型决策者的集中式供应链决策目标定义为帕累托最优函数。令 α_R 表示零售商风险偏好因子（本章中 $\alpha_R = 1$），情形 T 下的集中式供应链决策目标可被定义为：

$$\Pi^T = (\Pi_M^T + \Pi_R^T)|_{\alpha_M = \alpha_R = \max\{\alpha_M, \alpha_R\}} = (p-c)q^T - k\int_0^{q^T} F(x)\mathrm{d}x$$

经求解可知 $q^{j0} = F^{-1}\left(\dfrac{p-c}{p-s}\right)$。显然，由于不存在决策者之间的双重边际效应，集中式状态下的供应链决策效率更高，即满足 $q^{j0} \geq q^{j*}$。

通过对参数 η、r_F、α_M 等的灵敏度分析可得到如下结论：

命题 4-7（1）随着 α_M 的增加，Π_M^{T*} 增加。

（2）当 $(\eta, r_F) \to 0$ 时，$w^{K*} \to p$，$q^{K*} \to q^{K0}$，$\Pi_M^{K*} \to \Pi^{K0}$，$\Pi_R^{K*} \to 0$，$\Pi_I^{K*} \to 0$；当 $(\eta, r_F, \alpha_M) \to (0, 0, 1)$ 时，$\Pi_M^{K*} \to \Pi_M^{T*}$。

（3）存在 (η, r_F, α_M) 使得当 $\eta < \hat{\eta}$，$r_F < \hat{r}_F$，$\alpha_M < \hat{\alpha}_M$ 时，$\Pi_M^{K*} > \Pi_M^{T*} > \Pi_M^{A*} > \Pi_M^{N*}$，$\Pi^{K*} > \Pi^{T*} > \Pi^{A*} > \Pi^{N*}$。

当 $\eta < \hat{\eta}$，$r_F > \hat{r}_F$，$\alpha_M > \hat{\alpha}_M$ 时，$\Pi_M^{T*} > \Pi_M^{K*} > \Pi_M^{A*} > \Pi_M^{N*}$，$\Pi_M^{T*} > \Pi^{K*} > \Pi^{A*} > \Pi^{N*}$。

(4) $q^{K0}f(q^{K0}) = \overline{F}(q^{K0})$，$q^{T**}f(q^{T**}) = \overline{F}(q^{T**})$ 成立。

证明 (1) 由包络定理可知 $\dfrac{d\Pi_M^{T*}}{d\alpha_M} = \dfrac{\partial \Pi_M^{T*}}{\partial \alpha_M}\bigg|_{q^T=q^{T*}, w^T=w^{T*}} = \dfrac{k\int_0^{\theta(q^{T*},w^{T*})} F(x)\mathrm{d}x}{\alpha_M^2} > 0$。

证明 (2) 由式 (4-11)：$k\overline{F}(q^{K*}) - t\overline{F}(\theta) = 0$，当 $\eta \to 0$ 时，为满足式 (4-11) 成立，需保证 $w^{K*}(q^K) \to p$ 成立，这同时意味着 $\theta(q^K, w^{K*}(q^K)) \to q^K$。而由 $r_F \to 0$ 以及等式 (4-17) 可知 $(w^K q^K - \eta)r^{K*} \to k\int_0^\theta F(x)\mathrm{d}x$。此时生产商收益 $\Pi_M^K(q^K) = (w^{K*}(q^K) - c)q^K - (w^{K*}(q^K)q^K - \eta)r^{K*} \to (w^{K*}(q^K) - c)q^K - k\int_0^\theta F(x)\mathrm{d}x \to (p-c)q^K - k\int_0^{q^K} F(x)\mathrm{d}x$。

易知，生产商的最优生产量 $q^{K*} \to q^{K0} = F^{-1}\left(\dfrac{p-c}{p-s}\right)$。

证明 (3) 与命题 4-7 (2) 类似分析可知，当 $\eta \to 0$ 时，$q^{T*} \to q^{T**} = F^{-1}\left(\alpha_M \dfrac{p-c}{p-s}\right)$，$\Pi_M^{T*} \to \Pi^{T**} = (p-c)q^{T**} - \dfrac{k}{\alpha_M}\int_0^{q^{T**}} F(x)\mathrm{d}x$。

显然，只有当 $\alpha_M = 1$ 时，$\Pi_M^{T*} = \Pi_M^{K*}$，否则当 $\alpha_M < 1$ 时，$\Pi_M^{T*} < \Pi_M^{K*}$。当 $(\eta, \alpha_M) \to (0, 1)$ 时，$\Pi_M^{T*} \to \Pi^{T**} = \Pi^{A0}$，显然有 $\Pi_M^{T*} > \Pi_M^{A*}$ 成立。当 $\eta \to 0$ 时，$q^{N*} \to 0$，$\Pi_M^{N*} \to 0$，因此 $\Pi_M^{A*} > \Pi_M^{N*}$ 成立。当 $(\eta, \alpha_M) \to (0, 1)$ 且 $r_F > 0$ 时，$q^{K*} \to F^{-1}\left(\dfrac{p-c-r_F}{p-s}\right)$，$q^{T*} \to F^{-1}\left(\dfrac{p-c}{p-s}\right)$。显然有 $q^{T*} > q^{K*}$，$\Pi_M^{T*} > \Pi_M^{K*}$ 成立。

证明 (4) 类似推论 4-1 可知，当 $\eta \to 0$ 时，$q^{K*}f(q^{K*}) - \overline{F}(q^{K*}) \to 0$，而由命题 4-7(3) 可知，当 $\eta \to 0$ 时，$q^{K*} \to q^{K0}$ 成立。可见，$q^{K0}f(q^{K0}) = \overline{F}(q^{K0})$ 成立。同理可知 $q^{T**}f(q^{T**}) = \overline{F}(q^{T**})$ 成立。

证毕。

以上分析表明：

(1) 融资及保险对于供应链具有正向激励作用。当零售商资金量足够低时，K情形下的零售商订货量反而升高至集中式供应链水平，同时，供应链整体收益也提升至集中式水平。固定 w^K，r^K，有 $\dfrac{\mathrm{d}q^{K*}(w^K)}{\mathrm{d}\eta} = -\dfrac{tf(\theta)}{k^2 f(q^{K*}(w^K)) - t^2 f(\theta)} < 0$，$\dfrac{\mathrm{d}\Pi_R^{K*}(w^K)}{\mathrm{d}\eta} = ((p - w^K) - (kF(q^{K*}(w^K)) - tF(\theta)))\dfrac{\mathrm{d}q^{K*}(w^K)}{\mathrm{d}\eta} - F(\theta) = -F(\theta) < 0$。

可见，资金量越低，零售商订货量越高。这是由于对零售商而言，融资相当于生产商为其分担了部分风险。其资金量越低，破产风险越大，生产商为其分担的风险也越高，这反而激励着零售商增加订货。但当 w^K，r^K 不是固定值时，由于零售商将风险传递给保险公司，保险公司通过提升保费来覆盖风险，生产商不得不为保费的提升埋单，这增加了生产商的运作成本。此时作为博弈主导者，生产商会选择提升批发价来弥补这一成本损失，间接增加了零售商订货成本。但随着零售商资金量的降低，意识到生产商必然会提升批发价，零售商只能通过提高订货量来尽可能多地获取上游企业风险分担带来的收益，以弥补批发价提升带来的损失。最终，批发价和订货量的提升使生产商和保险公司获益，而使得零售商受损。当 η 和 r_F 降低至0时，生产商收益达到集中式供应链收益水平，但零售商收益降低至0。可见，融资及保险能够为供应链和生产商创造价值，但过分地依赖融资对零售商是不利的。作为供应链核心企业，生产商可以通过补贴的形式鼓励零售商放弃使用自有资金，而更多地参与到融资中，以实现双方共赢。

(2) 对于生产商而言，是否投保应取决于其自身的风险厌恶程度，以及保险市场的无风险利率水平。命题4-7表明，当 $\eta \to 0$ 且 $\alpha_M > 0$ 时，投资保险（情形K）能够使得供应链收益达到集中式收益状态，而不投保（情形T）则无法达到集中式收益水平。这是由于，在贸易信用融资中，供应链的主要风险是零售商的破产违约风险，而这一风险通常由零售商过量订货造成。因此，风险厌恶的生产商通常会选择提高批发价来遏制零售商的过量订货行为。但这也引发生产商自身订货收益的降低,进而引发其期望效用水平的下降。投保有助于实现风险转移,从而消除生产商风险厌恶造成的不利影响。可见,对于风险厌恶的生产商而言,投保不仅意味着风险的降低,同时意味着其收益的提升,有助于实现风险和收益的共赢。但值得注意的是,当保险市场的竞争程度并不高,保费市场的无风险利率水平较高时,高额的保险费率对生产商不利。可见,影响生产商是否投保的关键因素是其自身的风险厌恶水平以及保费市场的竞争程度。当生产商风险厌恶水平较高、保险市场竞争程度较高时,投资贸易信用保险能够为生产商和供应链创造价值,否则,生产商应当放弃投保。

七、数值分析

为了更加直观地理解结论内容,并对相关结论予以补充延伸,下面借助数值分析工具进一步补充分析论证相关理论结果。参数随机获得并设置如下:

$p=8$,$c=3$,$s=2$,$Z \sim N(50, 20)$,$\alpha_M = 0.8$,$\eta = 10$

数值仿真结果如图 4-1 至图 4-3 所示。从中可以发现:

(1) 随着零售商初始资金量的增加,均衡状态下的资金模式依次变为 K、T、N、A 四种模式。这是由于,当 $\eta \in [0, \eta_1]$ 时,有 $\Pi_M^{K*} > \Pi_M^{T*} > \Pi_M^{N*}$,$\Pi_R^{K*} > \Pi_R^{T*} > \Pi_M^{N*}$,即双方均选择 K 模式;当 $\eta \in [\eta_1, \eta_2]$ 时,$\Pi_M^{T*} > \Pi_M^{K*} > \Pi_M^{N*}$ 且 $\Pi_R^{T*} > \Pi_M^{N*}$,均衡融资模式变为 T 模式;当 $\eta \in [\eta_2, \eta_3]$,$\Pi_M^{N*} > \Pi_M^{T*} > \Pi_M^{K*}$,生产商不会为资金约束的零售商提供融资,均衡资金模式为情形 N;当 $\eta \in [\eta_3, +\infty)$,零售商资金充足,无须融资,均衡资金模式为情形 A。

(2) 融资为供应链创造收益,并同时实现生产商和零售商共赢。由图 4-1 和图 4-3 可知,相比情形 A 和情形 N,当零售商资金量较低(即融资开展深入程度较高时),情形 T 和情形 K 下生产商及供应链收益更高。

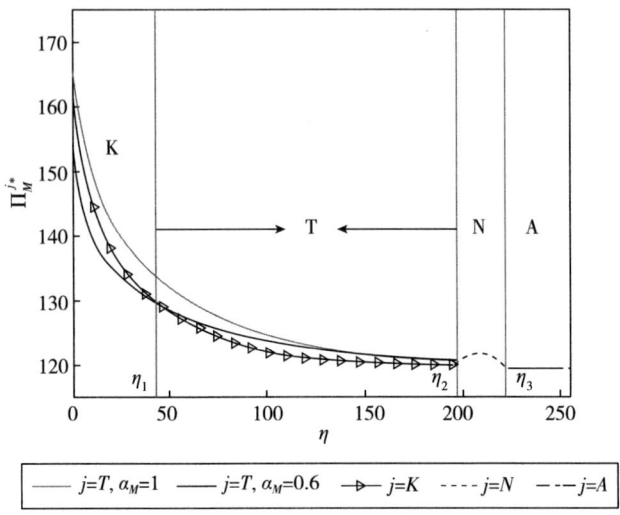

图 4-1 零售商初始资金对生产商效益影响

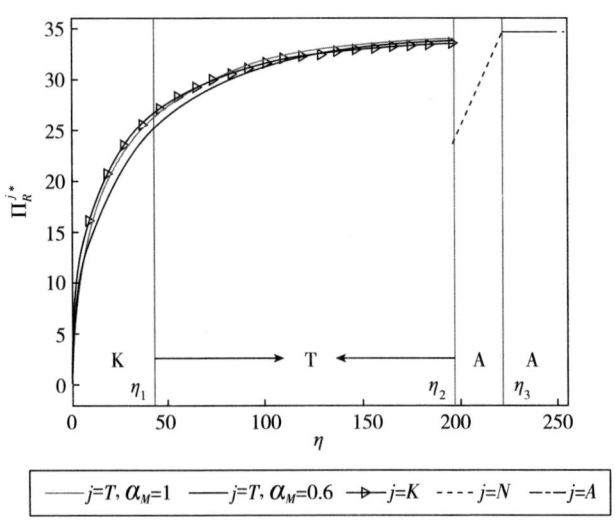

图 4-2 零售商初始资金对零售商效益影响

第四章 CVaR 准则下贸易信用保险投资策略

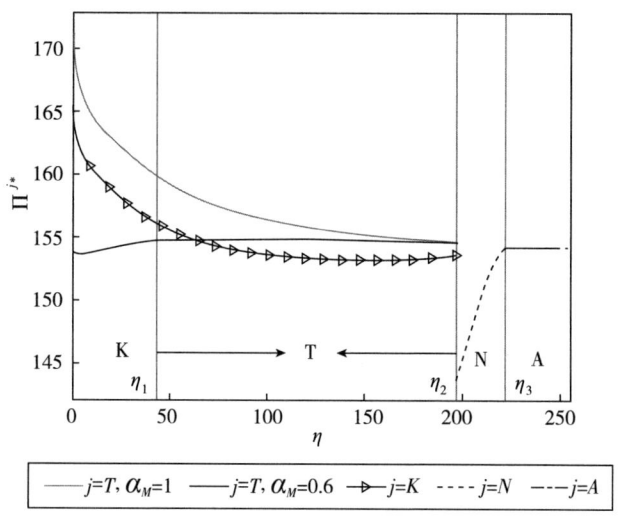

图 4-3 零售商初始资金对供应链效益影响

同时，随着零售商资金量的下降，融资深入程度提高，生产商和供应链收益增长越快。可见，融资为生产商和供应链创造直接价值。对于资金约束零售商而言，由 $\Pi_R^{T(K)*} > \Pi_R^{N*}$ 可知，融资同时对其有利。可见，融资的开展有助于实现供应链成员共赢。但值得注意的是，随着 η 的下降，零售商收益降低，即过分依赖融资对零售商不利，资金约束的零售商在参与融资时会尽可能多地提供自有资金，这反而对生产商不利。对于生产商而言，其可以通过补贴的形式鼓励零售商放弃使用自有资金，而更多地参与融资。

（3）当 $\alpha_M = 1$ 时，生产商的风险厌恶程度较低，生产商所制定的运营决策受风险厌恶影响程度较低。而投保意味着必须付出一定的保费成本。风险追求的生产商更倾向于享受高风险、高收益（$\Pi_M^{T*} > \Pi_M^{K*}$）。随着生产商风险厌恶程度的提升（α_M 下降），生产商和零售商期望效用同时下降，这源于风险厌恶的生产商所制定的保守批发价决策。此时，由于无须承担风险，保险策略（模式 K）展现出优越性。可以发现，当 $\alpha_M = 0.6$，且 $\eta \in [0, \eta_1]$ 时，$\Pi_M^{K*} > \Pi_M^{T*}$，即投保既可以帮助生产商转移风险，同时有助于提升其收益。但随着 η 的上升，保险策略逐渐丧失优势，这是由于

η 的上升意味着风险的下降,生产商风险厌恶带来的影响逐渐下降,这时生产商应放弃投保。

可见,生产商是否选择投保,应取决于其风险厌恶程度、零售商初始资金量、保险市场竞争程度等因素。当生产商风险厌恶程度较高、零售商初始资金量较低、保险市场竞争程度较高时,贸易信用保险能够为生产商及供应链创造价值;否则生产商应当放弃投保。上述结论同时符合命题4-6和命题4-7的预期。

(4) 生产商的投保策略同时为零售商和供应链创造价值。由图4-2和图4-3不难发现,当 $\alpha_M = 0.6$ 且 $\eta < \eta_1$ 时,有 $\Pi_R^{K*} > \Pi_R^{T*}$,$\Pi^{K*} > \Pi^{T*}$ 成立,这意味着,当生产商风险厌恶程度较高且零售商资金量较低时,生产商投保能够实现生产商、零售商以及供应链整体的共赢。并且,由图4-3可知,生产商风险厌恶程度越高、零售商资金量水平越低,保险为供应链创造的价值越显著($\Pi^{K*} - \Pi^{T*}$ 随着 α_M,η 的降低而增加)。

传统研究发现,当零售商资金量趋于0时,贸易信用机制能够实现供应链协调(使分散式供应链收益达到集中式供应链水平),而结合命题4-7及图4-3发现,生产商的风险厌恶造成贸易信用供应链失调(当 $\eta \to 0$ 时,Π^{T*} 远低于 Π^{T0})。保险投资有助于实现供应链的再协调(当 $\eta \to 0$ 且 $r_F \to 0$ 时,$\Pi^{K*} \to \Pi^{K0} = \Pi^{T0}$),这再次体现了贸易信用保险投资的价值。

八、本章小结

贸易信用是解决中小企业融资难题的主要途径,而贸易信用保险正成为解决融资风险的重要手段,本章对贸易信用融资保险的优化运营策略予以研究。用CVaR准则刻画生产商效用函数,通过Stackelberg博弈模型刻画融资模型,分别建立并分析了贸易信用、贸易信用保险、资金约束无融资、资金充足四类资金模型,给出了最优运营决策,并分析了零售商资金量、生产商风险厌恶程度等关键参数的影响。本章主要发现：①零售商初始资金量是影响供应链运营决策、融资模式选择均衡的关键因素，应合理布局使用。②贸易信用融资的实施有助于实现生产商及零售商间的共赢，融资的深入开展对生产商有利，但不利于零售商，生产商可通过补贴的形式化解矛盾。③生产商应合理投保，当其风险厌恶程度较高、零售商初始资金较低、保险市场竞争程度较高时，保险能实现生产商、零售商及供应链共赢，应选择购买保险；否则应当放弃参保。④贸易信用保险能够为供应链创造价值。当生产商风险厌恶程度较高，传统贸易信用机制无法实现供应链协调，而保险投资有助于实现贸易信用供应链再协调。

本章对于贸易信用融资保险的实施提供了行之有效且科学的运营决策和实施方案，对于供应链开展运营和财务结合管理具有积极的推动意义。但文章是建立在零售商完全守信、信息完全对称、供应链结构相对简单的假设下进行的，未来可拓展相关研究，也可以针对其他类型的融资风险，讨论融资保险的价值。

第五章
基于核心企业视角的保兑仓融资优化与协调策略

一、问题提出

　　第三章、第四章主要讨论了传统贸易信用融资援助及风险控制策略，贸易信用融资主要存在以下缺陷：融资占用供应链内部资金，为供应链可持续发展造成不利；同时，贸易信用未纳入征信系统，中小企业违约成本相对更低、违约率更高。作为供应链金融的一类主要形式，保兑仓融资是指供应链下游中小企业在上游核心企业担保下从银行获取融资的新型资金融通手段。随着互联网金融等新兴融资手段的兴起、金融市场竞争加剧及大型企业"金融脱媒"的加速，借助保兑仓融资等新兴业务手段服务中小企业成为金融机构新的利润增长点，核心企业的高信用不仅大幅降低了银行的坏账风险，也为中小企业带来了低成本资金，缩短了交易账期，银行强大的征信手段则有助于降低中小企业的违约风险。可见，保兑仓融资可实现融资成员共赢。鉴于该融资模式的诸多优越性，近年来，企业界开展了广泛的融资实践，供应链核心企业纷纷主导，与商业银行合作为其下游的中小企业提供融资业务。2014年以来，海尔分别与平安银行、中信银行等合作开展贸易自由贷等保兑仓融资信贷业务，有效地解决了海尔旗下上万家经销商的资金困境。此外，我国 90% 以上的商业银行也均开展了相关业务，累计授信规模达 10 万亿元。

为了指导保兑仓融资开展的规范性，理论界也开展了诸多研究，学者分别从融资系统的均衡决策（王宗润等，2016a）、制造商提供融资担保的条件（张义刚等，2013）、收益共享合同设计（Yan 等，2016；林强等，2013）及保兑仓融资与贸易信用融资的模式选择（傅永华等，2014）等视角开展了相关研究。然而，保兑仓融资中的一些关键问题同样值得关注，现有研究却鲜有涉及：当金融机构授信额度有限，面对成千上万申请融资的中小企业，核心企业应当优先选择为哪类企业提供资金支持，是初始资金量较高还是较低的企业？回购担保是保兑仓得以有效开展的关键因素，核心企业应当如何合理设置回购价格（担保程度），以争取更大利益？站在整个融资系统的视角设计、分析并解决这些问题，有助于协助决策者更加深入地理解保兑仓融资系统内部运作机理，对于核心企业更加科学且细化地开展保兑仓融资管理（如融资成员选择、融资参数设置等）、提升融资效率具有积极且重要意义，有助于为工业界合理开展和实践保兑仓融资运营管理提供行之有效的理论指导和决策参考。

二、融资决策分析

（一）模型假设与问题描述

考虑由供应商 S、分销商 D 及金融机构 G 组成的分销及融资系统，分销商 D 从供应商 S 处以批发价 w 制定 q 单位生产成本为 c 的货物。分销商所具备的初始资金额度为 η，显然当 $\eta \geq wq$ 时，分销商资金充足且无须融资。而当 η 小于所需订货资金 wq 时，D 初始资金不足并借助保兑仓融资方式（见图 5-1）以利率 r 向金融机构 G 申请贷款（不失一般性地，假设金融机构资金成本为0)。根据市场竞争程度，考虑到两种利率决策方式：当金融机构处于竞争型资本市场，其仅能获取由市场竞争程度所决定的固定无风险利率收益，将无风险利率定义为 r_F；当金融机构在资本市场中处于垄断地位，其可通过收益最大化方式进行利率决策。S 根据其收益情况决策是否为 D 提供融资担保，一旦融资达成但分销商销售回款不足以偿还贷款时，供应商需以单位回购价格 b 回购剩余货物（b 的大小刻画了 S 的担保程度及能力）。

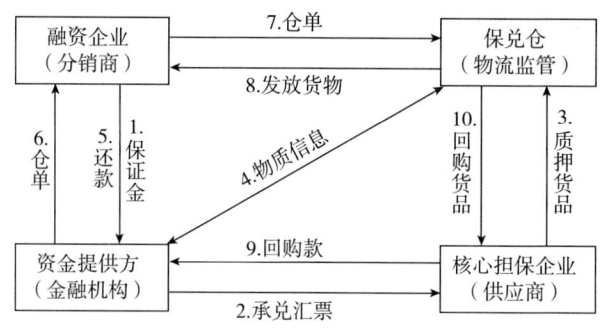

图 5-1　保兑仓融资系统运作流程示意

假设市场需求 X 服从 $[0, +\infty)$ 分布和密度函数分别为 $F(X)$ 和 $f(X)$ 的概率分布且令 $\overline{F}(X) = 1 - F(X)$，不失一般性地，令需求分布服从广义递增失败率（IFR），该性质具备通用性、正态分布、均匀分布、指数分布等常见分布均服从该性质（Banciu 等，2013）。分销商以单位价格 p 销售商品，且在销售季末，当产品出现剩余时（$X < q$），商品价值降低为 s。

分别以符号 C、C_M、N、A 表示分销商资金约束并通过竞争型资本市场金融机构开展保兑仓融资、资金约束并通过垄断型资本市场金融机构开展保兑仓融资、资金约束但不进行融资（仅使用自有资金订货）、资金充足四类资金情形，并用 $K = C, C_M$ 表示两类参与融资的情形，$L = N, A$ 表示两类无融资情形；用 $i = S, G, D, j = K, N, A$ 表示 j 情形下决策者 i 的期望收益，R_j 表示情形 j 对应的决策区域，SC 表示供应链，上标 * 和 0 分别表示分散式和集中式决策下的均衡最优决策和收益值;令 $k=p-s$,$t=w^K(1+r^K)-s$。鉴于核心企业(供应商)在融资系统中的主导作用,假设参与融资三方展开 Stackelberg 博弈,供应商为融资系统的主导者,金融机构和分销商依次为跟随者。下面进一步对各资金形式下融资系统均衡决策具体形式展开详细分析。

(二) 情形 L

情形 L ($L=N$, A) 下不存在融资,此时供应商和分销商收益与传统供应链相同,可将其收益函数表示如下:

$$\Pi_D^L = (p-w^L)q^L - k\int_0^{q^L} F(x)\mathrm{d}x \qquad (5-1)$$

$$\Pi_S^L = (w^L-c)q^L \qquad (5-2)$$

下面对 L 情形下的供应链决策及收益情况进行简要分析。

在 N 情形下,零售商仅能用初始资金 η 订货,其订货量始终为 $q^{N*}=\eta/w^N$,将其代入生产商收益函数有 $\Pi_S^N = (w^N-c)q^N = (w^N-c)(\eta/w^N)$,分析可知 Π_S^N 关于 w^N 严格单调增,因此最优批发价决策 w^{N*} 取在 N 情形有效决策区间 R_N 的右端点处。

在 A 情形下,易证分销商和供应商收益函数分别关于 q^A 和 w^A 严格可微凹,联立求解关于相应决策变量的一阶条件方程组可知:

$$(q^{A*}, w^{A*}) = (F^{-1}((p-w^{A*})/k), c+kq^{A*}f(q^{A*}) > c) \qquad (5-3)$$

(三) 情形 K

下面分析融资下的均衡策略情况,鉴于市场需求的不确定性,当需求量较低时,无法确保分销商的销售回款 $pX+s(q^K-X)^+$ 一定能够偿清贷款本息 $(w^Kq^K-\eta)(1+r^K)$,其还款额可表述为 $\min\{pX+s(q^K-X)^+,(w^Kq^K-\eta)(1+r^K)\}$。据此,当市场需求量低于临界值 $\theta=\max\{((w^Kq^K-\eta)(1+r^K)-sq^K)/k, 0\}$ 时分销商销售收益不足以偿还本息,其面临破产清算,且剩余存货由供应商负责回购。根据上述描述建立数学模型并进行简单推导运算可知,分销商、金融机构、供应商及融资系统整体的期望收益可分别表

示为:

$$\Pi_D^K = -\eta + k\int_\theta^{q^K} F(x)\,\mathrm{d}x \tag{5-4}$$

$$\Pi_G^K = (w^K q^K - \eta)r^K + (b-s)(q^K - \theta)F(\theta) - (p-b)\int_0^\theta F(x)\,\mathrm{d}x \tag{5-5}$$

$$\Pi_S^K = (w^K - c)q^K - (b-s)((q^K - \theta)F(\theta) + \int_0^\theta F(x)\,\mathrm{d}x) \tag{5-6}$$

$$\Pi^K = \Pi_D^K + \Pi_G^K + \Pi_S^K = (p-c)q^K - k\int_0^{q^K} F(x)\,\mathrm{d}x \tag{5-7}$$

由式 (5-7) 可知 Π^K 形式与传统报童模型一致,易知融资系统集中式最优订货决策如下:

$$q^0 = F^{-1}\left(\frac{p-c}{k}\right) \tag{5-8}$$

下面进一步分析分散式决策下融资三方博弈的均衡解情况,为便于分析,仅考虑最优值取在驻点时的决策情况。分散式融资系统三方成员展开以供应商为主导方的主从博弈,可将该问题求解转换为三层规划优化模型并依据多层规划逆向求解算法进行模型求解。先分析分销商最优订货策略,令 $A_{11} = k^2 f(q^C) - t^2 f(\theta)$,根据需求分布函数的 IFR 性质并结合一阶条件 $\mathrm{d}\Pi_D^K/\mathrm{d}q^K = k\overline{F}(q^K) - t\overline{F}(\theta) = 0$ 易知:

$$\frac{\mathrm{d}^2 \Pi_D^K}{\mathrm{d}(q^K)^2} = -\frac{A_{11}}{k} = -\overline{F}(q^K)\left(\frac{kf(q^K)}{\overline{F}(q^K)} - \frac{t^2 f(\theta)}{k\overline{F}(q^K)}\right)$$

$$= -\overline{F}(q^K)\left(\frac{kf(q^K)}{\overline{F}(q^K)} - \frac{tf(\theta)}{\overline{F}(\theta)}\right) < 0$$

即 Π_D^K 关于 q^K 严格可微凹,令 $\theta_1 = \theta(q^{K^*}, w^K, r^K)$,求解 Π_D^K 关于 q^K 的一阶条件方程可知 q^{K^*} 满足下述结论。

命题 5-1 保兑仓融资分散式系统中分销商最优订货决策 q^{K^*} 满足:

$$k\overline{F}(q^{K^*}) - t\overline{F}(\theta_1) = 0 \tag{5-9}$$

推论 5-1 随着 w^K 的增加,r^K 增加,q^{K^*} 降低,$\Pi_D^{K^*}$ 降低;随着 η 的降低,p 增加,s 增加,q^{K^*} 增加,$\Pi_D^{K^*}$ 增加。

以上单调性分析表明,在给定批发价和贷款利率情况下,资金量 η 越

低的分销商的订货 q^{K*} 及收益 Π_D^{K*} 反而越高,这是由于资金量越低,分销商破产概率越高,其有限偿款责任意味着供应商为其分担了一定的市场风险。当批发价和利率等运营成本给定时,分销商因违约所获得的有限责任偿款收益随着资金量的下降而增加,激励着分销商增加订货。而资金越低同时意味着融资开展得越深入,可见融资的深入开展对供应链具有一定的正向激励作用。

下面进一步分析金融机构利率决策,由于竞争型资本市场中金融机构仅获取无风险利率 r_F,令其期望收益等于资本市场无风险利率收益 $(w^C q^{C*} - \eta) r_F$,并求解等式即可得到 C 情形下金融机构最优贷款利率 r^{C*};而在垄断型资本市场中,金融机构可通过最大化期望收益方式进行利率决策,通过一阶条件求解即可得到最优贷款利率 r^{CM*}。令 $\theta_2 = \theta(q^{K*}(r^{K*}), w^K, r^{K*})$,可知金融机构最优利率决策满足以下结论。

命题 5-2 (i) 竞争型资本市场中金融机构最优利率决策 r^{C*} 满足:

$$(w^C q^{C*} - \eta)(r^{C*} - r_F) + (b-s)(q^{C*} - \theta_2) F(\theta_2) - (p-b) \int_0^{\theta_2} F(x) dx \tag{5-10}$$

(ii) 若 $\Pi_G^{CM}(q^{CM*}(r^{CM}), r^{CM})$ 为关于 r^{CM} 的单峰可微函数,垄断型资本市场中金融机构最优利率决策 r^{CM*} 满足:

$$(w^{CM} q^{CM*} - \eta) + (w^{CM} r^{CM*} + (b-s) F(\theta_2)) A_{17} - (kF(\theta_2) + (b-s)\theta_2 f(\theta_2)) A_{18} = 0 \tag{5-11}$$

其中,$A_{17} = -\dfrac{kw^{CM}\overline{F}(\theta_2) - t(w^{CM} q^{CM*} - \eta) f(\theta_2)}{k^2 f(q^{CM*}) - t^2 f(\theta_2)}$,$A_{18} = \dfrac{tA_{17} + (w^{CM} q^{CM*} - \eta)}{k}$。

在得知融资系统中分销商和金融机构最优订货及利率决策反应后,供应商根据该反应制定最优批发价决策,令 $\theta_3 = \theta(q^{K*}(w^K, r^{K*}(w^K)), r^{K*}(w^K), w^K)$,将 $q^{K*}(w^K, r^{K*}(w^K))$,$r^{K*}(w^K)$ 代入供应商收益函数表达式,并进行一阶条件求解可得到均衡批发价决策,满足如下结论。

命题 5-3 若 $\Pi_S^K(w^K, r^{K*}(w^K), q^{K*}(w^K, r^{K*}(w^K)))$ 为关于 w^K 的单峰可微函数,供应商均衡最优批发价决策 w^{K*} 满足:

$$q^{K*}(r^{K*}(w^{K*}), w^{K*}) + ((w^{K*} - c) - (b-s) F(\theta_3))$$

$$\frac{\mathrm{d}q^{K*}(r^{K*}(w^K), w^K)}{\mathrm{d}w^K}(w^{K*}) + (b-s)\theta_3 f(\theta_3)$$

$$\frac{\mathrm{d}\theta(q^{K*}(r^{K*}(w^K), w^K), r^{K*}(w^K), w^K)}{\mathrm{d}w^K}(w^{K*}) = 0 \quad (5-12)$$

进一步对各资金情形下最优订货决策进行简要比较，由于 Π_D^A 与 Π_D^N 表达式一致，而由于资金约束，N 情形下分销商无法以最优方式订货，显然有 $q^{N*} < q^{A*}$，而比较式（5-3）、式（5-8）和式（5-9）可知以下结论成立。

推论 5-2 当 $w^{K*}(1+r^{K*}) - t_1 F(\theta_3) < w^{A*}$ 时，各资金情形下的均衡订货决策满足 $q^{N*} \leqslant q^{A*} \leqslant q^{K*} \leqslant q^0$，否则 $q^{N*} \leqslant q^{K*} \leqslant q^{A*} \leqslant q^0$。其中 $t_1 = w^{K*}(1+r^{K*}) - s$。

观察各资金情形下分销商最优订货表达式（5-3）、式（5-8）和式（5-9）可知，与资金充足情形 A 不同，资金约束下的分销商订货决策不仅取决于批发价高低，还与利率成本 $w^{K*} r^{K*}$、边际破产"收益" $t_1 F(\theta_3)$ 相关，当破产"收益"高于批发价或利率成本的增加时，分销商最优订货量 q^{K*} 将超过资金充足情形下的订货量 q^{A*}，这在下文的命题 5-5 和推论 5-3 中有所体现。

三、融资关键参数分析

为进一步理解融资系统运作机理，下面对各资金情形的均衡以及关键融资参数对各成员收益的影响进行敏感度分析。先分析各资金情形的发生条件，有下述结论成立。

命题 5-4 令 $\hat{\eta} = \min\{w^{K*} q^{K*}, w^{A*} q^{A*}\}$，各资金情形发生的条件可表述如表 5-1 所示。

第五章 基于核心企业视角的保兑仓融资优化与协调策略

表 5 – 1 资金情形发生的条件

资金情形	发生条件
情形 K	$R_K = \{\eta < \hat{\eta},\ \Pi_S^{K*} \geq \Pi_S^{N*},\ \Pi_D^{K*} \geq \Pi_D^{N*}\}$
情形 N	$R_N = \{\eta < \hat{\eta},\ \Pi_S^{N*} \geq \Pi_S^{K*}$ 或 $\eta < \hat{\eta},\ \Pi_D^{N*} \geq \Pi_D^{K*}$ 或 $w^{K*}q^{K*} \leq \eta \leq w^{A*}q^{A*}\}$
情形 A	$R_A = \{\eta \geq w^{A*}q^{A*}\}$

各成员博弈均衡决策为：

$$(q^*, r^*, w^*) = \begin{cases} (q^{K*}, r^{K*}, w^{K*}) & (情形\ K) \\ (q^{N*}, -, w^{N*}) & (情形\ N) \\ (q^{A*}, -, w^{A*}) & (情形\ A) \end{cases}$$

对命题 5 – 4 的解释如下：当 $\eta < w^{A*}q^{A*}$ 时，分销商资金不足以最优方式订货，此时分销商可以选择参与供应商提供的保兑仓融资。显然，只有当 η 同时满足 $\eta < w^{K*}q^{K*}$ 时分销商才具有融资需求（融资额度为 $(w^{K*}q^{K*} - \eta)^+$）。然而，分销商最终是否选择参与保兑仓融资还取决于供需双方的期望收益，只有当保兑仓融资下分销商的收益值高于不参与融资下的收益值，分销商才会选择参与融资（即 $\Pi_D^{K*} \geq \Pi_D^{N*}$）；只有融资下供应商的期望收益值高于不提供融资下的收益值（即 $\Pi_S^{K*} \geq \Pi_S^{N*}$），供应商才会选择为分销商提供融资，当上述条件同时满足，即同时满足 $\eta < \hat{\eta}$，$\Pi_S^{K*} \geq \Pi_S^{N*}$，$\Pi_D^{K*} \geq \Pi_D^{N*}$ 时，才会具备融资发生的条件。反之，当 $\eta < \hat{\eta}$，$\Pi_S^{N*} \geq \Pi_S^{K*}$ 或 $\eta < \hat{\eta}$，$\Pi_D^{N*} \geq \Pi_D^{K*}$ 时，虽然分销商具备融资需求，但供需双方其中有一方不愿提供或参与融资，此时融资都不会发生，而当 $w^{K*}q^{K*} \leq \eta \leq w^{A*}q^{A*}$ 时，分销商虽然在 A 决策情形下资金不足，但相比情形 K 却资金充足，此时分销商无法获取融资。总结起来，当 $\eta < \hat{\eta}$，$\Pi_S^{N*} \geq \Pi_S^{K*}$ 或 $\eta < \hat{\eta}$，$\Pi_D^{N*} \geq \Pi_D^{K*}$ 或 $w^{K*}q^{K*} \leq \eta \leq w^{A*}q^{A*}$ 时，均衡资金情形为 N。当 $\eta \geq w^{A*}q^{A*}$ 时，零售商不存在资金约束，此时的均衡情形为 A。

下面重点对参数 η 和 b 进行敏感度分析，相关结论可协助核心企业合理选择和管理融资系统分销商、设定融资担保额度。分析相关参数对融资系统及成员的影响，有下述结论成立。

命题 5-5（i）在竞争型资本市场均衡状态下，当 $(t_1 F(\theta_3))'_\eta > (kF(q^C) + w^{C^*}(1+r^{C^*}))'_\eta$ 时，随着 η 的降低，w^{C^*} 增加，r^{C^*} 降低，q^{C^*} 增加，$\Pi_S^{C^*}$ 增加，$\Pi_G^{C^*}$ 增加，$\Pi_D^{C^*}$ 降低；当 $(t_1 F(\theta_3))'_b > (kF(q^{C^*}) + w^{C^*}(1+r^{C^*}))'_b$ 时，随着 b 的增加，w^{C^*} 增加，r^{C^*} 降低，q^{C^*} 增加，$\Pi_S^{C^*}$ 增加，$\Pi_G^{C^*}$ 增加，$\Pi_D^{C^*}$ 降低。

（ii）令 $\widetilde{w} = \dfrac{p}{1+r_F}$，$\widetilde{q} = F^{-1}\left(\dfrac{\widetilde{w}-c}{k}\right)$，在竞争型资本市场中，当 $\eta \to 0$，$b \to p$ 时，有 $w^{C^*} \to \widetilde{w}$，$r^{C^*} \to r_F$，$q^{C^*} \to \widetilde{q}$，$\Pi_D^{C^*} \to 0$，$\Pi_G^{C^*} \to \Pi_G^C(\widetilde{w}, r_F, \widetilde{q})$，$\Pi_S^{C^*} \to \Pi_S^C(\widetilde{w}, r_F, \widetilde{q})$。进一步地，当 $r_F \to 0$ 时，$w^{C^*} \to p$，$r^{C^*} \to 0$，$q^{C^*} \to q^0$，$\Pi_S^{C^*} \to \Pi^0$，$\Pi_G^{C^*} \to 0$，$\Pi_D^{C^*} \to 0$；在垄断型资本市场中，当 $\eta \to 0$ 时，有 $w^{C_M^*} \to p$，$r^{C_M^*} \to 0$，$q^{C_M^*} \to q^0$，$\Pi_S^{C_M^*} \to \Pi^0$，$\Pi_G^{C_M^*} \to 0$，$\Pi_D^{C_M^*} \to 0$。

推论 5-3（i）等式 $q^0 f(q^0) = \overline{F}(q^0)$ 成立。

（ii）存在参数临界值组合 $(\widetilde{\eta}, \widetilde{b}, \widetilde{r}_F)$ 使得 $\eta < \widetilde{\eta}$，$b > \widetilde{b}$，$r_F < \widetilde{r}_F$ 时，$q^{C^*} > q^{A^*}$，$\Pi_S^{C^*} > \Pi_S^{A^*}$，$\Pi_{SC}^{C^*} > \Pi_{SC}^{A^*}$，$\Pi_D^{C^*} < \Pi_D^{A^*}$；存在参数临界值组合 $(\widetilde{\eta}, \widetilde{b})$ 使得 $\eta < \widetilde{\eta}$，$b > \widetilde{b}$ 时，$q^{C_M^*} > q^{A^*}$，$\Pi_S^{C_M^*} > \Pi_S^{A^*}$，$\Pi_{SC}^{C_M^*} > \Pi_{SC}^{A^*}$，$\Pi_D^{C_M^*} < \Pi_D^{A^*}$；$r_F > 0$ 时，存在参数临界值组合 $(\widetilde{\eta}, \widetilde{b})$ 使得 $\eta < \widetilde{\eta}$，$b > \widetilde{b}$ 时，$q^{C_M^*} > q^{C^*}$，$\Pi_S^{C_M^*} > \Pi_S^{C^*}$，$\Pi_{SC}^{C_M^*} > \Pi_{SC}^{C^*}$。

以上针对关键参数对融资系统的影响予以分析，得到了一些有趣的结论：

（1）相比资金充足（$j=A$）情形，保兑仓融资（$j=K$）具有供应链的正向激励协调作用，这在命题 5-5 中主要体现在，当 η 降低并趋近 0 时，q^K 增加并趋近 q^0。这时对分销商来说，资金缺乏使其破产和有限偿款概率增加，当从违约中获益超过运营成本的增加时（$(t_1 F(\theta_3))'_\eta > (kF(q^{C^*}) + w^{C^*}(1+r^{C^*}))'_\eta$），分销商选择增加订货。特别地，当分销商资金量足够低（$\eta \to 0$）时，分销商破产概率 θ_3 及其"收益"增加至较高水平，融资下的分销商订货量无限接近集中水平（$q^{K^*} \to q^0$），最终导致分散式供应链整体收益（$\Pi_{SC}^{K^*}$）无限接近集中水平（Π^0）并超过资金充足型供应链（$\Pi_{SC}^{A^*}$），这体现出保兑仓融资的优越性。

第五章 基于核心企业视角的保兑仓融资优化与协调策略

（2）由命题 5-5 结论可知，当 η 降低并趋近 0 时，Π_S^{K*} 增加并趋于 Π^0。可见，对于核心企业来说，相比于资金较充足的分销商提供融资，为资金持有较低的分销商提供保兑仓融资反而对其更加有利，这同样获益于融资的深入开展激励着分销商订货增加，导致其订货收益增加。然而，对于金融机构来说，为资金量较低的分销商提供融资并非总是有利的，这取决于资本市场的竞争程度，在竞争型资本市场（$K=C$）中，金融机构的收益 $(w^{C*}q^{C*}-\eta)r_F$ 主要与融资额度 $w^{C*}q^{C*}-\eta$ 有关，而当 $\eta\to 0$ 时 $w^{C*}\to p$，$q^{C*}\to q^0$，即 $(w^{C*}q^{C*}-\eta)r_F$ 增加。在垄断型资本市场（$K=C_M$）中，当 $\eta\to 0$ 时，$\Pi_C^{C_M*}\to 0$，这是由于初始资金足够低的分销商总是获益于其有限偿款"收益"的增加，倾向于选择较高的订货量，供应商的批发价决策和金融机构的利率决策对分销商的订货决策影响较低，此时金融机构因与上游核心企业的博弈竞争加剧而导致收益受损，这意味着垄断资本市场中选择资金量过低的分销商提供融资对金融机构是不利的，这与供应商的选择存在冲突。

（3）$b\to p$ 是保证 $\Pi_S^{K*}\to\Pi^0$ 的必要条件，可见，供应商为融资提供更高担保对其自身有益，这是由于担保的增加有助于降低金融机构的风险，使其降低利率，从而激励零售商提高订货，生产商可趁机提升批发价，最终导致供应商订货收益增加，供应商从中获利。但值得一提的是，供应商提供担保并非总是对金融机构有利，在竞争型资本市场（$K=C$）中，因担保导致的批发价和订货量增加最终导致贷款额度 $w^{C*}q^{C*}-\eta$ 增加，金融机构收益 $(w^{C*}q^{C*}-\eta)r_F$ 也因此增加；而在垄断性资本市场（$K=C_M$）中，由于金融机构可独立决策最优贷款利率，其期望收益同时取决于贷款额度及贷款利率，当供应商担保增加时，金融机构风险降低，贷款利率随之降低，高利率带来的赚钱效应可能因担保的存在而下降，从而对金融机构造成不利。

综合以上分析可知：对于核心企业而言，应当根据分销商所持有或使用的初始资金额度大小决定是否为其提供融资，优先为初始资金量较低的分销商提供保兑仓融资，或以补贴形式激励分销商参与融资时使用更低的自有资金，当与金融机构存在冲突时，也可通过补贴或合同等形式解决。

在竞争型资本市场中,核心企业和金融机构对担保程度的偏好具有一致性(均倾向于选择高担保);而在垄断型资本市场中,双方对于担保的偏好可能存在冲突,此时,核心企业应尽可能争取回购价格的定价权(制定更高的回购价格)。

四、融资系统协调分析

显然,融资参数的改进无法完全消除融资系统内的双重边际效应,合同理论表明:合理的设计契约机制有助于消除双边效应,改善融资系统的运作绩效。下面进一步讨论协调机制的设计。令 $T_{i\bar{i}}$ 表示销售期末决策者 i 支付给决策者 $\bar{i}$ 的合约参与费用,$\rho_{i\bar{i}} \in [0,1]$ 表示收益分配比例,上标 $\wedge$ 表示协调后的合同参数。经分析发现,以下合同机制有助于实现保兑仓融资系统的有效协调。

命题 5-6 融资改进合同:当供应商执行下述任意一组合同参数,且执行合约后融资成员收益均满足 $\hat{\Pi}_i^K > \Pi_i^{K*}$,该融资改进合同可实现融资系统成员收益有效协调。

(i) 在竞争型资本市场设定 $\hat{\eta}=0$,$\hat{b}=p$,$\hat{r}_F=0$,垄断型资本市场设定 $\hat{\eta}=0$,$\hat{b}=p$,且供应商为金融机构提供利益分配 T_{SG},为分销商提供补贴 T_{SD}。

(ii) 以回购价 $\hat{b}=p$ 回购全部剩余商品,且在销售结束后发放补贴 $T_{SG} = \rho_{SG}\hat{\Pi}_S^K - (w^K q^K - \eta)r^K$,$T_{SD} = \rho_{SD}\hat{\Pi}_S^K$。

(iii) 设定 $\hat{w}^K = \dfrac{sq^K + \eta(1+r^K)}{q^K(1+r^K)}$,并在销售结束收取 $T_{DS} = \rho_{DS}\hat{\Pi}_D^K - (\hat{w}^K - c)q^K - (\hat{w}^K q^K - \eta)r^K$,补贴 $T_{SG} = \rho_{SG}\hat{\Pi}_D^K - (\hat{w}^K q^K - \eta)r^K$。

(iv) 设定 $\hat{w}^K = \dfrac{pq^K + \eta(1+r^K)}{q^K(1+r^K)}$,仅以 $\hat{b}=s$ 回购差额部分货物,并在销

售结束收取 $T_{GS}=\rho_{GS}\hat{\Pi}_G^K-(\hat{w}^K-c)q^K$，补贴 $T_{SD}=\rho_{SD}\hat{\Pi}_G^K$。

（v）设定 $\hat{w}^K=\dfrac{pq^K+\eta(1+r^K)}{q^K(1+r^K)}$，仅以 $\hat{b}=p$ 回购差额部分货物，并在销售结束补贴 $T_{SG}=\rho_{SG}\hat{\Pi}_S^K-(\hat{w}^Kq^K-\eta)r^K$，补贴 $T_{SD}=\rho_{SD}\hat{\Pi}_S^K$。

显然，结合命题 5-5（ii）结论可知，通过设置命题 5-6（i）所示的合同参数 $\hat{\eta}$，$\hat{b}$，$\hat{r}_F$，T_{ii} 可实现分散式融资系统订货决策及整体收益达到集中式决策和收益水平；而命题 5-6（ii）到 5-6（v）中的合同参数设置 $\hat{w}^K$，$\hat{\eta}$，$\hat{b}$，$\hat{r}_F$，T_{ii} 可实现分散式系统内成员期望收益与集中式收益目标函数成比例，从而实现双系统决策的一致性。可见，$\hat{w}^K$，$\hat{\eta}$，$\hat{b}$，$\hat{r}_F$，T_{ii} 的参数设置可完全消除系统内的成员双重边际效应，实现系统整体收益水平的最大化，进而可通过参数 ρ_{ii} 的合理设置进行利润分配，但须保证协调后各成员收益均不低于协调前，即 $\hat{\Pi}_i^K>\Pi_i^{K*}$。

在执行时，命题 5-6（i）中核心企业（供应商）应激励分销商不再使用自有资金订货，而全面依赖融资获取订货资金，而金融机构应根据期望收益为零制定贷款利率，此时可实现融资系统收益全面协调改进。作为回报，销售期末供应商分别给予金融机构和分销商一定量的现金补贴，且实施补贴后各方收益均超过不参与合约时的收益，这保证各方参与的积极性。而命题 5-6（ii）到 5-6（v）则可激励分销商选择与集中式融资系统相同的订货策略，从而激励融资系统内成员收益帕累托改进。当然，还可通过改进传统供应链协调合同等方式实现协调，二部定价合同和收益共享合同在传统供应链协调中应用广泛且实践成熟，在协调中具备一定的普适性。下面进一步讨论相关合同的改进形式在保兑仓融资系统协调中的应用，参考三层供应链协调契约的设计方式（Ding 等，2008；Hu 等，2016），可设计保兑仓融资协调机制如下。

命题 5-7 二部定价合同：令 $t_2=\hat{w}^K(1+r^K)-s$，$\theta_4=\theta(q^0,\hat{w}^K,r^{K*}(\hat{w}^K))$，当设定价格 $\hat{w}^K$ 以及固定转移费用 T_{DS}，T_{SG} 满足下述条件时，二部定价合同（$\hat{w}^K$，T_{DS}，T_{SG}）可实现保兑仓融资竞争型资本市场中成员收益协调改进。

$$\begin{cases} k\overline{F}(q^0) - t_2 \overline{F}(\theta_4) = 0 \\ \hat{\Pi}_i^C(\hat{w}^K, T_{DS}, T_{SG}) > \Pi_i^{K*} \end{cases} \tag{5-13}$$

显然,上述合约中,满足等式 $k\overline{F}(q^0) - t_2 \overline{F}(\theta_4) = 0$ 的批发价 $\hat{w}^K$ 可保证分销商订货决策达到集中式订货水平,即使 $\hat{q}^{K*} = q^0$,从而实现分散式融资系统决策及收益达到集中式水平,而 $\hat{\Pi}_i^C(\hat{w}^K, T_{DS}, T_{SG}) > \Pi_i^{K*}$ 则可保证执行转移支付 T_{ii} 后融资系统内各成员收益不低于协调前。在实际应用时,供应商可向分销商提供较低的批发价 $\hat{w}^K$,并向其收取参与费用 T_{DS},而为保证金融机构同样愿意参与合同制定,向其提供补贴 T_{SG},最终实现成员收益的帕累托改进。

进一步对收益共享合同进行分析,令 ϕ_{DG},ϕ_{GS} 表示收益共享比例,定义符号 $t_3 = (\hat{w}^K(1 + r_2^{K*}) - (1 - \phi_{DG})s)$,$\theta_5 = \dfrac{(w^K q^K - \eta)(1 + r^K) - (1 - \phi_{DG})sq^K}{(1 - \phi_{DG})k}$,$\theta_6 = \theta_5(q^0, \hat{w}^K, r_2^{K*}(\hat{w}^K))$,$\theta_7 = \theta_5(q_2^{K*}, \hat{w}^K, r_2^{K*}(\hat{w}^K))$。

分析可知收益共享后成员期望收益表达式分别变为:

$$\hat{\Pi}_D^K = -\eta + (1 - \phi_{DG})k \int_{\theta_5}^{q^K} F(x) \mathrm{d}x$$

$$\hat{\Pi}_G^K = (1 - \phi_{GS})(pq^K - (1 - \phi_{DG})(q^K - \theta_5)(k - (b - s)F(\theta_5)) - (k - (1 - \phi_{DG})(b - s))\int_0^{\theta_5} F(x)\mathrm{d}x - \phi_{DG}\int_{\theta_5}^{q^K} F(x)\mathrm{d}x - (w^K q^K - \eta)$$

$$\hat{\Pi}_S^K = \phi_{GS}(pq^K - (1 - \phi_{DG})(q^K - \theta_5)(k - (b - s)F(\theta_5)) - (k - (1 - \phi_{DG})(b - s))\int_0^{\theta_5} F(x)\mathrm{d}x - \phi_{DG}k\int_{\theta_5}^{q^K} F(x)\mathrm{d}x + (w^K - c)q^K - (b - s)((q^K - \theta_5)F(\theta_5) + \int_0^{\theta_5} F(x)\mathrm{d}x)$$

通过一阶条件求解可得收益共享后分销商最优订货决策 $\hat{q}^{K*}$,进而联立 $\hat{q}^{K*} = q^0$ 可得实现融资协调的批发价形式,通过 ϕ_{DG},ϕ_{GS} 可最终实现协调后系统收益再分配,以保证协调后成员收益改进。基于该思路,满足下述结论的收益共享合同可实现保兑仓融资系统有效协调。

命题 5-8 收益共享合同:当协调决策 $\hat{w}^K$ 及收益共享比例 ϕ_{DG},ϕ_{GS}

满足如下条件,该收益共享合同($\hat{w}^K, \phi_{DG}, \phi_{GS}$)可实现保兑仓融资下竞争型资本市场中成员收益协调改进。

$$\begin{cases} (1-\phi_{DG})k\overline{F}(q^0) - (\hat{w}^K(1+r_2^{K*}(\hat{w}^K))) - (1-\phi_{DG})s)\overline{F}(\theta_6) = 0 \\ \hat{\Pi}_i^K(\hat{w}^K, \phi_{DG}, \phi_{GS}) > \Pi_i^{K*} \end{cases}$$

(5-14)

其中,$r_2^{C*}(\hat{w}^C)$通过下式联立得出:

$$\begin{cases} (1-\phi_{DG})k\overline{F}(q_2^{C*}) - t_3\overline{F}(\theta_7) = 0 \\ (1-\phi_{GS})(pq_2^{C*} - (1-\phi_{DG})(q_2^{C*}-\theta_7)(k-(b-s)F(\theta_7)) - (k-(1-\phi_{DG}) \\ (b-s))\int_0^{\theta_7}F(x)\mathrm{d}x - \phi_{DG}k\int_{\theta_7}^{q_2^{C*}}F(x)\mathrm{d}x - (\hat{w}^C q_2^{C*} - \eta)(1+r_F) = 0 \end{cases}$$

(5-15)

$r_2^{CM*}(\hat{w}^{CM})$则通过下式确立:

$$\begin{cases} (1-\phi_{DG})k\overline{F}(q_2^{CM*}) - t_3\overline{F}(\theta_7) = 0 \\ (1-\phi_{GS})(pA_{21} - (1-\phi_{DG})(A_{21}-A_{22})(k-(b-s)F(\theta_7)) + (1-\phi_{DG}) \\ (q_2^{CM*}-\theta_7)(b-s)A_{22}f(\theta_7)) - (k-(1-\phi_{DG})(b-s)) \\ F(\theta_7)A_{22} - \phi_{DG}(A_{21}F(q_2^{CM*}) - F(\theta_7)) - \hat{w}^{CM}A_{21} = 0 \\ A_{21} = \dfrac{(1-\phi_{DG})^2 k\hat{w}^{CM}\overline{F}(\theta_7) - t_3(\hat{w}^{CM}q_2^{CM*} - \eta)f(\theta_7)}{t_3^2 f(\theta_7) - (1-\phi_{DG})^2 k^2} \\ A_{22} = \dfrac{t_3 A_{21} + (\hat{w}^{CM}q_2^{CM*} - \eta)}{(1-\phi_{DG})k} \end{cases}$$

(5-16)

显然,相比二部定价合同,收益共享合同在参数制定和合同执行时更具柔性,在执行时,供应商为分销商制定较低的批发价$\hat{w}^K$,作为回报,分销商需将收益按议定的比例ϕ_{DG}分配给金融机构,金融机构再将其收益的ϕ_{GS}比例分配给供应商,从而确保各方收益的合理改进。

以上分析了实现保兑仓融资系统协调的合约机制,在实际执行和应用时,核心企业可将相关合约嵌入保兑仓融资合同中,主导签订协调补充合同,从而消除系统内的双重边际效应,实现保兑仓融资的高效开展。

五、数值分析

为了更直观地理解相关结论,论证其有效性,补充和推广相关理论结果,本章进一步进行数值仿真分析。不失一般性地,相关参数赋值如下:$p=8$,$c=3$,$s=2$,$r_F=0.03$。

随机需求 X 服从均值为 50、方差为 20 的正态分布。下面依次通过三个算例分别理解分销商自有资金量 η,供应商担保回购价格 b,以及协调合同对融资系统的影响。

先分析分销商自有资金 η 的影响,由此可得出融资开展深入程度对成员决策及收益的影响。令 $b=3$,对 η 进行灵敏度分析(见图 5-2 和图 5-3)可以发现:

(1)从系统角度分析,保兑仓融资的深入开展(η 降低)对融资系统及供应链整体有利。由图 5-2b、图 5-2c 可知,当 η 低于特定临界值时,q^{C*} 超过 q^{A*},Π_{SC}^{C*} 超过 Π_{SC}^{A*},相比资金充足情形,融资状态下即使增加了金融机构分担供应链收益,供应链整体利润依然得以增加,这体现出保兑仓融资的优越性,从供应链竞争的角度来看,供应链管理者(核心企业)应积极实施和开展保兑仓融资。

(2)从决策角度分析,融资增加(η 降低)使批发价 w^{C*}、利率 r^{C*} 和订货量 q^{C*} 同时增加(见图 5-2),这是由于自有资金较低的分销商从破产违约中获益激励了其增加订货量,同时迫使融资提供方趁机提升批发价和利率而从中获益。

(3)从收益角度分析,融资可实现三方共赢:观察图 5-3 中融资成员随融资开展程度收益变化情况可发现,竞争型资本市场中($K=C$)供应商收益(Π_{S}^{C*})随融资开展的深入(η 降低)而增加并逐渐超过与资金充足分销商合作时的收益(Π_{S}^{A*}),可见相比资金充足情形,供应商可从融

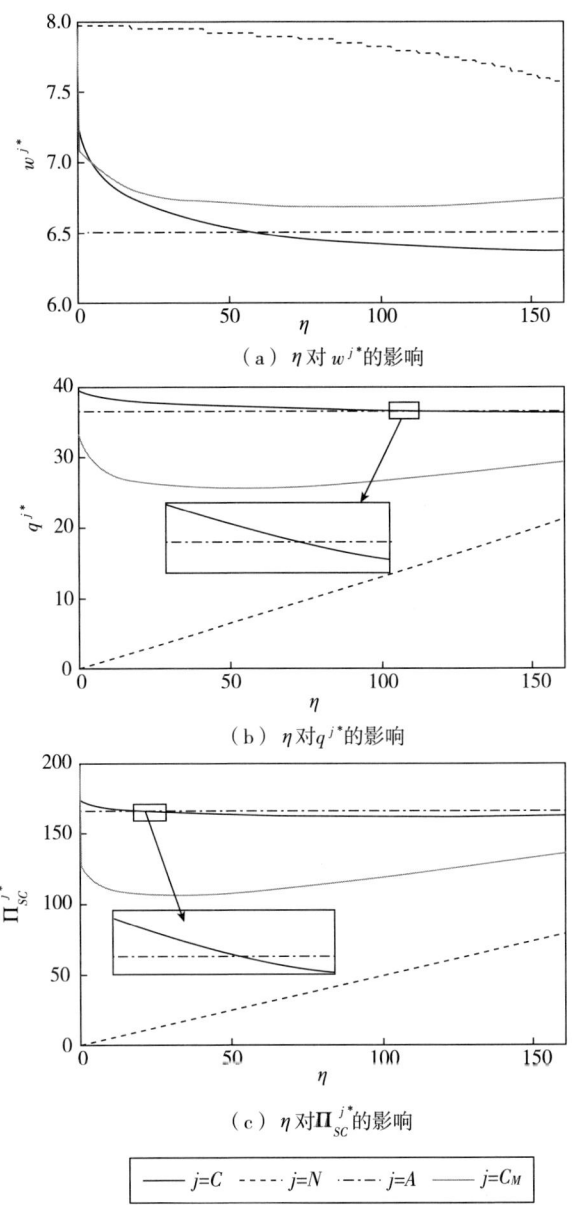

图 5-2 融资对决策和供应链收益影响

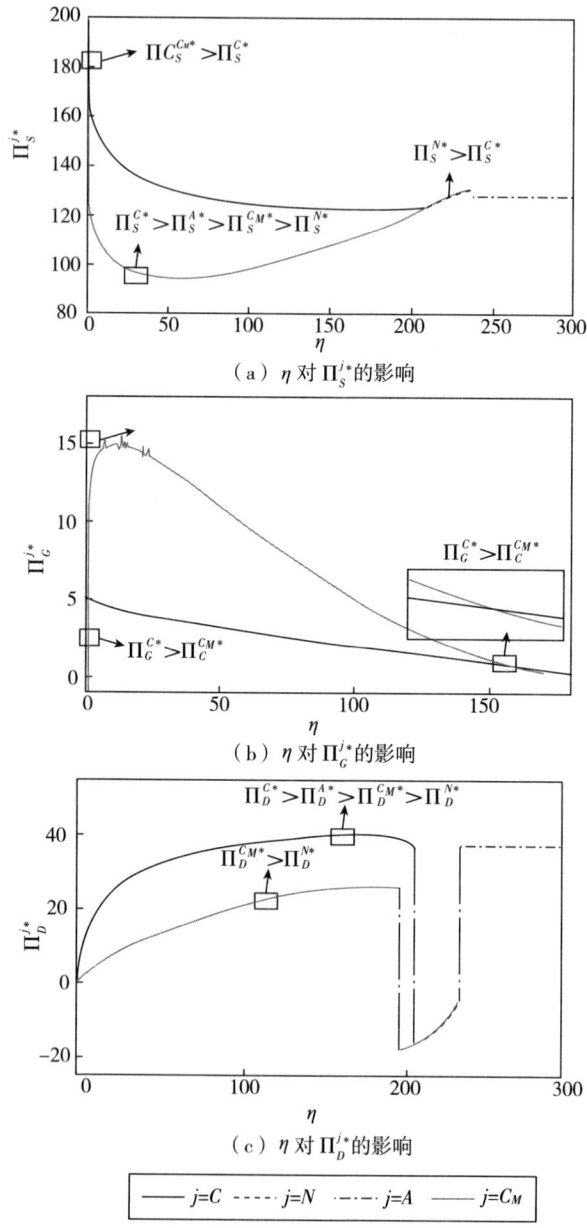

图5-3 融资对各方收益影响

资提供和回购担保中获益,供应商应选择为初始资金较低的分销商提供融资;金融机构同样因融资开展的深入而获益($\Pi_C^{C^*}$ 随 η 降低而增加),这是由于竞争型资本市场中金融机构收益主要依赖于融资额的增加。而观察分销商收益变化可发现存在自有资金参数区间使得分销商收益超过其他情形($\Pi_D^{C^*} > \Pi_D^{A^*} > \Pi_D^{N^*}$),说明分销商也可从融资中大幅获益,但随着融资的深入开展,批发价和利率随之增加,分销商资金成本增加,收益随之下降。但即使如此,分销商收益仍总是高于资金缺乏但不参与融资时的情形(情形 N),这意味着资金约束的分销商总能从融资中获益,但不应过度依赖融资。

(4)当资金市场切换为垄断型($K = C_M$),除了金融机构收益增加外,供应商和分销商收益均有所下降,这是由于金融机构与供应商间的竞争博弈加剧了融资系统中的双重边际效应;订货和批发价决策均随 η 的降低先减后增,这是由于利率的增加使分销商成本增加高于违约获益的增加,使分销商倾向于先降低订货,随着其自有资金的不断降低,从违约中的获益逐渐超过成本增加,从而转为增加订货。供应商为抑制分销商因利率影响订货过低,也倾向于制定先减后增的批发价策略。值得注意的是,当 η 非常低时,金融机构收益反而下降并逐渐低于竞争资本市场中的收益,这是由于此时其从与供应商激烈逐利竞争博弈中"落败",而对于供应商来说,垄断资本市场反而对其更加有利。对于分销商来说,即使垄断资本市场中竞争加剧对分销商产生了不利,但参与融资同样始终是占优策略($\Pi_D^{C_M^*} > \Pi_D^{N^*}$)。

下面进一步分析理解供应商回购担保对融资系统成员收益的影响。固定 $\eta = 70$,对 b 进行灵敏度分析可知:

(1)在竞争资本市场中,随着供应商回购价格 b 的增加,供应商和金融机构收益均增加(见图 5-4),这是由于供应商的担保有助于降低金融机构风险,激励其降低贷款利率,使得分销商增加订货,从而增加供应商的订货收益和金融机构的贷款收益,使得双方实现共赢。

(2)在垄断型资本市场中,供应商仍能从担保中获益(见图 5-4(a)),但对于金融机构来说,是否依赖担保取决于分销商的自有资金情况,

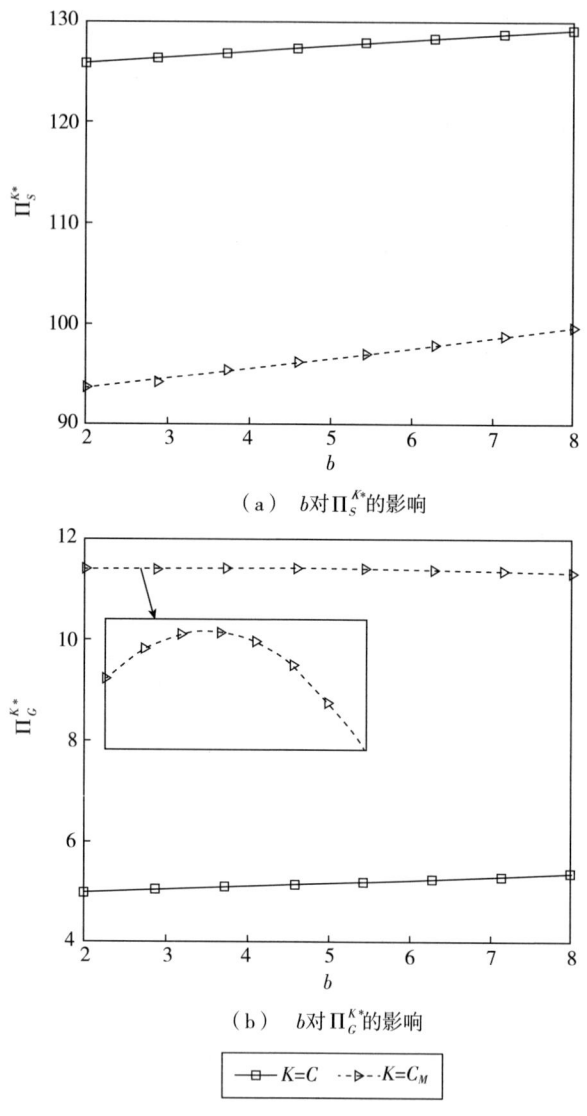

图 5-4 回购担保对供应商及金融机构收益影响

由图 5-4 (b) 可以发现,C_M 情形下较低的担保价格对金融机构更加有利,这是由于垄断型资本市场中金融机构的期望收益不仅取决于贷款额度,同时与贷款利率有关。当分销商自有资金较低时,高利率带来的赚钱效应高于高贷款额,金融机构不得不因融资担保的深入而降低贷款利率,这可能对金融机构产生不利。随着分销商自有资金的提高,金融机构利率不断下降,此时高利率带来的赚钱效应不再凸显,金融机构转而追求高担保。上述分析表明:对于供应商来说,积极提供担保总是有利的,但金融机构并非总是喜好高额担保,其对担保的偏好取决于资本市场竞争程度以及分销商的初始资金量,供应商可适当给予应对,如采取补贴等方式规避冲突。

下面进一步论证协调合同的有效性,以二部定价合同为例,取命题 5-7 中参数 $\eta=10$,$b=3$ 并令 $T_{DG}=180$,$T_{GS}=170$。经运算可知满足条件的协调决策 $\hat{w}^K=2.95$,将上述协调参数 ($\hat{w}^K$,T_{DG},T_{GS}) 代入系统成员收益函数中并计算可知协调后成员收益均高于未协调时 ($\hat{\Pi}_S^K=165.46>148.9=\Pi_S^{K*}$,$\hat{\Pi}_G^K=15.83>7.59=\Pi_G^{K*}$,$\hat{\Pi}_D^K=39.68>18.65=\Pi_S^{K*}$),协调后系统订货决策和收益达到集中式水平 ($\hat{q}^K=q^0=69.35>38.35=q^{K*}$,$\hat{\Pi}^K=\Pi^0=220.97>175.1=\Pi^{K*}$),说明二部定价合同可实现系统收益的有效协调,不仅可提升系统整体效率,同时有助于融资成员收益的帕累托改进。

六、本章小结

基于核心企业视角,本章借助多层规划优化模型及均衡博弈分析方法深入探究保兑仓融资的运作机理,分析融资关键参数的相关影响及改进策略。研究表明:①保兑仓融资的实施有助于供应链整体效率改进及成员共赢,应积极开展。②供应商应根据分销商类型合理选择融资授信主体,为资金较缺乏的分销商提供融资获益更高。但过分依赖融资对分销商不利,供应商可采取补贴等形式激励分销商使用较低的自有资金。③融资担保程度的增加对供应商有利,供应商应积极承担回购责任,调高回购价格。

④供应商应关注融资系统协调，合理参数设置下的保兑仓融资本身具备一定激励协调作用。此外，还可借助改进的二部定价及收益共享合同等实现融资系统的完美协调。

本章研究为核心企业及金融机构等开展保兑仓融资实践提供了科学的理论指导及决策参考。但研究是基于决策者完全守信、信息对称、系统稳定等假设下开展的，考虑相关风险因素的影响及其防治策略将是进一步开展研究的方向。

第六章
市场需求信息不对称下的保兑仓融资风险控制策略

一、问题提出

第五章分析了保兑仓融资下的核心企业融资援助、运营策略及供应链协调策略。论证了保兑仓融资在解决中小企业融资困境的有效性。然而，保兑仓融资过程并非完善，2012年，民生银行与山东钢铁爆发保兑仓危机，对市场需求的误判使山东钢铁不得不为其分销商承担高达7亿元的担保代偿责任。市场需求信息的不对称性是造成融资风险的关键因素，分销商借助持有的销售数据攫取信息优势，通过信息造假、信息隐匿等手段获取利益，进一步扩大投资者及担保者所面临的风险。而作为保兑仓融资中的主要风险承担者，核心企业更应关注融资中的信息风险，完善风险识别、风险预防、风险规避和风险处理机制。

近年来，学者基于供应链融资运作管理开展了诸多研究。其中针对传统融资方式：商业信用和银行信贷融资，分别就商业信用在供应链协调中的作用（陈祥锋，2013）、商业信用融资协调契约设计（Zhang等，2014）、银行信贷融资决策（Kouvelis等，2012）、银行信贷融资下的供应链协调（Kouvelis等，2016）、各类融资模式间的比较分析（Jing等，

2012；Cai 等，2014；Chen，2015c）等角度开展研究。也有学者关注保兑仓融资等新兴融资业务模式创新，张义刚等（2013）分析制造商为零售商提供融资担保条件。吴英晶等（2015）关注供应商回购承诺对融资系统的影响。林强等（2013）提出了一类实现保兑仓融资系统协调的收益共享契约。Yan 等（2016）进一步考虑供应商仅提供部分担保时的决策及协调问题，发现通过收益共享契约协调后供应链收益可能超过集中式水平，实现超额协调。

然而上述研究均假设融资系统内信息完全对称，不同的是，Luo 等（2012）讨论买方资金成本为私有信息时的商业信用融资协调作用，发现非对称信息下商业信用无法有效地协调供应链。窦亚芹等（2012）作出类似研究，发现不对称信息下供应链内部所具备的信息优势可对供应链价值发挥更大优势。于辉等（2014）构建银行参与下零售商和供应商组成的二级供应链模型，分析信息全部可信及部分可信下银行最优利率决策问题，结果表明部分信息下银行利率决策对供应链整体运作具有显著影响。刘克宁等（2016）则就销售价格信息不对称下的混同契约及甄别契约模式下均衡决策进行了研究分析。

不足的是，鲜有研究关注需求信息不对称对融资的影响及其防治策略，而针对需求信息不对称的相关研究未综合考虑资金约束的影响（2012），在融资情境下现有结论变得不再适用。关注融资过程中的信息风险影响机理、重新设计实现信息显示的契约甄别机制对于规避融资信息风险，提升融资效率具有重要意义和价值。本章拟针对相关问题开展研究，从而为科学开展供应链融资决策提供理论参考和决策依据。

二、问题描述及模型假设

零售商 R 以批发价 w 向生产商 M 制定 q 单位生产成本为 c 的商品。市

场需求 X 随机且服从 $[0, +\infty]$ 间均值为 μ、方差为 σ、分布和密度函数分别为 $F(X)$ 和 $f(X)$ 的概率分布。假设需求分布满足递增失效率（Increasing Failure Rate，IFR），即 $f(X)/\overline{F}(X)$ 递增（正态分布、指数分布、均匀分布等常见分布均具备该性质）。零售商以价格 p 分销商品，鉴于市场需求的不确定性，当 $X < q$ 时，零售商以残值 v 处理剩余商品。由于零售商更加接近销售市场以及对销售数据的累计分析，其对市场需求信息具备天然信息优势，就生产商而言，仅通过市场调研、数据分析等无法准确且全面了解需求情况，假设生产商了解到的市场需求期望均值 μ 信息依概率 a 和概率 $1-a$ 分别为低需求 μ_L 和高需求 μ_H，以上标 ij 表示零售商掌握的需求信息为 i，而生产商获取信息为 j ($i = L, H, j = L, H$) 时的信息情形，其中 $i = j$ 表示信息对称情形。生产商和零售商间展开以生产商为领导者的 Stackelberg 博弈。

零售商初始资金量为 I，当 $I < wq$ 时，零售商资金不足，并以保兑仓融资形式向商业银行 B 以利率 r 寻求融资，假设资本市场处于完全竞争状态，此时银行仅赚取资本市场中的无风险利率 r_F。令 $k = p - v$，$t(w) = w(1 + r) - v$，符号 n 表示 M、B、R。当融资发生且销售结束后，零售商以销售回款偿还本息，而当市场需求 $X < Y(w, q) = \dfrac{((wq - I)(1 + r) - vq)}{k}$ 时，销售回款不足以覆盖本息，根据保兑仓融资协议，生产商需承担差额回购责任：以本息与销售回款差额回购剩余质押商品。从中可以发现，在生产商担保能力和担保意愿充足的情况下（核心企业大多具备该特征），银行无须承担市场风险，而零售商的违约风险则主要由生产商承担。下面就信息不对称下的均衡博弈策略及影响开展分析。

三、信息不对称表现形式及影响分析

根据上述假设及简要计算分析可知，保兑仓融资下的各方成员期望收益可表示为：

$$\Pi_R^i = -I - k\int_{Y(w^j,q^{ij})}^{q^{ij}} \overline{F}(x,i)\,\mathrm{d}x \tag{6-1}$$

$$\Pi_B^j = (w^j q^{ij} - I)r^j \tag{6-2}$$

$$\Pi_M^j = (w^j - c)q^{ij} - k\int_0^{Y(w^j,q^{ij})} F(x,j)\,\mathrm{d}x \tag{6-3}$$

我们将信息不对称的表现形式总结为信息造假、信息优势及信息隐匿三类。其中，信息造假是指零售商按照其收益较高的情形向生产商汇报假的需求信息，如当真实市场信息为 i 时，分销商将其谎报为 $j(i, j = L, H)$；信息优势则是指零售商拥有市场的真实信息且生产商知道其具备该信息优势，然而零售商并不愿共享需求的真实信息；信息隐匿则是指零售商具备信息优势，而生产商并不知情，这体现为信息的高度隐匿，生产商在决策时面临信息的双重不确定性。令：

$$\begin{aligned}H_1^i(w^*) = &\, q^{ij*}(w^*)(1-(1+r_F)F(Y(q^{ij*}(w^*),w^*)),j)(k^2 f(q^{ij*}\\&(w^*),i) - (t(w^*))^2 \times f(Y(q^{ij*}(w^*),w^*)),i) - ((w^*-\\&c) - t(w^*)F(Y(q^{ij*}(w^*),w^*),j))(1+r_F) \times (k\overline{F}(Y\\&(q^{ij*}(w^*),w^*),i) - t(w^*)q^{ij*}(w^*)f(Y(q^{ij*}(w^*),\\&w^*)),i)\end{aligned}$$

经分析可知三类情形下信息混同均衡策略可分别确定为下述命题。

命题 6-1 假设 $\Pi_M^j(q^{ij*}(w^j),w^j)$ 为关于 w^j 的严格可微凹函数，各情形下均衡策略满足：

（1）信息造假时的期望均衡批发价和订货策略分别满足：

$$E(w^*) = \{w^* \mid H_1^i(w^*) = 0\} \tag{6-4}$$

$$E(q^*) = \{q^{ii*} \mid k\overline{F}(q^{ii*},i) - t(w^*)\overline{F}(Y(q^{ii*},w^*),i) = 0\} \tag{6-5}$$

生产商和零售商利润则分别为 $E(\Pi_M) = \Pi_M^{j*}(w^*, q^{ij*})$，$E(\Pi_R) = \Pi_R^{i*}(w^*, q^{ij*})$。

（2）信息优势时的期望均衡批发价和订货决策满足：

$$E(w^*) = \{w^* \mid aH_1^L(w^*) + (1-a)H_1^H(w^*) = 0\} \tag{6-6}$$

$$E(q^*) = \{aq^{LL*} + (1-a)q^{HH*} \mid k\overline{F}(q^{ij*},i) - t(w^*)\overline{F}(Y(q^{ij*},w^*),$$

第六章 市场需求信息不对称下的保兑仓融资风险控制策略

$$i) = 0 \} \tag{6-7}$$

决策者期望收益为 $E(\Pi_n^*) = a\Pi_n^{L*}(w^*, q^{LL*}) + (1-a)\Pi_n^{H*}(w^*, q^{HH*})$。

(3) 定义需求情形如下:

K: $\mu^K = a\mu^L + (1-a)\mu^H$, $(\sigma^K)^2 = \sigma^2 + [a(\mu^L)^2 + (1-a)(\mu^H)^2 - (\mu^K)^2]$

信息隐匿时的期望均衡批发价和订货决策满足:

$$E(w^*) = \{w^* \mid H_1^K(w^*) = 0\} \tag{6-8}$$

$$E(q^*) = \{aq^{LL*} + (1-a)q^{HH*} \mid k\overline{F}(q^{ij*}, i) - t(w^*)\overline{F}(Y(q^{ij*}, w^*), i) = 0\} \tag{6-9}$$

决策者期望收益为 $E(\Pi_n^*) = a\Pi_n^{L*}(w^*, q^{LL*}) + (1-a)\Pi_n^{H*}(w^*, q^{HH*})$。

证明 根据 Stackelberg 博弈的逆向求解算法,分析下游零售商的最优订货决策,令 $H_2(w^j, q^{ij}) = k^2 f(q^{ij}, i) - (t(w^j))^2 f(Y(w^j, q^{ij}), i)$,根据需求分布函数的 IFR 性质并结合式(6-5)易知:

$$\frac{d^2 \Pi_R^i}{d(q^{ij})^2} = -\frac{H_2(w^j, q^{ij})}{k}$$

$$= -\overline{F}(q^{ij}, i)\left(\frac{kf(q^{ij}, i)}{\overline{F}(q^{ij}, i)} - \frac{(t(w^j))^2 f(Y(w^j, q^{ij}), i)}{k\overline{F}(q^{ij}, i)}\right)$$

$$= -\overline{F}(q^{ij}, i)\left(\frac{kf(q^{ij}, i)}{\overline{F}(q^{ij}, i)} - \frac{t(w^j)f(Y(w^j, q^{ij}), i)}{\overline{F}(Y(w^j, q^{ij}), i)}\right) < 0$$

即 Π_R^i 在极值点关于 q^{ij} 严格可微凹,进一步求解 Π_R^i 关于 q^{ij} 的一阶条件方程可知 q^{ij*} 满足式(6-5)。根据假设,银行仅赚取资本市场无风险利率,且零售商违约风险全部由生产商承担,显然由 $(w^i q^{ij*} - I)r^* = (w^i q^{ij*} - I)r_F$ 可知银行利率决策 $r^* = r_F$。进而将 q^{ij*}、r^* 代入 Π_M^i 中并对 w^j 进行一阶条件求解可知最优批发价决策 w^{j*} 满足式(6-4)。根据各需求信息不对称情形的定义可知各情形下期望批发价 $E[w^*]$ 及订货决策 $E[q^*]$ 分别满足式(6-4)至式(6-9)。

证毕。

下面通过一组算例分析信息不对称对各方收益的影响，设定参数 $p=8$，$c=3$，$v=2$，$I=10$，$r_F=0.03$，$a=0.5$，$\sigma=20$。

为比较三类需求信息不对称情形对各方利润的影响，假设信息情形1中的真实需求均值信息 $\mu^i=50$，当零售商谎报需求信息为低需求时 $\mu^j \sim U[42,50]$，谎报为高需求时 $\mu^j \sim U[50,58]$。情形2和情形3中均假设 $\mu^L=50-\Delta$，$\mu^H=50+\Delta$，$\Delta \sim U[0,20]$。即相比真实信息，三类情形中由信息不对称造成的信息偏差 $\hat{\sigma}$ 均满足 $\hat{\sigma} \in [0,20]$。对各需求信息情形下的影响进行仿真（见图6-1至图6-3）发现：①不论何种信息不对称情形，作为风险主要承担者，生产商均从中受损。②由图6-1可知信息情形1中当真实需求信息为高需求时（见图6-1(a)），零售商可从谎报信息中获益，这是由于了解到需求较低的生产商选择降低批发价，此时零售商借机提高订货量，从中获利。而由图6-1(b)可知当真实需求信息为低需求时，信息造假会令其蒙受损失，零售商不会选择谎报信息。综合图6-2和图6-3可知，零售商总能从其所具备的信息优势中获取利益，但对其他成员却造成损害。③银行可能同样因信息不对称而获益，这是由于订货量的提升同时意味着贷款额度的增加，赚取固定利率的银行因此获利。虽然对于生产商来说，信息不对称同样可能导致其订货收益增加，但订货的增加同时也意味着零售商破产概率的增加（过多的订货可能无法售出，面临滞销风险）。这一风险借助担保协议转嫁到生产商身上，造成其利益受损。④比较情形2和情形3可以发现，情形2中信息不对称对生产商造成的损害相对较低，零售商信息获利也相对较低，这是由于事先得知零售商信息优势的生产商可通过调整批发价给予一定应对，而信息高度隐匿时生产商则不具备这种优势。⑤当然，我们同时发现，零售商的信息不对称行为可能提升供应链整体价值，对系统整体具有积极影响（见图6-1(a)）。

综合以上分析不难发现，零售商有动机造成信息不对称，而由于信息不对称对银行影响有限，其对于信息风险的治理积极性有限，作为信息风险的主要承担着，生产商应当充分关注这一现象，给予治理措施。以下基于生产商视角提出信息显示机制，从而实现信息的有效甄别。

第六章 市场需求信息不对称下的保兑仓融资风险控制策略

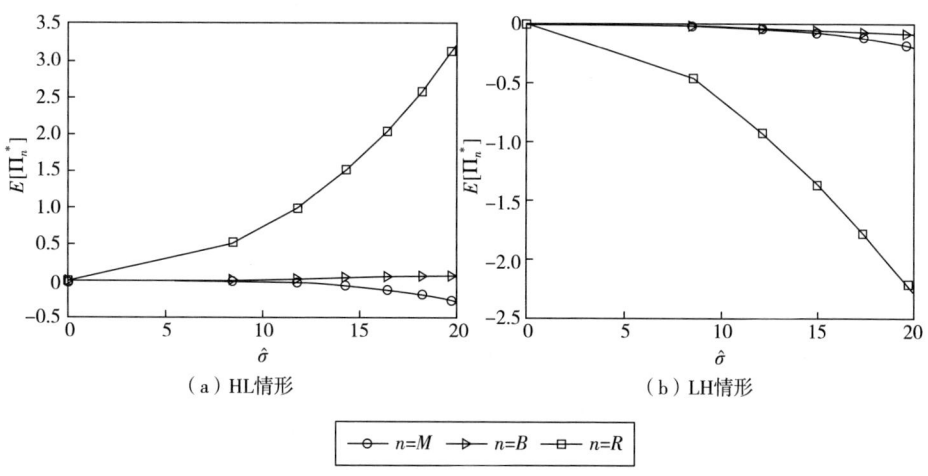

图 6-1 信息造假对融资系统各方收益影响

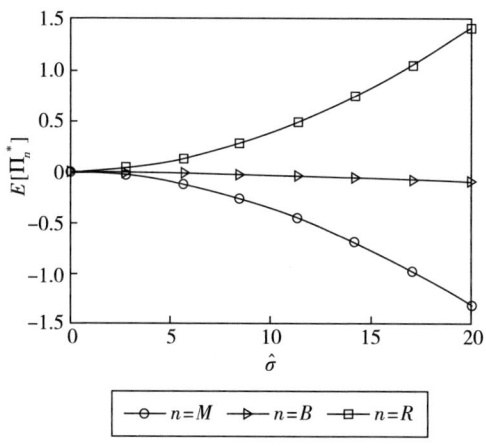

图 6-2 信息优势对融资系统各方收益影响

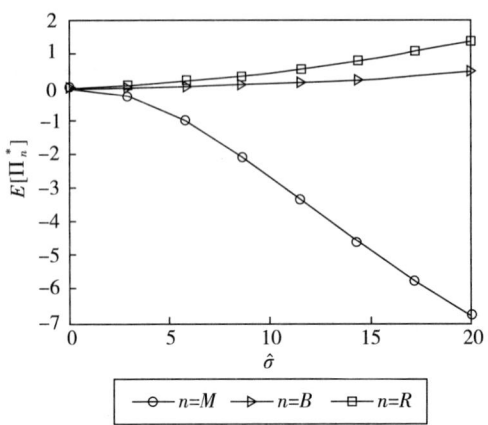

图6-3 信息隐匿对融资系统各方收益影响

四、信息风险防治策略

(一) 二部定价机制

为有效激励零售商真实汇报需求信息,生产商设计的二部定价信息显示机制如下:销售初期向资金约束零售商收取批发价 w,销售期末进一步收取共享收益 T_R,同时设计契约菜单 (w^L, T_R^L) 和 (w^H, T_R^H) 供零售商选择,假设零售商愿意参与机制的条件是其期望收益不低于保留收益 ρ_R(可将 ρ_R 设定为信息不对称情形下的零售商均衡期望收益)。此时生产商最优决策变为下述带约束的优化问题。

$$\underset{w^L, T_R^L, w^H, T_R^H}{\text{Max}} E(\Pi_M) = a\Pi_M^L(w^L, T_R^L) + (1-a)\Pi_M^H(w^H, T_R^H)$$

s.t.
$$\begin{cases} \Pi_R^L(w^L, T_R^L, q^{LL}) \geq \rho_R & \text{(IR-1)} \\ \Pi_R^H(w^H, T_R^H, q^{HH}) \geq \rho_R & \text{(IR-2)} \\ \Pi_R^L(w^L, T_R^L, q^{LL}) \geq \Pi_R^L(w^H, T_R^H, q^{LH}) & \text{(IC-1)} \\ \Pi_R^H(w^H, T_R^H, q^{HH}) \geq \Pi_R^H(w^L, T_R^L, q^{HL}) & \text{(IC-2)} \end{cases}$$

第六章 市场需求信息不对称下的保兑仓融资风险控制策略

命题 6-2 当 $\int_{Y(w^j,q^{Hj})}^{q^{Hj}} \overline{F}(x,H)\mathrm{d}x - \int_{Y(w^j,q^{Lj})}^{q^{Lj}} \overline{F}(x,L)\mathrm{d}x \geq 0$，且设定契约参数 w^{L*}，w^{H*}，T^{L*}，T^{H*} 分别满足式(6-10)至式(6-12)，二部定价契约机制可实现信息甄别。

$$w^{j*} = \{w^{j*} \mid k\overline{F}(q^{ij*},i) - t(w^{j*})\overline{F}(Y(q^{ij*},w^{j*}),i) = 0\} \quad (6-10)$$

$$T_R^{L*} = -I + \int_{Y(q^{LL*})}^{q^{LL*}} \overline{F}(x,L)\mathrm{d}x - \rho_R \quad (6-11)$$

$$T_R^{H*} = -I + \int_{Y(w^H(q^{HH*}),q^{HH*})}^{q^{HH*}} \overline{F}(x,H)\mathrm{d}x$$
$$- k\left(\int_{Y(w^L(q^{LL*}),q^{HL}(q^{LL*}))}^{q^{HL}(q^{LL*})} \overline{F}(x,H)\mathrm{d}x - \int_{Y(w^L(q^{LL*}),q^{LL*})}^{q^{LL*}} \overline{F}(x,L)\mathrm{d}x\right) - \rho_R$$
$$(6-12)$$

其中，$q^{HL}(q^{LL*})$，$w^L(q^{LL*})$，$w^H(q^{HH*})$ 满足式(6-10)，q^{HH*}，q^{LL*}，H_3，H_4 满足式(6-13)至式(6-16)。

$$q^{HH*} = F^{-1}\left(\frac{p-c}{k},H\right) \quad (6-13)$$

$$q^{LL*} = \{q^{LL*} \mid a((p-c)q^{LL*} - k\int_0^{q^{LL*}} F(x,L)\mathrm{d}x) - (1-a)(kH_4(q^{LL*},$$
$$v)\overline{F}(q^{HL}(q^{LL*}),H) - \overline{F}(q^{LL*},L) - (H_3(q^{LL*},v)(1+r_F) + t$$
$$(w^L(q^{LL*})))(\overline{F}(Y(w^L(q^{LL*}),q^{HL}(q^{LL*})),L)) - \overline{F}(Y(w^L$$
$$(q^{LL*}),q^{LL*}),L)) = 0\} \quad (6-14)$$

$$H_3(q^{LL},v) = -\frac{k^2 f(q^{LL}) - (t(w^L(q^{LL})))^2 f(Y(w^L(q^{LL}),q^{LL}),L)}{(1+r_F)(k\overline{F}(Y(w^L(q^{LL}),q^{LL}),L) - t(w^L(q^{LL}))q^{LL}f(Y(w^L(q^{LL}),q^{LL}),L))}$$
$$(6-15)$$

$$H_4(q^{LL},v) = \frac{t(w^L(q^{LL}))f(Y(w^L(q^{LL}),q^{LL}),L)\overline{F}(q^{HL}(q^{LL}),L) - kf(q^{LL},L)\overline{F}(Y(w^L(q^{LL}),q^{HL}(q^{LL})),L)}{t(w^L(q^{LL}))f(Y(w^L(q^{LL}),q^{HL}(q^{LL})),L)\overline{F}(q^{LL},L) - f(q^{HL}(q^{LL}),L)\overline{F}(Y(w^L(q^{LL}),q^{LL}),L)}$$
$$(6-16)$$

证明 对 Π_R^j 关于 q^{ij} 进行一阶条件求解可知：

$$k\overline{F}(q^{ij},i) - t(w^j)\overline{F}(Y(q^{ij},w^j),i) = 0 \qquad (6-17)$$

这意味着 w^j 是关于 q^{ij} 和 q^{ij} 的函数，间接地，q^{ij} 也是关于 q^{ij} 的函数式（其具体函数关系式可由式（6-17）得出）。由式（6-18）可知，当

$$\int_{Y(w^j(q^{Hj}),q^{Hj})}^{q^{Hj}} \overline{F}(x,H)\mathrm{d}x - \int_{Y(w^j(q^{Lj}),q^{Lj})}^{q^{Lj}} \overline{F}(x,L)\mathrm{d}x \geq 0$$

且（IC-2）和（IR-1）成立时，（IR-2）是冗余的，

$$\Pi_R^H(w^H,T_R^H,q^{HH}) \overset{(IC-2)}{\geq} \Pi_R^H(w^L,T_R^L,q^{HL}) \overset{(IR-1)}{\geq} \Pi_R^H(w^L,T_R^L,q^{HL}) - (\Pi_R^L(w^L,T_R^L,q^{LL}) - \rho_R) = \rho_R + k\left(\int_{Y(q^{HL})}^{q^{HL}} \overline{F}(x,H)\mathrm{d}x - \int_{Y(q^{LL})}^{q^{LL}} \overline{F}(x,L)\mathrm{d}x\right) \geq \rho_R \qquad (6-18)$$

而为了消除（IC-2）和（IR-1）的约束，仅需提升 T_R^L 和 T_R^H 直至约束消失。显然，当 T_R^L 和 T_R^H 分别满足式（6-11）至式（6-12）时，（IC-2）和（IR-1）约束满足。而由

$$\Pi_R^L(w^L,T_R^L,q^{LL}) - \Pi_R^L(w^H,T_R^H,q^{LH}) = k\left(\left(\int_{Y(q^{HH})}^{q^{HH}} \overline{F}(x,H)\mathrm{d}x - \int_{Y(q^{LH})}^{q^{LH}} \overline{F}(x,L)\mathrm{d}x\right) - \left(\int_{Y(q^{HL})}^{q^{HL}} \overline{F}(x,H)\mathrm{d}x - \int_{Y(q^{LL})}^{q^{LL}} \overline{F}(x,L)\mathrm{d}x\right)\right) \geq 0$$

可知（IC-1）同时成立，此时生产商决策问题变为以下无约束优化问题：

$$\underset{q^{LL},q^{HH}}{\operatorname{Max}} \mathrm{E}(\Pi_M) = a\left((p-c)q^{LL} - k\int_0^{q^{LL}} F(x,L)\mathrm{d}x\right) + (1-a)(p-c)q^{HH} - k\int_0^{q^{HH}} F(x,H)\mathrm{d}x - k\left(\int_{Y(w^L(q^{LL}),q^{HL}(q^{LL}))}^{q^{HL}(q^{LL})} \overline{F}(x,H)\mathrm{d}x - \int_{Y(w^L(q^{LL}),q^{LL})}^{q^{LL}} \overline{F}(x,L)\mathrm{d}x\right) - \rho_R - \rho_B \qquad (6-19)$$

求解决策变量的一阶条件如下：

$$\begin{cases} \dfrac{\partial \mathrm{E}(\Pi_M)}{\partial q^{HH}} = (1-a)\left((p-c)q^{HH} - k\int_0^{q^{HH}} F(x,H)\mathrm{d}x\right) = 0, \\ \dfrac{\partial \mathrm{E}(\Pi_M)}{\partial q^{LL}} = a\left((p-c)q^{LL} - k\int_0^{q^{LL}} F(x,L)\mathrm{d}x\right) - (1-a)(kH_4(q^{LL},v) \\ \overline{F}(q^{HL}(q^{LL}),H) - (\overline{F}(Y(w^L(q^{LL}),q^{HL}(q^{LL})),H) - \overline{F}(Y(w^L(q^{LL}),q^{LL}),L)) \times \\ (H_3(q^{LL},v)(1+r_F) + t(w^L(q^{LL}))) - \overline{F}(q^{LL},L)) = 0 \end{cases}$$

可知 q^{HH*}，q^{LL*} 分别满足式(6-13)和式(6-14)，其他契约参数则满足式(6-10)至式(6-12)。

证毕。

上述命题表明，执行信息甄别机制后，L 形零售商将仅获取其保留收益，且 H 形零售商也不会选择谎报需求信息。但此时 H 形零售商收益将超过其保留收益，这意味着生产商为实现信息甄别不得不付出 $(1-a)k\left(\int_{Y(q^{HL})}^{q^{HL}}\overline{F}(x,H)\mathrm{d}x - \int_{Y(q^{LL})}^{q^{LL}}\overline{F}(x,L)\mathrm{d}x\right)$ 单位的期望信息租金。为进一步实现融资系统效率的提升，考虑以下改进机制。

（二）二部定价加回购机制

为进一步实现融资系统整体收益协调改进，生产商可改进机制为二部定价加回购机制：(w^L, b^L, T_R^L, T_B^L) 和 (w^H, b^H, T_R^H, T_B^H)，同时，机制的实现需要银行共同参与，用 ρ_B 和 T_B 分别表示银行参与下的保留收益（同样可用信息非对称下的银行收益代替）及银行参与机制后在期末获得的补贴。生产商为零售商提供二部定价合约的同时，同样为零售商提供产品回购服务（以价格 $b^j \in (v, \overline{b} < p)$ 回购零售商持有的剩余商品）。令

$$k_2 = p - b, \quad t_2 = w(1+r_F) - b, \quad Y_2 = \frac{(wq-I)(1+r_F)-vq}{k_2}$$

不难发现，(w^j, b^j, T_R^j, T_B^j) 机制下生产商和零售商收益改变为：

$$\Pi_R = -I - k_2 \int_{Y_2}^{q} \overline{F}(x) \mathrm{d}x - T_R \tag{6-20}$$

$$\Pi_B = (wq-I)r + T_B \tag{6-21}$$

$$\Pi_M = (w-c)q - k_2 \int_0^{Y_2} F(x)\mathrm{d}x - (b-v)\int_0^{q} F(x)\mathrm{d}x - T_B + T_R \tag{6-22}$$

生产商决策问题变为：

$$\max_{w^L, b^L, T_R^L, T_B^L, w^H, b^H, T_R^H, T_B^L} \mathrm{E}(\Pi_M) = a\Pi_M^L(w^L, b^L, T_R^L, T_B^L) + (1-a)\Pi_M^H(w^H, b^H, T_R^L, T_B^L)$$

$$\text{s.t.} \begin{cases} \Pi_R^L(w^L, b^L, T_R^L, T_B^L, q^{LL}) \geq \rho_R & (\text{IR}-1) \\ \Pi_R^H(w^H, b^H, T_R^H, T_B^H, q^{HH}) \geq \rho_R & (\text{IR}-2) \\ \Pi_B^L(w^L, b^L, T_R^L, T_B^L, q^{LL}) \geq \rho_B & (\text{IR}-3) \\ \Pi_B^H(w^H, b^H, T_R^H, T_B^H, q^{HH}) \geq \rho_B & (\text{IR}-4) \\ \Pi_R^L(w^L, b^L, T_R^L, T_B^L, q^{LL}) \geq \Pi_R^L(w^H, b^H, T_R^H, T_B^H, q^{LH}) & (\text{IC}-1) \\ \Pi_R^H(w^H, b^H, T_R^H, T_B^H, q^{HH}) \geq \Pi_R^H(w^L, b^L, T_R^L, T_B^L, q^{HL}) & (\text{IC}-2) \end{cases}$$

与命题 6-2 类似分析证明可得到如下命题：

命题 6-3 当 $\int_{Y_2(w^j, q^{Hj}, b^j)}^{q^{Hj}} \overline{F}(x, H) \mathrm{d}x - \int_{Y_2(w^j, q^{lj}, b^j)}^{q^{lj}} \overline{F}(x, L) \mathrm{d}x \geq 0$，且设定契约参数 w^L, w^H, b^L, b^H, T_R^L, T_R^H, T_B^L, T_B^H 分别满足式(6-23)至式(6-26)，二部定价加回购合同机制可实现需求信息甄别。

$$w^{j*} = \{w^{j*} \mid k_2(b^{j*})\overline{F}(q^{ij*}, i) - t_2(w^{j*}, b^{j*})\overline{F}(Y_2(w^{j*}, q^{ij*}, b^{j*}), i) = 0\} \tag{6-23}$$

$$T_R^{L*} = -I + \int_{Y_2(w^{L*}(q^{LL*}, b^{L*}), q^{LL*}, b^{L*})}^{q^{LL*}} \overline{F}(x, L) \mathrm{d}x - \rho_R \tag{6-24}$$

$$T_R^{H*} = -I + \int_{Y_2(w^{H*}(q^{HH*}, b^{H*}), q^{HH*}, b^{H*})}^{q^{HH*}} \overline{F}(x, H) \mathrm{d}x - $$
$$k_2(b^{L*}) \left(\int_{Y_2(w^{L*}(q^{LL*}, b^{L*}), q^{HL}(q^{LL*}, b^{L*}))}^{q^{HL}(q^{LL*}, b^{L*})} \overline{F}(x, H) \mathrm{d}x - \right.$$
$$\left. \int_{Y_2(w^{L*}(q^{LL*}, b^{L*}), q^{LL*}, b^{L*})}^{q^{LL*}} \overline{F}(x, L) \mathrm{d}x \right) \tag{6-25}$$

$$T_B^{j*} = \rho_B - (w^{j*} q^{ij*} - I) r_F \tag{6-26}$$

其中，$q^{HL}(q^{LL*}, b^{L*})$, $w^L(q^{LL*}, b^{L*})$, $w^H(q^{HH*}, b^{H*})$ 满足式(6-23)，q^{HH*}, q^{LL*} 满足式(6-27)和式(6-28)，$H_3(q^{LL*}, b^{L*})$, $H_4(q^{LL*}, b^{L*})$ 满足式(6-15)和式(6-16)，且 $b^{L*} = \overline{b}$, $b^{H*} < b^{L*}$。

$$q^{HH*} = F^{-1}\left(\frac{p-c}{k}, H\right) \tag{6-27}$$

$$q^{LL*} = \{q^{LL*} \mid a\left((p-c)q^{LL*} - k\int_0^{q^{LL*}} F(x, L)\mathrm{d}x\right) - (1-a)(k_2(b^{L*})H_4$$
$$(q^{LL*}, b^{L*})\overline{F}(q^{HL}(q^{LL*}, b^{L*}), H) - (\overline{F}(Y_2(w^L(q^{LL*}, b^{L*}),$$

$q^{HL}(q^{LL*},b^{L*}),b^{L*}),H) - \overline{F}(Y_2(w^L(q^{LL*},b^{L*}),q^{LL*},b^{L*}),$
$L)) \times (H_3(q^{LL*},b^{L*})(1+r_F) + t_2(w^L(q^{LL*},b^{L*}))) - \overline{F}(q^{LL*},$
$L)) = 0\}$
(6-28)

证明 与命题 6-2 证明类似可知，当

$$\int_{Y(w^j,q^{Hj},b^j)}^{q^{Hj}} \overline{F}(x,H)\mathrm{d}x - \int_{Y(w^j,q^{Lj},b^j)}^{q^{Lj}} \overline{F}(x,L)\mathrm{d}x \geq 0$$

且参数满足式（6-23）至式（6-26）时，可完全消除 IR、IC 约束。生产商决策问题为：

$$\max_{b^L,q^{LL},b^H,q^{HH}} E(\Pi_M) = a((p-c)q^{LL} - k\int_0^{q^{LL}} F(x,L)\mathrm{d}x) + (1-a)((p-c)q^{HH} -$$
$$k\int_0^{q^{HH}} F(x,H)\mathrm{d}x - k_2(b^L)(\int_{Y_2(w^L,q^{HL},b^L)}^{q^{HL}} \overline{F}(x,H)\mathrm{d}x -$$
$$\int_{Y_2(w^L,q^{LL},b^L)}^{q^{LL}} \overline{F}(x,L)\mathrm{d}x)) - \rho_R - \rho_B \quad (6-29)$$

求解决策变量的一阶条件可知：

$$\begin{cases}
\dfrac{\partial E(\Pi_M)}{\partial b^L} = (1-a)(\int_{Y_2(w^L,q^{HL},b^L)}^{q^{HL}} \overline{F}(x,H)\mathrm{d}x - \int_{Y_2(w^L,q^{LL},b^L)}^{q^{LL}} \overline{F}(x,L)\mathrm{d}x) > 0 \\
\dfrac{\partial E(\Pi_M)}{\partial b^H} = 0 \\
\dfrac{\partial E(\Pi_M)}{\partial q^{HH}} = (1-a)((p-c)q^{HH} - k\int_0^{q^{HH}} F(x,H)\mathrm{d}x) = 0 \\
\dfrac{\partial E(\Pi_M)}{\partial q^{LL}} = a((p-c)q^{LL} - k\int_0^{q^{LL}} F(x,L)\mathrm{d}x) - (1-a)(k_2(b^L) \\
H_4(q^{LL},b^L)\overline{F}(q^{HL}(q^{LL}),H) - (\overline{F}(Y_2(w^L(q^{LL},b^L),q^{HL}(q^{LL},b^L),b^L),H)) - \\
\overline{F}(Y_2(w^L(q^{LL},b^L),q^{LL},b^L),L) \times (H_3(q^{LL},b^L)(1+r_F) + \\
t_2(w^L(q^{LL},b^L),b^L))) - \overline{F}(q^{LL},L) = 0
\end{cases}$$

这意味着 b^L 在有效区域内取值越大越好（$b^{L*} = \overline{b}$），而 b^{H*} 可在 (v, b^{L*}) 间任意取值。

证毕。

推论 6-1 当 $b^{L*} = \overline{b} \to p$ 时，有

$$q^{LL*} \to F^{-1}\left(\frac{p-c}{k}\right) = q^{HH*} = q^0, \Pi^{LL*} \to \Pi^{HH*} = \Pi^0$$

即满足条件的参数实现融资系统的次协调（融资系统整体收益接近集中式收益水平）。

证明 经分析可知融资系统整体收益及最优库存决策分别为：

$$\Pi = \Pi_R + \Pi_B + \Pi_M = (p-c)q - k\int_0^q F(x)\mathrm{d}x, q^0 = F^{-1}\left(\frac{p-c}{k}\right)$$

由式(6-23)、式(6-27)和式(6-28)可知，当 $b^{L*} \to p$ 时，有

$$w^{L*}(1+r_F) \to p, t_2 \to k_2, Y_2 \to q^{LL*} \to F^{-1}\left(\frac{p-c}{k}\right) = q^{HH*}$$

此时信息租金接近0，且融资系统决策及收益均接近集中式水平，信息机制实现保兑仓融资系统的次协调状态。

证毕。

由推论6-1可发现，当 $\bar{b}$ 较高（接近零售价）时，融资系统收益接近集中式融资系统水平，即系统收益相比非对称信息情形及二部定价机制情形均有所改进，通过合理的利润分配可实现成员收益帕累托改进。

推论6-2 存在参数组合 $(\hat{b}, \hat{\rho}_R, \hat{\rho}_B)$ 区间使得当 $\hat{b} < \bar{b} < p, \rho_R > \hat{\rho}_R$，$\rho_B > \hat{\rho}_B$ 时，相比信息不对称情形以及传统二部定价机制情形，二部定价加回购机制能够实现融资系统成员收益的帕累托改进。

命题6-3、推论6-1和推论6-2表明，相比传统二部定价合同，二部定价加回购合同具备其优越性：当 $\bar{b}$、ρ_R 及 ρ_B 足够高时，机制可以保证系统内所有成员收益相比未实施协调时均得到改进，更有助于激励零售商和银行接受和参与该机制。上述结论是建立在需求信息为离散情形下的分析，下面就连续需求信息情形开展进一步拓展分析。

（三）连续需求信息情形

考虑一般情形，即当 μ 服从 $[\mu_L, \mu_H]$ 间分布和密度函数分别为 $G(\cdot), g(\cdot)$ 的概率分布时，为实现信息甄别。生产商可设计满足下述条件的信息显示机制，其中 ij 表示真实需求信息为 i 的分销商选择 j 对应的合同。

第六章 市场需求信息不对称下的保兑仓融资风险控制策略

$$\underset{w^i,b^i,T_R^i,T_B^i}{\text{Max}} \int_{\mu_L}^{\mu_H} \Pi_M^i g(i) \mathrm{d}i$$

s.t. $\begin{cases} \Pi_R^{ii} \geq \rho_R & \text{(IR-1)} \\ \Pi_B^{ii} \geq \rho_B & \text{(IR-2)} \\ \Pi_R^{ii} \geq \Pi_R^{ij} & \text{(IC)} \end{cases}$

命题 6-4 当参数满足：

$w^{i*} = \{w^{i*} \mid k_2(b^{i*})\overline{F}(q^{ii*}, i) - t_2(w^{i*}, b^{i*})\overline{F}(Y_2(w^{i*}, q^{ii*}, b^{i*}), i) = 0\}$ (6-30)

$T_R^{i*} = -I - k_2(b^i) \int_{Y(w^i,q^{ii},b^i)}^{q^{ii}} \overline{F}(x,i) \mathrm{d}x - \int_{\mu_L}^{i} (-k_2(b^i) \int_{Y(w^z,q^{zz},b^z)}^{q^{zz}} \overline{F}_z'(x,z) \mathrm{d}x) \mathrm{d}z - \rho_R$ (6-31)

$T_B^{i*} = \rho_B - (w^{i*} q^{ii*} - I) r_F$ (6-32)

$b^* = \overline{b}$,

$q^{ii*} = \{q^{ii*} \mid (p-c) - kF(q^{ii*}, i) - \dfrac{\overline{G}(i)}{g(i)}(k_2(b^{i*})\overline{F}_i'(q^{ii*}, i) - (t_2(w^{i*}(q^{ii*}), b^{i*}), b^{i*}) + (1+r_F)H_6(q^{ii*}))\overline{F}_i'(Y_2(w^{i*}(q^{ii*}), b^{i*}), q^{ii*}, b^{i*}), i) = 0\}$ (6-33)

二部定价加回购合同可实现保兑仓融资系统信息甄别及收益次协调。其中 H_6 满足式(6-34)，$w^i(q^{ii}, b^i)$ 满足式(6-30)。

证明 令 $V^i = -I - k_2(b^i) \int_{Y(w^i,q^{ii},b^i)}^{q^{ii}} \overline{F}(x,i)\mathrm{d}x - T_R^i = \underset{j}{\text{Max}} \left[-I - k_2(b^j) \int_{Y(w^j,q^{ij},b^j)}^{q^{ij}} \overline{F}(x,i)\mathrm{d}x - T_R^j \right]$，根据包络定理可知：$\dfrac{\partial V^i}{\partial i} = -k_2(b^i) \int_{Y(w^i,q^{ii},b^i)}^{q^{ii}} \overline{F}_i'(x,i)\mathrm{d}x$，因此，

$V^i = -k_2(b^i) \int_{\mu_L}^{i} \int_{Y(w^z,q^{zz},b^z)}^{q^{zz}} \overline{F}_z'(x,z)\mathrm{d}x\mathrm{d}z$

根据上述分析可知：

$T_R^i = -I - k_2(b^i) \int_{Y_2(w^i,q^{ii},b^i)}^{q^{ii}} \overline{F}(x,i)\mathrm{d}x - \int_{\mu_L}^{i}(-k_2(b^i) \int_{Y(w^z,q^{zz},b^z)}^{q^{zz}} \overline{F}_z'(x,z)\mathrm{d}x)\mathrm{d}z - \rho_R$

生产商收益可重新表述为：

$$\Pi_M^i = \int_{\mu_L}^{\mu_H} \left[(w^{ii}-c)q^{ii} - k_2(b^i)\int_0^{Y(w^i,q^{ii},b^i)} F(x,i)\mathrm{d}x - (b^i-v)\int_0^{q^{ii}} F(x,i)\mathrm{d}x + T_R^i + T_B^i \right] g(i)\mathrm{d}i = \int_{\mu_L}^{\mu_H} \left[(p-c)q^{ii} - k\int_0^{q^{ii}} F(x,i)\mathrm{d}x - \int_{\mu_L}^{i}(-k_2(b^z)\int_{Y(w^z,q^{zz},b^z)}^{q^{zz}} \overline{F}_z'(x,z)\mathrm{d}x)\mathrm{d}z - \rho_R - \rho_B \right] g(i)\mathrm{d}i$$

通过分部积分可知：

$$\int_{\mu_L}^{\mu_H} g(i)\int_{\mu_L}^{i}(-k_2(b^z)\int_{Y(w^z,q^{zz},b^z)}^{q^{zz}} \overline{F}_z'(x,z)\mathrm{d}x)\mathrm{d}z\mathrm{d}i = \int_{\mu_L}^{\mu_H} \overline{G}(i)k_2(b^i)\int_{Y(w^i,q^{ii},b^i)}^{q^{ii}} \overline{F}_i'(x,i)\mathrm{d}x\mathrm{d}i$$

因此有

$$\Pi_M^i = \int_{\mu_L}^{\mu_H} g(i)\left[(p-c)q^{ii} - k\int_0^{q^{ii}} F(x,i)\mathrm{d}x - \frac{\overline{G}(i)}{g(i)}k_2(b^i)\int_{Y_2(w^i,q^{ii},b^i)}^{q^{ii}} \overline{F}_i'(x,i)\mathrm{d}x - \rho_R - \rho_B\right]\mathrm{d}i$$

$$= \int_{\mu_L}^{\mu_H} g(i)H_5(i)\mathrm{d}i$$

可将问题转换为最大化 $H_5(\mu)$，通过一阶条件求解可知：

$$\begin{cases} \dfrac{\partial H_5}{\partial b^i} = \dfrac{\overline{G}(i)}{g(i)}\int_{Y_2(w^i(q^{ii},b),q^{ii},b^i)}^{q^{ii}} \overline{F}_i(x,i)\mathrm{d}x > 0 \\ \dfrac{\partial H_5}{\partial q^{ii}} = (p-c) - kF(q^{ii},i) - \dfrac{\overline{G}(i)}{g(i)}k_2(b^i)\overline{F}_i(q^{ii},i) - \\ (t_2(w^i(q^{ii},b^i),b^i) + (1+r_F)H_6(q^{ii}))\overline{F}_i(Y_2(w^i(q^{ii},b^i),q^{ii},b^i),i) = 0 \end{cases}$$

$$H_6(q^{ii}) = -\frac{k_2^2(b^i)f(q^{ii},i) - (t_2(w^i(q^{ii},b^i)),b^i)^2 f(Y_2(w^i(q^{ii},b^i),q^{ii},b^i),i)}{(1+r_F)(k_2(b^i)\overline{F}(Y_2(w^i(q^{ii},b^i),q^{ii},b^i),i) - t_2(w^i(q^{ii},b^i),b^i)q^{ii}f(Y_2(w^i(q^{ii},b^i),q^{ii},b^i)),i)} \quad (6-34)$$

即 Π_M^{i*} 随着 b^i 的增加而递增，因此 $b^{i*}=\overline{b}$，q^{ii*} 满足式（6-33）。

证毕。

由式（6-33）可知，当 $b^{i*} \to p$ 时，有 $w^{i*}(1+r_F) \to p$，$t_2 \to k_2$，$Y_2 \to q^{ii*} \to F^{-1}\left(\dfrac{p-c}{k}\right)$，合同机制最终实现信息显示以及保兑仓融资系统次

协调。

推论 6-3 当 $b^{i*} \to p$ 时，有 $q^{ii*} \to F^{-1}\left(\dfrac{p-c}{k}\right) = q^0$，$\Pi^{i*} \to \Pi^0$，融资系统实现次协调。

以上分析表明：合理参数设置下的二部定价加回购合同不仅有助于实现融资系统的信息显示，还可进一步实现融资系统的效率改进。

五、本章小结

信息不对称普遍存在于投融资过程中，零售商借助其持有的信息优势获取利益，却对融资提供方和担保方造成损害。本章考虑保兑仓融资这一具体供应链融资情形，针对需求信息不对称的影响、防治及融资系统协调进行分析。通过建立 Stackelberg 博弈模型刻画融资系统内成员关系，运用动态规划方法对模型进行均衡分析求解，将需求信息不对称总结为信息造假、信息优势和信息隐匿三类，对各类信息不对称造成的影响进行分析，进而设计信息显示机制以实现信息甄别。研究表明：零售商可从需求信息不对称中攫取优势；信息不对称行为对生产商造成不利，且信息隐匿所造成损害更高；传统的二部定价合同可实现信息显示，但会造成融资系统效率损失，而结合回购合同可最大限度地提升融资系统整体收益。

本章研究为供应链管理者开展保兑仓融资提供了如下管理启示：核心企业应充分关注信息不对称对融资系统造成的损害，通过合理的机制设计实现信息甄别；应关注供应链协调，通过签订恰当的合同机制，如二部定价加回购机制实现融资系统成员收益帕累托改进。本章为工业界合理开展和实践保兑仓融资、防控信息风险提供了理论依据和决策参考，未来可针对融资中的其他风险因素，如突发事件风险等开展进一步研究。

第七章
需求分布信息缺失情形下的核心企业稳态定价策略

一、问题提出

前文依次分析了市场需求不确定、信息不对称风险情形下的核心企业融资风险运营决策应对。当市场环境变得更加复杂多变时，信息也变得更加难以确定。如何在有限的信息情况下制定更加高效的运营决策，成为企业应对信息缺失风险的关键。本章期望考虑信息缺失风险情形下，探究融资系统决策者稳健性优化运营决策应对方法准则，从而为企业合理应对信息缺失风险提供方法支持。不失一般性地，本章仅讨论供应链金融模式下的最优鲁棒性优化决策。

在传统供应链运作管理多数研究中，学者均假设市场不确定因素服从某一特定分布，如市场需求服从正态分布、指数分布、均匀分布等特定类型分布。然而，随着市场竞争环境变得更加复杂多变，各种不确定影响因素累积，消费者消费观念和市场信息变化迅速，加上企业掌握市场变化水平的有限性，决策者很难确定某一个特定分布形式作为决策基础，使得特定随机分布假设情况不再适应实际情况。此外，数据获得的困难性以及信息的不对称性也使企业决策变得困难。信息缺失是企业在决策过程中经常

第七章 需求分布信息缺失情形下的核心企业稳态定价策略

面临的难题，特别对于新兴产业以及刚成立不久的创新性企业，由于市场中缺乏交易数据，企业很难获得市场中参数概率分布等相关信息，往往仅能基于有限数据信息制定次优决策。

鲁棒优化准则相关研究有助于企业在有限信息和市场波动情况下做出最具稳健性的优化决策，以有效应对信息缺失的风险。对此，学者开展了丰富研究（Scarf 等，1958；Gellego 等，1993；Yue 等，2006；Perakis 等，2008；邱若臻等，2014；于辉等，2016）。相关研究不足在于：①多数研究假设企业资金充足，但当企业面临资金约束时，原有决策方法变得不再适用；②多数研究仅针对某一类信息缺失情形进行分析，而实际上，根据信息获知的情况不同，信息缺失的情况十分多样。

研究并丰富针对融资环境下适用的信息缺失决策应对方法显得十分重要。本章期望进一步拓展相关研究，探究当企业资金约束且仅获知有限信息，如需求区间、均值等作出更有利于企业的稳健性价格、库存、促销努力等决策，从而帮助供应链企业在融资环境下提高决策效率，合理应对风险。

二、模型假设

零售商 R 以批发价 w 从生产商 M 处制定 q 单位生产成本为 c_M 的新产品，并且以单位销售价格 p 进行销售，除订货成本，零售商还需为产品销售付出其他成本 c_R（包含租金、物流、展示等成本）。市场需求 ξ 为随机变量，但由于产品新投入市场或需求的不稳定（波动性）程度较高，企业无法准确预估其概率分布，经市场调查分析研究后了解到需求分布情况大致可能包括 $F \in \Psi$，且需求大致取值区间为 $[A, B]$。由于市场需求不确定性，无法保证订货完全销售，假设剩余产品处理价格为 s，而当订货不足以满足需求时，零售商感知缺货损失为 g。

零售商须独立承担销售成本 $c_R q$,其剩余自有订货资金仅剩余 η。显然,当 $\eta < wq$ 时,零售商所持有自有资金不足以完成订货。此时,零售商在生产商担保下向金融机构申请供应链融资贷款,以完成订货,贷款总额为 $L = wq - \eta$。根据供应链融资协议,零售商需根据其贷款量支付相应利息 r,并以销售回款 $p\min\{q, \xi\} + s[q - \xi]^+$ 偿还贷款本息,若无法完全偿清贷款,生产商需承担回购或代偿责任。本章假设生产商采取差额回购策略,即零售商欠款由生产商差额担保,金融机构不承担零售商违约风险(实际中商业银行均采取这种担保策略)。显然,零售商能偿还贷款的临界值为 $\xi \geq \theta(q) = (L(1+r) - sq)/(p-s)$,而当实际需求低于该阈值时,零售商销售收益无法完全偿清贷款,面临破产违约风险。假设供应链双方展开以生产商为主导者 Stackelberg 博弈,下面进一步建立优化模型,对供应链鲁棒性决策问题进行分析。为简化分析,令

$$H_1 = (p-g)r + (c-s)(1+r)$$

$$H_2 = \sqrt{Bc_R(B-A)(p-c(1+r)+g)}$$

$$H_3 = B - \frac{c_R(B-A)}{p-w(1+r)+g}$$

$$H_4 = B - \frac{c_R(B-A)}{p-c(1+r)+g}$$

$$H_5 = \sqrt{B(B-A)(p-c-g-c_R)c_R}$$

$$H_6 = ((p-c(1+r)-g)B - c_R(B-A))(c(1+r)-s)H_5(1+r)$$

$$H_7 = (B(p-c(1+r)-g) - H_5)(c_R(B-A) - H_5)(p-c(1+r)-g)$$

$$H_8 = ((p-w(1+r)-g)B - c_R(B-A))(w(1+r)-s)(p-c(1+r)-g) - ((p-c(1+r)-g)B - c_R(B-A))(c(1+r)-s)(p-w(1+r)-g)$$

$$H_9 = -B(1+r)^2(p-c(1+r)-g)$$

$$H_{10} = (Bs(1+r) + ((p-g)B - c_R(B-A))(1+r))(p-c(1+r)-g) + (H_6 - H_7)(1+r)$$

$$H_{11} = -(s((p-g)B - c_R(B-A))(p-c(1+r)-g) + (H_6 - H_7)(p-g)) > 0$$

三、决策分析

(一) 稳态订货分析

根据逆向求解算法，先分析零售商稳健性优化策略。根据市场需求实际情况，零售商收益函数表达式可被表示为：

$$\pi_R(q) = \begin{cases} -\eta - c_R q, & x \leq \theta(q) \\ -\eta + k(x - \theta(q)) - c_R q, & \theta(q) \leq x < q \\ -\eta + k(q - \theta(q)) - g(x - q) - c_R q, & x \geq q \end{cases} \quad (7-1)$$

相比其他鲁棒优化分析方法，最小最大后悔值（Min–Max）决策方法具有更多优良特性，如解决了 Max–Min 决策方法过于保守的缺陷，本章主要采用该决策方法进行稳健性分析。在 Max–Min 决策方法中，零售商决策最优订货 q，使得其最大利润损失达到最小，以获得稳健订货决策。其决策问题可被刻画如下：

$$\varepsilon_R^* = \min_{q \geq 0} \varepsilon_R(q) = \min_{q \geq 0} \max_{F \in \Psi} \max_{Q} \{\Pi_R(Q)\} - \Pi_R(q) \quad (7-2)$$

其中，Q 表示已知需求分布情况下零售商最优订货决策，$\varepsilon_R(q)$ 表示零售商获取分布信息所需付出的最大额外成本，决策目标为最小化该信息成本。下面分析问题(7-2)求解。根据逆向求解策略，需依次求解使得零售商利润损失达到最大的订货决策 Q^* 以及最优分布 F^* 情况。考虑到当 $q > \theta(Q)$ 的决策情况（通过验证可知当 $q < \theta(Q)$ 时最优决策与当 $q > \theta(Q)$ 时完全一致），鉴于零售商后悔值形式的差异性，具体分为 $q < Q$ 和 $q > Q$ 两种情况来进行最优解的分析和讨论。

(1) 当 $q < Q$ 时，零售商后悔值函数可被表示为：
$$\pi_R(Q) - \pi_R(q) =$$

$$\begin{cases} -c_R(Q-q), & x \leqslant \theta(q) \\ k(\theta(q)-x)-c_R(Q-q), & \theta(q) \leqslant x < \theta(Q) \\ k(\theta(q)-\theta(Q))-c_R(Q-q), & \theta(Q) \leqslant x < q \\ k(x-\theta(Q)-q+\theta(q))+g(x-q)-c_R(Q-q), & q \leqslant x < Q \\ k(Q-\theta(Q)-q+\theta(q))-g(q-Q)-c_R(Q-q), & x \geqslant Q \end{cases} \quad (7-3)$$

经推导可知，零售商期望后悔值如下：

$$\Pi_R(Q)-\Pi_R(q) = k(Q-q-\theta(Q)+\theta(q))-\int_q^Q F(x)\mathrm{d}x +$$
$$\int_{\theta(q)}^{\theta(Q)} F(x)\mathrm{d}x - g(q-Q-\int_q^Q F(x)\mathrm{d}x) - c_R(Q-q)$$

$$(7-4)$$

根据不等式 $(k-g)\int_q^Q F(x)\mathrm{d}x - k\int_{\theta(q)}^{\theta(Q)} F(x)\mathrm{d}x = (k-g)F(\xi_1)(Q-q)-tF(\xi_2)(Q-q)>0$ 可知零售商订货最大后悔值：

$$\begin{aligned}
\varepsilon_R &= \max_{F \in \Psi}(\Pi_R(Q)-\Pi_R(q)) \\
&= k(Q-q-\theta(Q)+\theta(q))-c_R(Q-q)-g(q-Q) \\
&= (p-w(1+r)+g-c_R)(Q-q)
\end{aligned} \quad (7-5)$$

接下来，进一步分析 $q>Q$ 时零售商最大后悔值情况。

（2）当 $q>Q$ 时，零售商后悔值表达式可表示为：

$$\pi_R(Q)-\pi_R(q) =$$
$$\begin{cases} -c_R(Q-q), & x \leqslant \theta(Q) \\ k(x-\theta(Q))-c_R(Q-q), & \theta(Q) \leqslant x < \theta(q) \\ k(\theta(q)-\theta(Q))-c_R(Q-q), & \theta(q) \leqslant x < Q \\ k(Q-\theta(Q)-x+\theta(q))-g(x-Q)-c_R(Q-q), & Q \leqslant x < q \\ k(Q-\theta(Q)-q+\theta(q))-g(q-Q)-c_R(Q-q), & x \geqslant q \end{cases} \quad (7-6)$$

经计算可知上述表达式期望函数值如下：

$$\Pi_R(Q)-\Pi_R(q) = k(Q-q-\theta(Q)+\theta(q))+\int_Q^q F(x)\mathrm{d}x -$$
$$\int_{\theta(Q)}^{\theta(q)} F(x)\mathrm{d}x - g(Q-q+\int_Q^q F(x)\mathrm{d}x) - c_R(Q-q)$$

$$(7-7)$$

第七章 需求分布信息缺失情形下的核心企业稳态定价策略

这意味着零售商最大期望后悔值为：

$$\begin{aligned}
\varepsilon_R &= \max_{F \in \Psi} \Pi_R(Q) - \Pi_R(q) \\
&= k(Q-q-\theta(Q)+\theta(q)+q-Q-\theta(q)+\theta(Q)) - g(Q-q+q-Q) - c_R(Q-q) \\
&= -c_R(Q-q)
\end{aligned} \tag{7-8}$$

综合上述情形(1)和情形(2)所述可知，在需求分布信息不确定情况下，零售商最大期望后悔值函数如下：

$$\varepsilon_R = \begin{cases} -c_R(Q-q), & A \leq Q \leq q \\ (p-w(1+r)+g-c_R)(Q-q), & q \leq Q \leq B \end{cases} \tag{7-9}$$

式中，ε_R 在两段函数式中分别为关于 Q 的减函数和增函数，根据 Q 的有效决策区间可知，两段函数中零售商最大期望后悔值分别为：

$$\max_Q \varepsilon_R(q) = \begin{cases} -c_R(A-q), & A \leq Q \leq q \\ (p-w(1+r)+g-c_R)(B-q), & q \leq Q \leq B \end{cases} \tag{7-10}$$

下面进一步分析零售商在最小最大后悔值下的最优订货量 q^* 的情况。观察上述函数表达式可知，式(7-10)中 $\varepsilon_R(q)$ 为关于订货量 q 的分段线性凸函数，在 $q \geq Q$ 和 $q \leq Q$ 两段分别为增函数和减函数，这意味着最小最大后悔值准则下的零售商最优订货决策取在两段函数的交点处，满足

$$-c_R(A-q) = (p-w(1+r)+g-c_R)(B-q) \tag{7-11}$$

求解式(7-11)可知最优订货量决策及其对应的最小最大后悔值如下：

$$q^* = B - \frac{c_R(B-A)}{p-w(1+r)+g} \tag{7-12}$$

$$\varepsilon_R^* = \frac{(p-w(1+r)+g-c_R)(B-A)c_R}{p-w(1+r)+g} \tag{7-13}$$

不难发现，q^* 介于有效区间 $[A, B]$ 之间。即最小最大后悔值决策下零售商最优订货量满足式(7-13)，其最小最大后悔值为 ε_R^*。由于供应链融资中银行无须承担风险，其仅获取资本市场竞争下的无风险收益利率 r_B。

（二）稳态定价分析

下面进一步分析生产商鲁棒性最优批发价决策 w^*。

通过上述分析可知,给定零售商反应决策下的生产商利润函数为:

$$\pi_M(q^*) = \begin{cases} (w-c)q^* - k(\theta(q^*) - x), & x < \theta(q^*) \\ (w-c)q^*, & x \geq \theta(q^*) \end{cases} \quad (7-14)$$

同样分为两种情况讨论生产商后悔值情况($\theta(w) > \theta(W)$ 及 $\theta(w) < \theta(W)$ 情形)。

(1)当 $\theta(w) > \theta(W)$ 时,在得知零售商最优订货反应函数 q^* 后,生产商关于批发价的后悔值函数为:

$$\pi_M(W) - \pi_M(w) =$$
$$\begin{cases} (W-c)q^*(W) - (w-c)q^*(w) - k(\theta(W) - \theta(w)), & x \leq \theta(W) \\ (W-c)q^*(W) - (w-c)q^*(w) - k(x - \theta(w)), & \theta(W) \leq x \leq \theta(w) \\ (W-c)q^*(W) - (w-c)q^*(w), & x \geq \theta(w) \end{cases}$$

$$(7-15)$$

生产商关于批发价的期望后悔值为:

$$\Pi_M(W) - \Pi_M(w) = (W-c)q^*(W) - (w-c)q^*(w) + k\int_{\theta(W)}^{\theta(w)} F(x)\mathrm{d}x \quad (7-16)$$

显然,生产商的最大期望后悔值为:

$$\varepsilon_{M1} = \max_{F \in \Psi} \Pi_M(W) - \Pi_M(w)$$
$$= (W-c)q^*(W) - (w-c)q^*(w) + k(\theta(w) - \theta(W)) \quad (7-17)$$

下面求解最优批发价 W 使得 ε_{M1} 达到最大。有:

$$\frac{\mathrm{d}\varepsilon_{M1}}{\mathrm{d}W} = -Br + \frac{c_R(B-A)H_1}{(p - W(1+r) + g)^2} \quad (7-18)$$

依据上述函数单调性质,当 $H_1 < 0$ 时,ε_{M1} 关于 W 单调递减;而当 $H_1 > 0$ 时,ε_{M1} 关于 W 先减后增后减,且 ε_{M1} 关于 W 的第二项递减区间为:

$$W \in \left[\frac{p+g}{1+r} + \sqrt{\frac{c_R(B-A)H_1}{Br(1+r)^2}}, +\infty \right]$$

这与 $p > W(1+r)$ 相矛盾。因此 ε_{M1} 关于 W 的单调性趋势为先减后增,这也同样意味着使得 ε_{M1} 达到最大值的 W 仅可能取在 W 有效区间 $[c, w]$ 的端点处,即 $W^* = c$ 或者 $W^* = w$。下面进一步分析 $\theta(w) < \theta(W)$ 时的情况。

第七章 需求分布信息缺失情形下的核心企业稳态定价策略

（2）当 $\theta(w) < \theta(W)$ 时，生产商关于批发价决策的后悔值为：

$$\pi_M(W) - \pi_M(w) = \begin{cases} (W-c)q^*(W) - (w-c)q^*(w) - k(\theta(W) - \theta(w)), & x \leq \theta(w) \\ (W-c)q^*(W) - (w-c)q^*(w) - k(\theta(W) - x), & \theta(w) \leq x \leq \theta(W) \\ (W-c)q^*(W) - (w-c)q^*(w), & x \geq \theta(W) \end{cases}$$

(7 - 19)

经计算，其期望后悔函数值为：

$$\Pi_M(W) - \Pi_M(w) = (W-c)q^*(W) - (w-c)q^*(w) - k\int_{\theta(w)}^{\theta(W)} F(x) dx$$

(7 - 20)

通过分析求解使后悔值达到最大的分布 F^* 可知，对应的生产商后悔值如下：

$$\varepsilon_{M2} = \max_{F \in \Psi} \Pi_M(W) - \Pi_M(w) = (W-c)q^*(W) - (w-c)q^*(w)$$

(7 - 21)

求解 ε_{M2} 关于 W 决策的二阶条件可知：

$$\frac{d^2 \varepsilon_{M2}}{dW^2} = -\frac{2c_R(B-A)(1+r)(p - c(1+r) + g)}{(p - W(1+r) + g)^3} < 0$$

这意味着 ε_{M2} 为关于 W 的严格可微凹函数。通过求解 ε_{M2} 关于 W 的一阶条件 $d\varepsilon_{M2}/dW = 0$ 可知，最大后悔值下对应的批发价决策为：

$$W_{2a}^* = \frac{B(p-g) - H_2}{B(1+r)}$$

(7 - 22)

生产商最大后悔值如下：

$$\varepsilon_{M2a}^* = \left(\frac{B(p-g) - H_2}{B(1+r)} - c\right)\left(B - \frac{c_R(B-A)}{p - W_{2a}^*(1+r) + g}\right) - (w - c)\left(B - \frac{c_R(B-A)}{p - w(1+r) + g}\right)$$

(7 - 23)

值得关注的是，$W^* = W_{2a}^*$ 须满足约束条件 $\theta(w) < \theta(W_{2a}^*)$，即 $w < W_{2a}^*$，这意味着当 $w > W_{2a}^*$ 时，W^* 仅能取值为边界值 w，即 $W^* = w$，此时 $\varepsilon_{2b}^* = 0$。

以上，本章分两种情况（$\theta(w) < \theta(W)$ 和 $\theta(w) > \theta(W)$）给出了 ε_M 的

局部最优解。下面进一步分析 ε_M 的全局最优值。由上文已知 ε_{M1} 的最优值仅取在 W 的左右端点处。令 ε_{M1a}、ε_{M1b} 分别表示 W 取值左端点和右端点时 ε_{M1} 的取值,有

$$\varepsilon_{M1a} = \varepsilon_{M1}\big|_{W=c} = (wr - s + c)H_3 - (w(1+r) - s)H_4 \qquad (7-24)$$

此时,通过一阶条件和二阶条件求解可知:

$$\frac{d\varepsilon_{M1a}}{dw} = Br - \frac{c_R(B-A)H_1}{(p-w(1+r)+g)^2}, \quad \frac{d^2\varepsilon_{M1a}}{dw^2} = -\frac{2c_R(B-A)(1+r)H_1}{(p-w(1+r)+g)^3}$$

显然当 $H_1 < 0$ 时,ε_{M1a} 关于 w 递增;否则 ε_{M1a} 为关于 w 的凹函数(关于 w 先增后减)。进一步分析可知 ε_{M1} 在区间右端点处取值,$W_{1b}^* = w$,$\varepsilon_{M1b}^* = \varepsilon_{M1}\big|_{W=w} = 0$。

综上可知,$\varepsilon_{M1}^*(w)$ 的表达式取决于 ε_{M1a}^* 和 ε_{M1b}^* 的大小,即

$$\varepsilon_{M1}(w) = \max\{\varepsilon_{M1a}^*, \varepsilon_{M1b}^*\} \qquad (7-25)$$

进一步分析情形 2($\theta(w) < \theta(W)$)的最优决策情况。上文已经给出 ε_{2a}^* 和 ε_{2b}^* 取值情况及对应条件。即

$$\varepsilon_{M2}(w) = \begin{cases} \varepsilon_{M2a}^*, & \text{当 } w < W_{2a}^* \\ \varepsilon_{M2b}^*, & \text{当 } w > W_{2a}^* \end{cases} \qquad (7-26)$$

接下来,分析使得最大后悔值达到最小值的批发价,即鲁棒性最优批发价决策情况。仅需求解模型如下:

$$\varepsilon_M^* = \min_w \{\max\{\varepsilon_{M1}(w), \varepsilon_{M2}(w)\}\} \qquad (7-27)$$

即可得到最小最大后悔值对应的最优批发价决策 w^*。下面分四种情况讨论批发价的最优决策情况。

当 $\varepsilon_{M1}(w) = \varepsilon_{M1a}^*$,$\varepsilon_{M2}(w) = \varepsilon_{M2a}^*$ 时(其实现条件可参见式(7-25)和式(7-26))此时分析函数性质可知 $\varepsilon_{M1}(w)$ 为关于 w 的先增后减或严格递增函数,并在 $w = c$ 处取得最小值 $\varepsilon_{M1}^* = 0$。而 $\varepsilon_{M2}(w)$ 为关于 w 的凸函数,并且在 $w = W_{2a}^*$ 处取得极小值 $\varepsilon_{M2}^* = 0$。进一步比较 $\varepsilon_{M1}(w)$ 和 $\varepsilon_{M2}(w)$ 大小关系。分析两函数的交点情况。对两函数作差:

$$\varepsilon_{M1}(w) - \varepsilon_{M2}(w) = \frac{H_8}{(p-w(1+r)-g)(p-c(1+r)-g)} +$$

第七章 需求分布信息缺失情形下的核心企业稳态定价策略

$$\frac{(B(p-c(1+r)-g)-H_5)(c_R(B-A)-H_6)}{H_5(1+r)}=0 \tag{7-28}$$

可知，式（7-28）等于零的充要条件为：

$$(((p-w(1+r)-g)B-c_R(B-A))(w(1+r)-s)(p-c(1+r)-g)-H_6(p-w(1+r)-g))+H_7(p-w(1+r)-g)=0 \tag{7-29}$$

等式（7-29）为关于 w 的一元二次函数，只有当根的判别式 $\Delta > 0$ 即

$$\Delta = ((Bs(1+r)+((p-g)B-c_R(B-A))(1+r))(p-c(1+r)-g)+(H_6-H_7)(1+r))^2 - 4(B(1+r)^2(p-c(1+r)-g)(s((p-g)B-c_R(B-A))(p-c(1+r)-g)+(H_6-H_7)(p-g))) > 0$$

时 $\varepsilon_{M1}(w)=\varepsilon_{M2}(w)$ 才有两个异根。此时仅需求解式（7-29）即可得到根的显性表达式。求解式（7-29）可知，两异根分别为：

$$w_a = \frac{-H_{10}+\sqrt{H_{10}^2-4H_9H_{11}}}{2H_9} \tag{7-30}$$

$$w_b = \frac{-H_{10}-\sqrt{H_{10}^2-4H_9H_{11}}}{2H_9} \tag{7-31}$$

总结最优解情况可知：

（1）①当 w_a 和 w_b 均存在（判别条件大于0）且 $W_{2a}^* \in (w_a, w_b)$，$\varepsilon_{M1}(w_a) > \varepsilon_{M1}(w_b)$ 时，最小最大后悔值准则下的生产商最优批发价决策及其对应的后悔值分别为 $w^* = w_b$，$\varepsilon_M^* = \varepsilon_{M1}(w_b)$（见图7-1（a））。②当 w_a 和 w_b 存在且 $W_{2a}^* \in (w_a, w_b)$ 及 $\varepsilon_{M1}(w_a) < \varepsilon_{M1}(w_b)$ 时，最优批发价及其后悔值分别为 $w^* = w_a$，$\varepsilon_M^* = \varepsilon_{M1}(w_a)$（见图7-1(b)）。③否则有 $w^* = W_{2a}^*$，$\varepsilon_M^* = 0$（其中图7-1中参数设置为 $p=10$，$c=2$，$s=1.5$，$g=0.5$，$A=1$，$B=10$，$r_F=0.5$，$\eta=1$，$c_R=0.5$）。

（2）当 $\varepsilon_{M1}(w) = \varepsilon_{M1a}^*$ 时，ε_{M1a}^* 先增后减，而 $\varepsilon_{M2b}^* = 0$。假设 w_{ab} 为满足 $\varepsilon_{M1a}^* = \varepsilon_{M2b}^* = 0$ 的解，满足式（7-27）条件的稳健性批发价决策及其后悔值分别为 $w^* = w_{ab}$，$\varepsilon_M^* = 0$。

（3）当 $\varepsilon_{M1}(w) = \varepsilon_{M1b}^*$，$\varepsilon_{M2}(w) = \varepsilon_{M2a}^*$ 时，$\varepsilon_{M1}(w) = 0$，$\varepsilon_{M2}(w) > 0$，此时最优批发价及后悔值为 $w^* = W_{2a}^*$，$\varepsilon_M^* = \varepsilon_{M2a}^* = 0$。

（4）当 $\varepsilon_{M1}(w) = \varepsilon_{M1b}^*$，$\varepsilon_{M2}(w) = \varepsilon_{M2b}^*$ 时，$\varepsilon_{M1}(w)$ 及 $\varepsilon_{M2}(w)$ 均为0，即

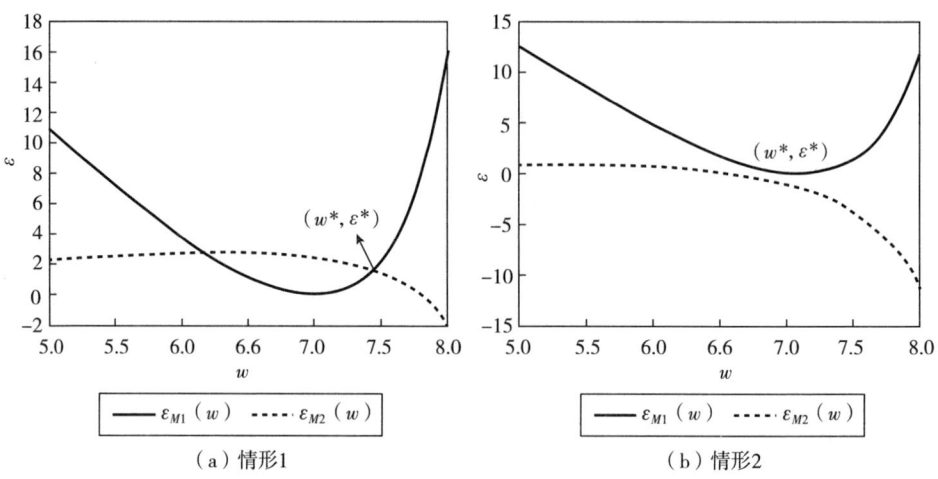

图7-1 生产商后悔值随批发价变化情况

批发价可在有效区间 $[c, p]$ 任意取值，即 $w^* = \{\overline{w} \mid \overline{w} \in [c, p]\}$，$\varepsilon_M^* = 0$。

综合以上分析，令

$$T_1 = \left(B - \frac{2H_9 c_R(B-A)}{2H_9 p + (H_{10} + \sqrt{H_{10}^2 - 4H_9 H_{11}})(1+r) + 2H_9 g}\right)$$

$$T_2 = B - \frac{c_R(B-A)2H_9}{2H_9 p + (H_{10} + \sqrt{H_{10}^2 - 4H_9 H_{11}})(1+r) + 2H_9 g}$$

$$T_3 = B - \frac{2H_9 c_R(B-A)}{2H_9 p + (H_{10} - \sqrt{H_{10}^2 - 4H_9 H_{11}})(1+r) + 2H_9 g}$$

$$H_{12} = \left(\frac{-H_{10} - \sqrt{H_{10}^2 - 4H_9 H_{11}}}{2H_9} r - s + c\right) T_1 - \left(\frac{-H_{10} - \sqrt{H_{10}^2 - 4H_9 H_{11}}}{2H_9}(1+r) - s\right) H_4$$

$$H_{13} = \left(\frac{B(p-g) - H_2}{B(1+r)} - c\right)\left(B - \frac{c_R(B-A)B(1+r)}{pB(1+r) - (B(p-g) - H_2)(1+r) + gB(1+r)}\right) - \left(\frac{-H_{10} - \sqrt{H_{10}^2 - 4H_9 H_{11}}}{2H_9} - c\right) T_2$$

$$H_{14} = ((Bs(1+r) + ((p-g)B - c_R(B-A))(1+r))(p - c(1+r)) -$$

$$g) + (H_6 - H_7)(1+r))^2 - 4(B(1+r)^2(p - c(1+r) - g)(s((p - g)B - c_R(B-A))(p - c(1+r) - g) + (H_6 - H_7)(p - g)))$$

$$H_{15} = \left(\frac{-H_{10} + \sqrt{H_{10}^2 - 4H_9H_{11}}}{2H_9}r - s + c\right)T_3 - \left(\frac{-H_{10} + \sqrt{H_{10}^2 - 4H_9H_{11}}}{2H_9}(1 + r) - s\right)H_4$$

$$H_{16} = \left(\frac{-H_{10} - \sqrt{H_{10}^2 - 4H_9H_{11}}}{2H_9}r - s + c\right)T_2 - \left(\frac{-H_{10} - \sqrt{H_{10}^2 - 4H_9H_{11}}}{2H_9}(1 + r) - s\right)H_4$$

将供应链融资且信息缺失下鲁棒性最优决策总结如下：

命题 7-1 生产商最优批发价及后悔值满足如下情形：

（1）当 $H_{12} > 0$，$H_{13} > 0$，且

1) $H_{14} > 0$，$H_{15} > H_{16}$，$\frac{-H_{10} + \sqrt{H_{10}^2 - 4H_9H_{11}}}{2H_9} < \frac{B(p-g) - H_2}{B(1+r)} < \frac{-H_{10} - \sqrt{H_{10}^2 - 4H_9H_{11}}}{2H_9}$ 时，最优批发价及对应后悔值为 $w^* = \frac{-H_{10} - \sqrt{H_{10}^2 - 4H_9H_{11}}}{2H_9}$，

$\varepsilon_M^* = \left(\frac{-H_{10} - \sqrt{H_{10}^2 - 4H_9H_{11}}}{2H_9}r - s + c\right)T_2 - \left(\frac{-H_{10} - \sqrt{H_{10}^2 - 4H_9H_{11}}}{2H_9}(1 + r) - s\right)H_4$。

2) 满足 $H_{14} > 0$，$H_{15} < H_{16}$，$\frac{-H_{10} + \sqrt{H_{10}^2 - 4H_9H_{11}}}{2H_9} < \frac{B(p-g) - H_2}{B(1+r)} < \frac{-H_{10} - \sqrt{H_{10}^2 - 4H_9H_{11}}}{2H_9}$ 时，最优批发价及后悔值为 $w^* = \frac{-H_{10} + \sqrt{H_{10}^2 - 4H_9H_{11}}}{2H_9}$，

$\varepsilon_M^* = \left(\frac{-H_{10} + \sqrt{H_{10}^2 - 4H_9H_{11}}}{2H_9}r - s + c\right)T_3 - \left(\frac{-H_{10} + \sqrt{H_{10}^2 - 4H_9H_{11}}}{2H_9}(1 + r) - s\right)H_4$。

3) 否则有 $w^* = \frac{B(p-g) - H_2}{B(1+r)}$，$\varepsilon_M^* = 0$。

(2)当 $H_{12}>0$，$H_{13}<0$ 时，最优批发价及后悔值为：

$$w^* = \{\hat{w} \mid (\hat{w}r - s + c)\left(B - \frac{c_R(B-A)}{p - \hat{w}(1+r) + g}\right) - (\hat{w}(1+r) - s)H_4 = 0\},$$

$\varepsilon_M^* = 0$。

(3)当 $H_{12}<0$，$H_{13}>0$，最优批发价及后悔值 $w^* = \dfrac{B(p-g) - H_2}{B(1+r)}$，$\varepsilon_M^* = 0$。

(4)当 $H_{12}<0$，$H_{13}<0$ 时，最优批发价及后悔值 $w^* = \{\hat{w} \mid \hat{w} \in [c, p]\}$，$\varepsilon_M^* = 0$。

零售商最优订货量及对应的后悔值为：

$$q^* = B - \frac{c_R(B-A)}{p - w^*(1+r) + g}, \quad \varepsilon_R^* = \frac{(p - w^*(1+r) + g - c_R)(B-A)c_R}{p - w^*(1+r) + g}$$

以上给出了供应链融资下企业鲁棒性最优均衡决策情况，得出了博弈下的最优批发价及订货量等均衡融资决策形式。以下进一步讨论无融资情形下的鲁棒性决策，并对各情形进行比较分析。与上文类似求解分析可知资金充足情形下的供应链鲁棒性均衡优化决策满足如下结论。

推论 7-1 资金充足（A 情形）下供应链鲁棒性均衡决策：

$$q^{A*} = \left(\frac{w^{A*} + c_R - s}{p + g - s}\right)A + \left(\frac{p - w^{A*} - c_R + g}{p + g - s}\right)B \tag{7-32}$$

$$\varepsilon_R^{A*} = \frac{(p - w^A - c_R + g)(w^A + c_R - s)(B-A)}{p + g - s} \tag{7-33}$$

$$w^{A*} = \frac{(p + g - s)B + (c - c_R + s)(B - A)}{2(B - A)} \tag{7-34}$$

$$\varepsilon_M^{A*} = 0 \tag{7-35}$$

进一步给出零售商资金约束但无法获取融资的情况。在最小最大后悔值决策目标情况下，当零售商持有资金相比资金充足时所需订货资金低，但却高于资金约束时所需订货资金，即 $w^* q^* < \eta < w^{A*} q^{A*}$ 时，零售商虽受资金约束，但无法获得融资，这是由于处于该区间的零售商相比资金充足时订货资金缺乏、相比融资情形时又资金量过多。此时其仅可通过自有资金进行订货，其订货量维持在 $q^N = \eta/w^N$。此时生产商期望收益函数为

第七章 需求分布信息缺失情形下的核心企业稳态定价策略

$\pi_M^N = (w^N - c)(\eta/w^N)$ 期望后悔值如下:

$$\varepsilon_M^N = \pi_M^N(W^N) - \pi_M^N(w^N) = (W^N - c)(\eta/W^N) - (w^N - c)(\eta/w^N)$$

(7-36)

式(7-36)是关于 W^N 递增,即 W^{N*} 取在 N 情形有效决策区域的右侧端点处,经计算可知:

$$W^{N*} = \frac{B(p+g-c_R) - A(s-c_R) + \sqrt{(B(p+g-c_R) - A(s-c_R))^2 - 4(B-A)\eta(p+g-s)}}{2(B-A)}$$

(7-37)

$$\varepsilon_M^{N*} = (W^{N*} - c)(\eta/W^{N*}) - (w^{N*} - c)(\eta/w^{N*})$$

(7-38)

通过求解 $\min_{w^N} \varepsilon_M^N$ 可知,最优批发价 $w^{N*} = W^{N*}$,最小最大后悔值 $\varepsilon_M^{N*} = 0$,零售商订货量 $q^{N*} = \eta/w^{N*}$,$\varepsilon_R^{N*} = 0$。

至此,本章得出了各情形下(资金约束且融资、资金充足、资金约束但无融资)的企业鲁棒性决策情况,下面进行简要比较分析:

推论 7-2 在已知批发价情形下,存在 $\hat{c}_R$,使得当 $c_R < \hat{c}_R$ 时,$q^* > q^{A*} > q^{N*}$ 成立;当 $c_R > \hat{c}_R$ 时,$\max\{q^*, q^{N*}\} < q^{A*}$ 成立;而 $\varepsilon_R^{A*} > \varepsilon_R^* > \varepsilon_R^{N*}$ 始终成立。

证明 令

$$G = \varepsilon_R^{A*} - \varepsilon_R^* = \frac{(p-w-c_R+g)(w+c_R-s)(B-A)}{p+g-s} - \frac{(p-w(1+r)+g-c_R)(B-A)c_R}{p-w(1+r)+g}$$

显然 G 是关于 c_R 的凸函数,通过求解一阶条件可知最小值为:

$$G^* = \frac{wr(B-A)(w-s)}{w(1+r)-s} > 0$$

这意味着 $\varepsilon_R^{A*} > \varepsilon_R^*$ 始终成立。由

$$q^{C*} - q^{A*} = \frac{(p-w(1+r)+g)(w-s+c_R) - (p+g-s)c_R}{(p+g-s)(p-w(1+r)+g)}$$

(7-39)

显然,当 $c_R = p - w(1+r) + g$ 时,$q^{C*} - q^{A*} = \frac{c_R(w-s+c_R) - (p+g-s)c_R}{(p+g-s)(p-w(1+r)+g)} <$

149

0；而当 $c_R = 0$ 时，$q^{C*} - q^{A*} = \dfrac{(p-w(1+r)+g)(w-s)}{(p+g-s)(p-w(1+r)+g)} > 0$。这表明 q^{A*} 和 q^{C*} 大小取决于参数。而资金受限使 N 情形下零售商订货 q^{N*} 低于其他情形。

证毕。

综上，在鲁棒优化决策下，相比资金充足供应链情形，当销售成本较低时，资金约束、供应链融资有助于对供应链订货起到激励作用。本节对仅获知需求区间的资金约束供应链鲁棒性优化运营决策进行了分析，下文进一步将上述模型将拓展至考虑促销努力时的情况。

四、本章小结

当交易市场变得复杂多变，数据获取困难，融资运营决策的制定也变得困难。本章主要讨论分析信息缺失风险下，当仅获知有限信息时，企业如何制定稳健性优化决策，考虑仅获知市场需求区间信息情形，运用 Min-Max 后悔值决策方法分析信息缺失下的鲁棒性融资运营决策。

相比以往研究，本章研究的意义在于：①将鲁棒性优化决策拓展至资金约束情形，为融资企业制定风控决策提供了准则依据。②以往研究仅讨论"报童"决策，本书同时考虑了生产商的鲁棒性批发价决策，将 Min-Max 后悔值决策分析拓展至两层情形。③研究讨论了信息缺失融资系统的协调机制设计问题，为核心企业制定批发价决策、协调融资系统、提升融资效率提供了依据。

整体来看，本章是资金约束融资供应链鲁棒性决策的专题研究，为企业在信息缺失风险情境下合理制定融资运营决策建立了准则。为供应链应对信息缺失风险，实施风险控制决策，提升融资效率提供了方法支持和决策依据。

第八章
资本市场竞争与核心企业融资提供模式选择

一、问题提出

随着技术进步及制度创新以及学术界和工业界的广泛探索和实践,越来越多适用于中小企业的融资模式被提出。本章期望进一步探究,当多种融资方式均可用于解决中小企业资金问题时,核心企业的最优融资提供策略,以及融资关键参数改进策略,期望为核心企业高效率开展融资援助运营提供政策建议。

作为贸易信用融资的一类有效补充,供应链金融成为核心企业为中小企业提供资金援助的另一种选择。该融资形式通过供应链核心企业与商业银行联合推出,围绕核心企业管理上下游企业,并借助核心企业的强大担保能力达到风险控制目的。供应链金融优势主要体现在:中小企业可从商业银行获取更低利率的贷款;解决核心企业资金占用、账期、违约等风险;为商业银行发掘新的利润增长点。鉴于供应链金融的优越性,工业界开展了广泛的融资实践,90%以上的商业银行均开展了面向中小企业的供应链金融业务。

当然,中小企业的资金解决并非总是依赖于核心企业的援助。随着以互联网金融为代表的民营资本的崛起,中小企业在融资选择上也越来越具备自主权。一旦中小企业的融资模式选择和核心企业的融资提供策略出现冲突,可能对核心企业及供应链整体造成损害,如何化解博弈造成的效率损失成为核心企业关心的问题。

综合已有研究,学者针对融资模式的比较和分析进行了诸多研究,但多数研究是基于资金约束企业如何选择融资模式进行的(Jing 等,2012;Cai 等,2014;Yang 等,2016;Kouvelis 等,2017),鲜有研究分析核心企业的融资提供策略;此外,鲜有研究针对三种以上的融资模式进行对比分析。本章考虑当核心企业可选择为中小企业提供贸易信用、供应链金融、不提供融资,中小企业可选择接受贸易信用、供应链金融,或选择外部融资,或不参与融资时,分析双方的融资模式最优选择策略、博弈策略、融资均衡模式及核心企业应对策略,并分析融资系统的协调策略。从而为核心企业理解融资博弈的运作机理、化解博弈冲突、高效开展资金援助提供政策依据。

二、模型假设

考虑由单一生产商 M 和单一零售商 R 组成的两层供应链分销系统。生产商单位生产成本为 c,并以单位批发价格 w 将产品销售给下游零售商。零售商在销售季节开始前向生产商订购数量为 q 的货物,并以单位价格 p 在市场上进行销售,销售季节结束后滞销产品剩余价值为 s。零售商在销售季节内所面对的市场需求量存在波动,用随机变量 D 表示,其概率密度函数及累积分布函数依次为 $g(x)$ 和 $G(x)$,令 $\overline{G}(x) = 1 - G(x)$,不失一般性地,假设需求分布服从递增失效率(Increasing Failure Rate,IFR)(Banciu 等,2013),该性质具备通用性,正态分布、均匀分布、指数分布等常见分布均服从该性质。

第八章 资本市场竞争与核心企业融资提供模式选择

零售商初始资金量为 η。当 η 不小于所需订货资金 wq 时，零售商初始资金足够订货，无须融资（情形 A）。当 η 小于订货资金 wq 时，零售商初始资金不足，可以选择仅使用初始资金订货而不参与融资（情形 N）。当 $\eta < wq$ 且零售商选择参与融资时，可供选择的融资方式包括以下三种：

（1）零售商独立融资（情形 I）：零售商自己向金融机构（如互联网金融平台）申请贷款，生产商完全不参与零售商的融资活动。

（2）延期支付融资（情形 T），零售商销售季节开始前先从生产商处提货并支付初始资金，销售季节结束后再向生产商偿还尚欠的货款。

（3）供应链金融模式（情形 S）：由生产商和银行联合提供的供应链金融模式，生产商承诺，如果零售商无法偿清金融机构的债务，无法偿清的部分中 $\beta \times 100\%$ 的比例由生产商承担（实践中普遍采用差额回购策略，即由生产商承担全部违约风险，设置 $\beta = 1$，但也有部分企业采取部分担保策略，如京东等企业根据融资企业资质以及与银行间的讨价还价来确定担保比例），生产商通常以回购零售商的一部分剩余存货方式进行融资担保，在生产商担保下，银行向零售商提供融资服务。供应链金融的具体运作流程可参照图 8-1。

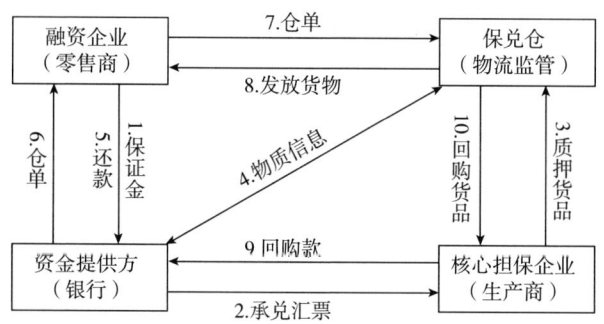

图 8-1 供应链金融模式流程示意图

当零售商参与融资时，需要向为其提供融资服务的机构支付贷款利息（将 I 模式和 S 模式中提供资金的不同主体统称为金融机构，并用符号 F 表示），利率记为 r。由于市场需求的不确定性，如果市场需求低迷，就会出现零售商无法偿清贷款本息的情况,即存在零售商破产风险。根据 Kouvelis 等(2012)的研究,延期支付模式下生产商最优决策方式 r 设定为 0,并通过提升 w 来弥补零售商破产风险带来的损失;金融机构 F 则通过赚取资本市场期望无风险利率 r_F 的方式设定贷款利率。根据定义,T 情形下由生产商承担全部零售商破产风险,I 情形下则由金融机构承担全部零售商破产风险,而 S 情形下由生产商和金融机构风险共担零售商破产风险。

令 $e = p - s$,$t = w(1+r) - s$,考虑到市场需求的不确定性,零售商的销售收益 $pZ + s(q-Z)^+$ 无法确保完全覆盖贷款本息 $(wq - \eta)(1+r)$,实际还款额度可被表示为 $\min\{pZ + s(q-Z)^+, (wq - \eta)(1+r)\}$,随后通过计算可知零售商破产违约的市场需求临界点为:

$$\theta(q, w, r) = \max\left\{\frac{(wq - \eta)(1+r) - sq}{p-s}, 0\right\} < q$$

当市场需求低于该临界点,零售商销售收益无法完全覆盖贷款本息,违约部分由生产商和金融机构分别承担,其中,T 融资模式下由生产商完全承担违约风险、I 模式下由金融机构承担、S 模式下由生产商和金融机构风险共担(见图 8-2)。

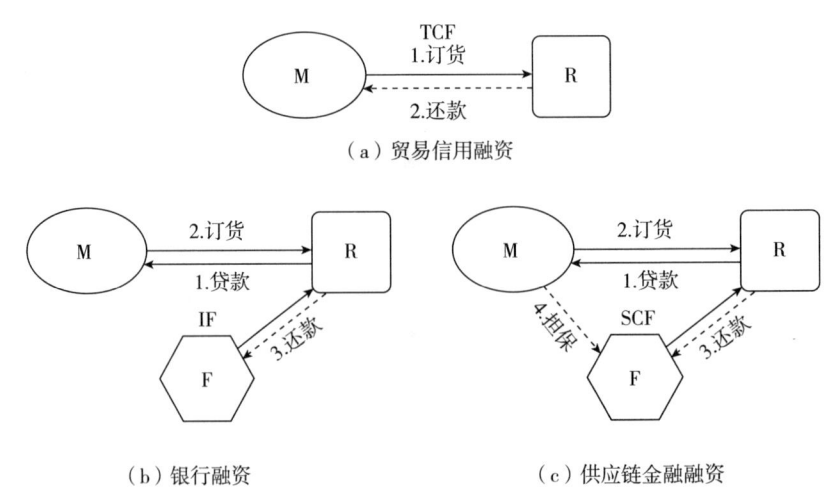

图 8-2　三种融资模式

第八章　资本市场竞争与核心企业融资提供模式选择

用符号 $y = w, r, q$ 表示各决策者所需决策变量，符号 sc 表示供应链，y^j 和 π_i^j 表示决策者 i 在资金情形 j 下决策和收益（$i = M, R, F, sc, j = A, N, T, I, S$），符号 $k = T, I, S, l = A, N, *, 0$ 分别用于表示融资、不融资、分散式供应链和集中式供应链情形。融资系统可被刻画为一个 Stackelberg 博弈策略模型，生产商、金融机构和零售商依次为领导者和跟随者（这类假设同样出现在 Yan 等（2016）的研究中）。生产商首先决策融资提供模式（贸易信用或供应链金融或不提供融资）以及最优批发价策略，随后金融机构设定最优贷款利率，最后由零售商决策融资选择模式（贸易信用、供应链金融、独立融资或不参与融资）以及最优订货量。时间轴及决策序列可表示为图 8-3。

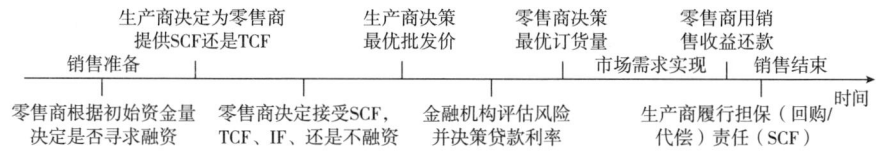

图 8-3　时间轴及决策序列

根据上文中不同融资模式的定义，有如下引理成立：

引理 8-1　当 $\beta = 0$、$\beta = 1$，$r_f = 0$，供应链金融依次退化为独立融资和贸易信用。

以上引理指出情形 I 和情形 T 分别为情形 S 的特殊情形，因此，我们仅需分析情形 S、N、A 下的决策问题即可表征所有融资情形。

三、均衡融资决策分析

（一）分散式决策

根据 Stackelberg 博弈模型的逆向求解思路，在给定批发价和贷款利率后，须先分析零售商的最优订货情况。经计算，可将零售商收益函数表示为：

$$\pi_R^S = \begin{cases} -\eta, & 0 \leq Z < \theta(q^S, w^S, r^S) \\ -\eta + pZ + s(q^S - Z) - (w^S q^S - \eta)(1 + r^S), & \theta(q^S, w^S, r^S) < Z \leq q^S \\ -\eta + pq^S - (w^S q^S - \eta)(1 + r^S), & Z \geq q^S \end{cases}$$

(8-1)

通过期望求解可知，风险中性下零售商期望收益函数可表示为：

$$U_R^S = -\eta + e \int_{\theta(q^S, w^S, r^S)}^{q^S} \overline{G}(x) \mathrm{d}x \quad (8-2)$$

为分析决策者风险偏好的影响，相比第三章中的 Mean–CVaR 准则模型，本章直接运用 CVaR 准则来同时刻画融资系统所有成员的风控决策及风险态度，同样使研究具备一般性（CVaR 准则能够同时刻画决策者风险厌恶和风险中性）。沿用第三章中提到的 CVaR 准则相关定义，经推导可知决策者条件风险值（CVaR）如下：

$$\Pi_i^j = \max_{v_i \in R} u_i(y^j, v_i) = \max_{v_i \in R} v_i - \frac{1}{\alpha_i} E[v_i - \pi_i^j(y^j, Z)]^+ \quad (8-3)$$

令 $\widetilde{G}(\cdot) = \alpha_R - G(\cdot)$，$\tau_i = 1/\alpha_i$，根据上述定义可获得零售商条件风险值表达式 Π_R^S，满足下述命题：

命题 8-1 （1）存在最优分位数 $v_R^{S*} = -\eta + pq^S - (w^S q^S - \eta)(1 + r^S)$，$v_R^{l*} = (p - w^l)q^l$ 使得当 $q^S < G^{-1}(\alpha_R)$ 时有 $\Pi_R^S = u_R^S(q^S, v_R^{S*})$，当 $q^l < G^{-1}(\alpha_R)$ 时有 $\Pi_R^l = u_R^l(q^l, v_R^{l*})$ 成立。

（2）Π_R^k 和 Π_R^A 在极值点处分别为关于 q^k 和 q^A 的严格可微凹函数。

（3）零售商在情形 S 和 l 下的条件风险值表达式可分别表示为：

$$\Pi_R^S = -\eta + e(q^S - \theta(q^S, w^S, r^S)) - \tau_R e \int_{\theta(q^S, w^S, r^S)}^{q^S} G(x) \mathrm{d}x \quad (8-4)$$

$$\Pi_R^l = (p - w^l) - \tau_R e \int_0^{q^l} G(x) \mathrm{d}x \quad (8-5)$$

根据上述命题，Π_R^j 为关于决策变量 q^j 的凹函数，可用微分法来获取零售商的最优订货量 q^{j*} 及其相关性质，满足如下命题及推论：

命题 8-2 零售商在不同融资模式下的最优订货量决策分别为：

$$e\widetilde{G}(q^{S*}) - t\widetilde{G}(\theta(q^{S*}, w^S, r^S)) = 0 \quad (8-6)$$

$$q^{A*} = G^{-1}\left(\frac{p-w^A}{\tau_R e}\right) \quad (8-7)$$

$$q^{N*} = \frac{\eta}{w^N} \quad (8-8)$$

证明 由分布的 IFR 性质可知 $\frac{\mathrm{d}}{\mathrm{d}x}\left(\frac{g(x)}{G(x)}\right) > 0$,因此,$\frac{\mathrm{d}}{\mathrm{d}x}\left(\frac{g(x)}{\widetilde{G}(x)}\right) = \frac{\mathrm{d}}{\mathrm{d}x}\left(\frac{g(x)\overline{G}(x)}{G(x)\widetilde{G}(x)}\right) = \frac{\mathrm{d}}{\mathrm{d}x}\left(\frac{g(x)}{G(x)}\right)\left(\frac{\overline{G}(x)}{\widetilde{G}(x)}\right) + \frac{g(x)}{G(x)}\left(\frac{(\tau_R-1)g(x)}{\widetilde{G}^2(x)}\right) > 0$,即 $g(x)/\widetilde{G}(x)$ 递增。根据式(8-6)可知,$\widetilde{G}(q^{S*}) = t\widetilde{G}(\theta(q^{S*}, w^S, r^S))/e$,而 $q^S \geqslant \theta(q^S) = \frac{(w^S q^S - \eta)(1+r^S) - sq^S}{p-s}$ 恒成立。综合上述条件,可知 Π_R^S(见式(8-4))关于订货量 q^S 的二阶条件表达式如下:

$$\frac{\mathrm{d}^2 \Pi_R^S}{\mathrm{d}^2(q^S)^2} = -\frac{e^2 g(q^S) - t^2 g(\theta(q^S, w^S, r^S))}{\alpha_R e}$$

$$= -\frac{\widetilde{G}(q^S)}{\alpha_R}\left(\frac{eg(q^S)}{\widetilde{G}(q^S)} - \frac{t^2 g(\theta(q^S, w^S, r^S))}{k\widetilde{G}(q^S)}\right)$$

$$= -\tau_R \widetilde{G}(q^S)\left(\frac{kg(q^S)}{\widetilde{G}(q^S)} - \frac{tg(\theta(q^S, w^S, r^S))}{\widetilde{G}(\theta(q^S, w^S, r^S))}\right)$$

$$< -t\tau_R \widetilde{G}(q^S)\left(\frac{g(q^S)}{\widetilde{G}(q^S)} - \frac{g(\theta(q^S, w^S, r^S))}{\widetilde{G}(\theta(q^S, w^S, r^S))}\right) < 0$$

即 Π_R^S 是关于 q^S 的可微凹函数,通过相应求解一阶条件可得到最优订货决策满足式(8-6)。资金充足下的求解与传统报童模型类似,满足式(8-7);零售商资金约束且不融资时,其仅通过初始资金量进行订货,订货量满足式(8-8)。

证毕。

进一步对参数进行灵敏度分析可知有如下结论成立:

推论 8-1 (1) 给定批发价及利率情况下,参数对零售商订货量及收益影响为:

$$\frac{\mathrm{d}q^{S*}}{\mathrm{d}w^S} < 0, \ \frac{\mathrm{d}q^{S*}}{\mathrm{d}r^S} < 0, \ \frac{\mathrm{d}q^{S*}}{\mathrm{d}\eta} < 0, \ \frac{\mathrm{d}q^{S*}}{\mathrm{d}\alpha_R} > 0, \ \frac{\mathrm{d}q^{S*}}{\mathrm{d}p} > 0, \ \frac{\mathrm{d}q^{S*}}{\mathrm{d}s} > 0$$

$$\frac{\mathrm{d}\Pi_R^{S*}}{\mathrm{d}w^S} < 0, \ \frac{\mathrm{d}\Pi_R^{S*}}{\mathrm{d}r^S} < 0, \ \frac{\mathrm{d}\Pi_R^{S*}}{\mathrm{d}\eta} < 0, \ \frac{\mathrm{d}\Pi_R^{S*}}{\mathrm{d}\alpha_R} > 0, \ \frac{\mathrm{d}\Pi_R^{S*}}{\mathrm{d}p} > 0, \ \frac{\mathrm{d}\Pi_R^{S*}}{\mathrm{d}s} > 0$$

(2) 存在临界点 $\hat{r}$ 使得当 $r^S < \hat{r}$ 时,有 $q^{S*} > q^{A*} > q^{N*}$ 成立。

证明 (1) 此处仅补充 $\dfrac{\mathrm{d}q^{S*}}{\mathrm{d}w^S} < 0$,$\dfrac{\mathrm{d}q^{S*}}{\mathrm{d}r^S} < 0$ 和 $\dfrac{\mathrm{d}\Pi_R^{S*}}{\mathrm{d}w^S} < 0$,$\dfrac{\mathrm{d}\Pi_R^{S*}}{\mathrm{d}r^S} < 0$ 的证明,其余部分与推论 8-1 相类似。由命题 8-7 结论(3)可知,等式 $\dfrac{q^{M0}g(q^{M0})}{\widetilde{G}(q^{M0})} = 1$ 成立,即

$ew^S \widetilde{G}(\theta(q^{S*}, w^S, r^S)) - t(w^S q^{S*} - \eta)g(\theta(q^{S*}, w^S, r^S)) >$
$ew^S G(\theta(q^{S*}, w^S, r^S)) - tw^S q^{S*} g(\theta(q^{S*}, w^S, r^S)) > ew(\widetilde{G}(q^{M0}) - q^{M0}g(q^{M0})) = 0$

$\dfrac{\mathrm{d}q^{S*}}{\mathrm{d}w^S} = \dfrac{(1+r^S)(e\widetilde{G}(\theta(q^{S*}, w^S, r^S)) - tq^{S*}g(\theta(q^{S*}, w^S, r^S)))}{t^2 g(\theta(q^{S*}, w^S, r^S)) - e^2 g(q^{S*})} < 0$

$\dfrac{\mathrm{d}q^{S*}}{\mathrm{d}r^S} = \dfrac{ew^S \widetilde{G}(\theta(q^{S*}, w^S, r^S)) - t(w^S q^{S*} - \eta)g(\theta(q^{S*}, w^S, r^S))}{t^2 g(\theta(q^{S*}, w^S, r^S)) - e^2 g(q^{S*})} < 0$

由式(8-6)可知,$e\widetilde{G}(q^{S*}) - t\widetilde{G}(\theta(q^{S*}, w^S, r^S)) = 0$ 成立,因此有:

$\dfrac{\mathrm{d}\Pi_R^{S*}}{\mathrm{d}w^S} = (e\widetilde{G}(q^{S*}) - t\widetilde{G}(\theta(q^{S*}, w^S, r^S))) \dfrac{\mathrm{d}q^{S*}}{\mathrm{d}w^S} - q^{S*}\widetilde{G}(\theta(q^{S*}, w^S, r^S)) < 0$

$\dfrac{\mathrm{d}\Pi_R^{S*}}{\mathrm{d}r^S} = (e\widetilde{G}(q^{S*}) - t\widetilde{G}(\theta(q^{S*}, w^S, r^S))) \dfrac{\mathrm{d}q^{S*}}{\mathrm{d}r^S} - (w^S q^{S*} - \eta)\widetilde{G}(\theta(q^{S*}, w^S, r^S)) < 0$

证明 (2) 当 $r^S \to 0$ 时,有 $q^{S*} \to G^{-1}\left(\dfrac{(p-w^S) + (w^S - s)\tau_R G(\theta(q^S, w^S, r^S))}{\tau_R e}\right) \geqslant$

$q^{A*} = G^{-1}\left(\dfrac{p - w^A}{\tau_R e}\right) > q^{N*}$。

证毕。

由上述分析可知,资金受限零售商订货决策随着其自有资金量的降低而上升,这是由于在批发价及贷款利率外生的情况下,零售商受益于其违约概率的增加(违约概率越大,无须还款的获益越大)。因此,融资有助于激励零售商提升订货。上述推论同时表明:风险厌恶的零售商订货量越低,太过保守的订货策略迫使零售商丧失市场机会,不利于零售商自身。

第八章　资本市场竞争与核心企业融资提供模式选择

下面进一步讨论分析金融机构的利率决策问题。根据市场需求的实现情况，金融机构的收益函数可被表述如下：

$$\pi_F^S = \begin{cases} \beta(w^S q^S - \eta)r^S + (1-\beta)(pZ + s(q^S - Z) - (w^S q^S - \eta)) \\ 0 \leqslant Z < \theta(q^S, w^S, r^S) \\ (w^S q^S - \eta)r^S, \quad Z \geqslant \theta(q^S, w^S, r^S) \end{cases}$$

与命题 8 – 1 类似可知，金融机构的期望收益函数以及其条件风险值表达式依次为：

$$U_F^S = (w^S q^S - \eta)r^S - (1-\beta)e \int_0^{\theta(q^S, w^S, r^S)} G(x)\,\mathrm{d}x \tag{8-9}$$

$$\Pi_F^S = u_F^S(r^S, v_F^{S*}) = (w^S q^S - \eta)r^S - \tau_F(1-\beta)e \int_0^{\theta(q^S, w^S, r^S)} G(x)\,\mathrm{d}x \tag{8-10}$$

令 $t_1 = t(r^{S*})$ 由于资本市场的竞争型，金融机构 F 仅赚取无风险利率收益 $(w^S q^{S*} - \eta)r_f$，通过联立其期望收益函数表达式(8 – 10)与无风险利率收益表达式即可得到最优贷款利率满足式(8 – 11)。

命题 8 – 3　竞争型资本市场中金融机构的最优贷款利率 r^{S*} 满足如下：

$$(w^S q^{S*} - \eta)r^{S*} - \tau_F(1-\beta)p \int_0^{\theta(q^{S*}(r^{S*}), w^S, r^{S*})} G(x)\,\mathrm{d}x = (w^S q^{S*} - \eta)r_f \tag{8-11}$$

推论 8 – 2　Π_F^{S*} 随着 α_F 和 β 递增；r^{S*} 随着 α_F 和 β 递减；q^{S*} 随着 α_F 和 β 递增；$\theta(q^S, r^{S*}(q^S))$ 随着 q^S 和 α_F 递增。

证明　根据包络定理可知：

$$\frac{\mathrm{d}\Pi_F^S}{\mathrm{d}\alpha_F} = \left.\frac{\partial \Pi_F^S}{\partial \alpha_F}\right|_{r^S = r^{S*}} = \frac{\beta \int_0^{\theta(r^{S*}, q(r^{S*}))} F(x)\,\mathrm{d}x}{\alpha_F^2} > 0$$

即 Π_F^S 随着 α_F 递增。由 r^{S*} 满足式(8 – 11)，该式右侧为金融机构期望效用值。而根据 $\mathrm{d}\Pi_F^S/\mathrm{d}\alpha_F > 0$，即式(8 – 12)右侧同样随 α_F 递增，意味着 $q^S(r^{S*})$ 随 α_F 递增。而根据 $\partial q^{S*}/\partial r^S < 0$ 可知，$\mathrm{d}r^{S*}/\mathrm{d}\alpha_F < 0$ 成立。同理可证 Π_F^{S*} 及 r^{S*} 随 β 分别递增和递减。类似推论 8 – 1 证明可知：

$$etw^S \widetilde{G}(\theta(q^S, w^S, r^{S*}(q^S))) - (w^S q^S - \eta)e^2 g(q^S) \geqslant 0$$

$$ew^S \widetilde{G}(\theta(q^S, w^S, r^{S*}(q^S))) - t(w^S q^S - \eta)g(\theta(q^S, w^S, r^{S*}(q^S))) \geqslant 0$$

即

$$\frac{\mathrm{d}\theta(q^S, r^{S*}(q^S))}{\mathrm{d}q^S} = \frac{1}{e}\left(t + (w^S q^S - \eta)\frac{\mathrm{d}r^{S*}}{\mathrm{d}q^S}\right)$$

$$= \frac{etw^S \widetilde{G}(\theta(q^S, w^S, r^{S*}(q^S))) - (w^S q^S - \eta)e^2 g(q^S)}{ew^S \widetilde{G}(\theta(q^S, w^S, r^{S*}(q^S))) - t(w^S q^S - \eta)g(\theta(q^S, w^S, r^{S*}(q^S)))} \geqslant 0$$

可知 $\theta(q^S, r^{S*}(q^S))$ 随着 q^S 和 α_F 递增。

证毕。

上述推论表明风险厌恶的金融机构倾向于制定较为保守（高）的利率决策；金融机构也倾向于为更为资金约束（资金量更低）的零售商制定更加保守的利率决策。这些都使得零售商的运营成本增加，从而降低了融资效率。

下面进一步分析生产商的最优批发价决策，根据市场需求的实现情况可知生产商的收益函数表达式可表示为：

$$\pi_M^S = \begin{cases} (w^S - c)q^S - \beta((w^S q^S - \eta)(1 + r^S) - (pZ + s(q^S - Z))), \\ \quad 0 \leqslant Z < \theta(q^S, w^S, r^S) \\ (w^S - c)q^S, \quad Z \geqslant \theta(q^S, w^S, r^S) \end{cases}$$

其不同融资模式下的期望收益分别为：

$$U_M^S = (w^S - c)q^S - \beta \int_0^{\theta(q^S, w^S, r^S)} G(x)\mathrm{d}x \quad (8-12)$$

$$U_M^l = (w^l - c)q^l \quad (8-13)$$

条件风险值为：

$$\Pi_M^S = (w^S - c)q^S - \tau_M \beta e \int_0^{\theta(q^S, w^S, r^S)} G(x)\mathrm{d}x \quad (8-14)$$

进一步分析可知 $\partial w^S / \partial \alpha_M < 0$，$\partial \Pi_M^S / \partial \alpha_M > 0$，即风险厌恶的生产商同样倾向于选择制定更加保守（更高）的批发价策略。令 $\theta_1 = (q^S(r^{S*}(w^S), w^S), w^{S*}, r^{S*}(w^S))$，$t_2 = t(w^{S*}, r^{S*}(w^S))$，$q_1 = q^{S*}(w^{S*}, r^{S*}(w^S))$，$r_1 = r^{S*}(w^{S*})$，将 $q^{S*}(w^{S*}, r^{S*}(w^{S*}))$ 及 $r^{S*}(w^{S*})$ 代入生产商收益等式 Π_M^S，U_M^l 中，分别对 Π_M 关于批发价决策进行一阶条件求导可知最优批发价决策满足如下命题。

命题 8-4 （1）令区间 $\widetilde{N} = \{w \mid \eta < wq^{A*}(w)\}$，$w^{NR}$ 表示区间 $\widetilde{N}$ 的右侧

端点。如果 $\Pi_M^S(q_1, r_1, w^s)$ 是关于批发价 w^S 的单峰可微函数,生产商在不同融资模式下的均衡最优批发价决策满足如下形式:

$$q_1(1 - \tau_M\beta(1+r_1)G(\theta_1)) + ((w^{S*} - c) - \tau_M\beta t_2 G(\theta_1))A_{10} -$$
$$\tau_M\beta(w^{S*}q_1 - \eta)G(\theta_1)A_9 = 0 \tag{8-15}$$

$$w^{A*} = c + eq^{A*}g(q^{A*}(w^{A*})) \tag{8-16}$$

$$w^{N*} = w^{NR} \tag{8-17}$$

其中,

$$A_7 = \frac{ew^{S*}\tilde{G}(\theta_1) - t_2(w^{S*}q_1 - \eta)g(\theta_1)}{t_2^2 g(\theta_1) - e^2 g(q_1)}$$

$$A_8 = \frac{(1+r^S)(e\tilde{G}(\theta_1) - t_2 q_1 g(\theta_1))}{t_2^2 g(\theta_1) - e^2 g(q_1)}$$

$$A_9 = \frac{\tau_F(1-\beta)G(\theta_1)(w^{S*}q_1 - \eta)}{(w^{S*}(r_1 - r_f) - \tau_F(1-\beta)t_2 G(\theta_1))A_7 + (w^{S*}q_1 - \eta)}$$

$$A_{10} = A_7 A_9 + A_8$$

(2) Π_M^{S*} 随着 α_M 递增。

证明 (1) w^{S*} 和 w^{A*} 可以直接通过 Π_M^S 及 Π_M^A 分别关于 w^S 和 w^A 求解一阶条件后获得,经求解可知分别满足式(8-15)和式(8-16)。而由 $\Pi_M^A(w^N) = (w^N - c)q^{N*} = (w^N - c)\eta/w^N$ 及 $d\Pi_M^N/dw^N = c\eta/(w^N)^2 > 0$ 可知,Π_M^N 随着 w^N 增加而递增,这说明在 N 情形下生产商批发价策略 w^{N*} 应当取在有效决策区间 $\tilde{N}$ 右侧端点处,显然,零售商资金约束且无融资(N 情形)临界点为 $\eta = w^A q^A(w^A)$ 右侧根(具体分析可见命题 8-6)。

证明 (2) 显然由包络定理可知结论。

证毕。

(二) 集中式决策

以上分析了分散式融资系统的均衡决策问题,下面进一步讨论集中式融资系统的最优决策问题。显然,传统的风险中性集中式供应链融资系统表达形式与报童模型类似,其表达式为:

$$U^j = (p-c)q^j - e\int_0^{q^j} G(x)\,\mathrm{d}x \tag{8-18}$$

针对多决策者风险厌恶的情形，仍缺乏较为权威的定义。参考 Kouvelis 等（2016）、Yan 等（2016）、Yang 等（2018）、于春云等（2007）、闻卉等（2013）给出的多企业集中式系统的相关定义，将本章所述的资金约束且风险厌恶的集中式供应链融资系统定义为所有成员企业的条件风险值之和，融资主导者以最大化融资系统效用为决策目标。根据以上描述，将集中式供应链融资系统表达式确定为：

$$\Pi^S = \Pi_M^S + \Pi_F^S + \Pi_R^S = (p-c)q^S - \tau_R e\int_{\theta(q^S,w^S,r^S)}^{q^S} G(x)\,\mathrm{d}x - \tau_F(1-\beta)e\int_0^{\theta(q^S,w^S,r^S)} G(x)\,\mathrm{d}x - \tau_M \beta e\int_0^{\theta(q^S,w^S,r^S)} G(x)\,\mathrm{d}x \tag{8-19}$$

$$\Pi^l = \Pi_M^l + \Pi_R^l = (p-c)q^l - \tau_R e\int_0^{q^l} G(x)\,\mathrm{d}x \tag{8-20}$$

通过分析可知，集中式系统中的最优库存决策可被表述如下。

命题 8-5　集中式融资系统的最优批发价决策 q^{s0} 满足如下表达式：

$$(p-c) - \tau_R e G(q^{s0}) + t(\tau_R - \tau_F(1-\beta) - \tau_M \beta)G(\theta(q^{s0})) = 0 \tag{8-21}$$

$$q^{s0} = G^{-1}\left(\frac{p-c}{\tau_R e}\right) \tag{8-22}$$

证明由

$$\frac{\mathrm{d}\Pi^S}{\mathrm{d}q^S} = e(1 - \tau_R G(q^S)) - t(1 - (\tau_R - \tau_F(1-\beta) - \tau_M \beta)G(\theta(q^S, w^S, r^S)))$$
$$= 0$$

可知：

$$\widetilde{G}(q^S) = \alpha_R t((1 - \tau_R G(\theta(q^S, w^S, r^S))) + (\tau_F(1-\beta) + \tau_M \beta)G(\theta(q^S, w^S, r^S)))/e > \alpha_R t(1 - \tau_R G(\theta(q^S, w^S, r^S)))/e = t\widetilde{G}(\theta(q^S, w^S, r^S))/e$$

由

$$\frac{\mathrm{d}^2 \Pi^S}{\mathrm{d}(q^S)^2} = -\tau_R e^2 g(q^{s0}) + t^2(\tau_R - \tau_F(1-\beta) - \tau_M \beta)g(\theta(q^S, w^S, r^S))$$
$$= \widetilde{G}(q^S)\left(-\tau_R e^2 \frac{g(q^S)}{\widetilde{G}(q^S)} + t^2(\tau_R - \tau_F(1-\beta) - \tau_M \beta)\frac{g(q^S)}{\widetilde{G}(q^S)}\right) <$$

$$\widetilde{G}(q^S)\left(-\tau_R e^2 \frac{g(q^S)}{\widetilde{G}(q^S)} + te(\tau_R - \tau_F(1-\beta)) - \tau_M\beta\right)\frac{g(\theta(q^S, w^S, r^S))}{\widetilde{G}(\theta(q^S, w^S, r^S))}\right) <$$

$$-\tau_R e^2 \widetilde{G}(q^S)\left(\frac{g(q^S)}{\widetilde{G}(q^S)} - \frac{g(\theta(q^S, w^S, r^S))}{\widetilde{G}(\theta(q^S, w^S, r^S))}\right) < 0$$

即 Π^S 为关于 q^S 的凹函数。q^{S0} 可通过求解一阶条件 $d\Pi^S/dq^S = 0$ 获得。
证毕。

推论 8-3 （1）当 $\tau_R - \tau_F(1-\beta) - \tau_M\beta > 0$ 时，$q^{S0} > q^{A0} > q^{N0}$，$\Pi^{S0} > \Pi^{A0} > \Pi^{N0}$；当 $\tau_R - \tau_F(1-\beta) - \tau_M\beta \leq 0$ 时，$q^{S0} = q^{A0} > q^{N0}$，$\Pi^{S0} = \Pi^{A0} > \Pi^{N0}$。

（2）当 $\tau_R - \tau_F(1-\beta) - \tau_M\beta > 0$ 时，q^{S0} 和 Π^{S0} 随着 α_i 的增加而增加；当 $\tau_R - \tau_F(1-\beta) - \tau_M\beta \leq 0$ 时，q^{S0} 和 Π^{S0} 随着 (α_M, α_F) 的增加而不变。

（3）当 $\tau_R - \tau_F(1-\beta) - \tau_M\beta > 0$ 且 $\alpha_M > \alpha_F$ 时，q^{S0} 和 Π^{S0} 随着 β 递增；当 $\tau_R - \tau_F(1-\beta) - \tau_M\beta > 0$ 且 $\alpha_M > \alpha_F$ 时，q^{S0} 和 Π^{S0} 随着 β 递减；当 $\tau_R - \tau_F(1-\beta) - \tau_M\beta \leq 0$ 时，q^{S0} 和 Π^{S0} 随着 β 保持不变。

（4）当 $\tau_R - \tau_F(1-\beta) - \tau_M\beta > 0$ 时，q^{S0} 和 Π^{S0} 随着 η 递减；当 $\tau_R - \tau_F(1-\beta) - \tau_M\beta \leq 0$ 时，q^{S0} 和 Π^{S0} 随着 η 不变。

证明 （1）令 $H = \tau_R - \tau_F(1-\beta) - \tau_M\beta$，显然

$$q^{S0} = G^{-1}\left(\frac{\alpha_R((p-c) + (tHG(\theta(q^S, w^S, r^S))))}{e}\right) \geq G^{-1}\left(\frac{\alpha_R(p-c)}{e}\right)$$

$$= q^{A0}。$$

当 $H < 0$ 时，$\Pi^S(w^S, r^S)$ 关于 (w^S, r^S) 的海赛矩阵如下：

$$\begin{bmatrix} \dfrac{\partial^2 \Pi^S}{\partial (w^S)^2} & \dfrac{\partial^2 \Pi^S}{\partial w^S r^S} \\ \dfrac{\partial^2 \Pi^S}{\partial r^S w^S} & \dfrac{\partial^2 \Pi^S}{\partial (r^S)^2} \end{bmatrix} =$$

$$\begin{bmatrix} H(q^S(1+r^S))^2 g(\theta)/e & H(q^S G(\theta) + q^S(1+r^S)g(\theta)(w^S q^S - \eta)/e) \\ H(q^S G(\theta) + (w^S q^S - \eta)g(\theta)q^S(1+r^S)/e) & H(w^S q^S - \eta)^2 g(\theta)/e \end{bmatrix}$$

显然，当 $H < 0$ 时，上述海赛矩阵顺序主子式如下：

$$\frac{\partial^2 \Pi^S}{\partial (w^S)^2} < 0, \quad \frac{\partial^2 \Pi^S}{\partial (w^S)^2} \frac{\partial^2 \Pi^S}{\partial (r^S)^2} - \frac{\partial^2 \Pi^S}{\partial w^S \partial r^S} \frac{\partial^2 \Pi^S}{\partial r^S \partial w^S} > 0$$

即 $\Pi^S(w^S, r^S)$ 关于 (w^S, r^S) 联合凹，通过求解一阶条件：

$$\begin{cases} \dfrac{\partial \Pi^S}{\partial w^S} = (\tau_R - \tau_F(1-\beta) - \tau_M \beta)(q^S(1+r^S))G(\theta(q^S, w^S, r^S)) = 0 \\ \dfrac{\partial \Pi^S}{\partial r^S} = (\tau_R - \tau_F(1-\beta) - \tau_M \beta)(w^S q^S - \eta)G(\theta(q^S, w^S, r^S)) = 0 \end{cases}$$

可知 $\theta(q^S, w^{S*}, r^{S*}) = 0$，即融资主导者将设定 $w^{S*}(q^S)$，$r^{S*}(q^S)$ 使 $\theta(q^S, w^{S*}, r^{S*}) = 0$。因此可知当 $H < 0$ 时，$q^{S0} = G^{-1}\left(\dfrac{\alpha_R(p-c)}{e}\right) = q^{A0}$，$\Pi^{S0} = \Pi^{A0}$ 恒成立。

而当 $H > 0$ 时，有

$\tau_R > \tau_F(1-\beta) + \tau_M \beta > \min\{\tau_F, \tau_M\}(1-\beta+\beta) = \min\{\tau_F, \tau_M\}$，因此：

$$\Pi^S = (p-c)q^S - \tau_R e \int_{\theta(q^S, w^S, r^S)}^{q^S} G(x)\mathrm{d}x - \tau_F(1-\beta)e \int_0^{\theta(q^S, w^S, r^S)} G(x)\mathrm{d}x -$$

$$\tau_M \beta e \int_0^{\theta(q^S, w^S, r^S)} G(x)\mathrm{d}x \geq (p-c)q^S - \tau_R e \int_{\theta(q^S, w^S, r^S)}^{q^S} G(x)\mathrm{d}x - \tau_R(1-\beta) \times$$

$$e \int_0^{\theta(q^S, w^S, r^S)} G(x)\mathrm{d}x - \tau_R \beta e \int_0^{\theta(q^S, w^S, r^S)} G(x)\mathrm{d}x = (p-c)q^S - \tau_R e \int_0^{q^S} G(x)\mathrm{d}x$$

$= \Pi^A$，

显然有 $q^{S0} > q^{A0}$，$\Pi^{S0} > \Pi^{A0}$ 成立。

证明 （2）进一步分析参数对最优决策的影响可知：

$$\dfrac{\mathrm{d}q^{S0}}{\mathrm{d}\alpha_R} = -\dfrac{\tau_R^2 e(eG(q^{S0}) - tG(\theta(q^S, w^S, r^S)))}{A_7} > 0$$

$$\dfrac{\mathrm{d}q^{S0}}{\mathrm{d}\alpha_F} = -\dfrac{\tau_F^2 t(1-\beta)G(\theta(q^S, w^S, r^S))}{A_7} > 0$$

$$\dfrac{\mathrm{d}q^{S0}}{\mathrm{d}\alpha_M} = -\dfrac{\tau_M^2 tG(\theta(q^S, w^S, r^S))}{A_7} > 0$$

由包络定理可知：

$$\dfrac{\mathrm{d}\Pi^{S0}}{\mathrm{d}\alpha_R} = \dfrac{\partial \Pi^S}{\partial \alpha_R}\bigg|_{q^S = q^{S0}} = \dfrac{e\int_{\theta(q^{S0})}^{q^{S0}} G(x)\mathrm{d}x}{\alpha_R^2} > 0$$

$$\dfrac{\mathrm{d}\Pi^{S0}}{\mathrm{d}\alpha_F} = \dfrac{\partial \Pi^S}{\partial \alpha_F}\bigg|_{q^S = q^{S0}} = \dfrac{(1-\beta)e\int_0^{\theta(q^{S0})} G(x)\mathrm{d}x}{\alpha_F^2} > 0$$

$$\frac{\mathrm{d}\Pi^{S0}}{\mathrm{d}\alpha_M} = \frac{\partial \Pi^S}{\partial \alpha_M}\bigg|_{q^S=q^{S0}} = \frac{\beta e \int_0^{\theta(q^{S0})} G(x)\mathrm{d}x}{\alpha_M^2} > 0$$

其他部分可类似证明，略。

证毕。

推论 8-3 表明，在集中式情形下，融资情形下的系统收益总是不低于无融资情形（$\Pi^{S0} \geq \Pi^{A0} > \Pi^{N0}$），意味着融资总能为供应链带来效用改进，而合理的担保水平设定有助于进一步提升融资效率。其原因在于，融资（风险担保）有助于合理分担市场风险，当融资提供方风险厌恶水平低于零售商（$\tau_R - \tau_F(1-\beta) - \tau_M\beta > 0$）时，融资系统收益将得到改进。融资提供者应积极开展零售商融资，并根据各参与者的风险态度合理设置风险分担量。具体地，应当优先为资金量较低的零售商提供融资，并在金融机构相比生产商更加风险厌恶时提升担保水平，当金融机构风险厌恶程度低于生产商时降低风险担保水平。

（三）风险偏好的影响

接下来，进一步讨论分析决策者风险偏好对融资系统的影响，将市场随机需求的概率分布假定为服从均匀分布 $Z \sim U[0, a]$。通过分析可知，在资金充足情形下决策者期望收益随着零售商风险偏好水平的变化情况满足：

$$\frac{\mathrm{d}\Pi_R^A}{\mathrm{d}\alpha_R} = \frac{a(p-c)^2}{8e} > 0, \quad \frac{\mathrm{d}\Pi_M^A}{\mathrm{d}\alpha_R} = \frac{a(p-c)^2}{4e} > 0, \quad \frac{\mathrm{d}\Pi^A}{\mathrm{d}\alpha_R} = \frac{3a(p-c)^2}{8e} > 0$$

即供应链各方收益均随着零售商风险厌恶水平的降低而增加，并且生产商的风险态度对供应链没有实质性影响。我们在资金约束的供应链系统中获取到不同的结论。令参数 $p=5$，$c=2$，$s=0.1$，$r_f=0.01$，$Z \sim U[0, 1]$，通过数值分析（见图 8-4 至图 8-6）可知：

观察1：零售商的风险厌恶行为可能对其自身有利，但会对生产商和金融机构造成伤害。在推论 8-1 中已经明确了零售商的订货量随着其风险厌恶因子 α_R 的降低（风险厌恶程度的增加）而减少。为了抑制零售商的非理性订货行为，生产商和金融机构分别选择降低批发价及贷款利率，这实际上相当于降低了零售商的运营成本，有助于增加零售商收益。图8-6 论证了这

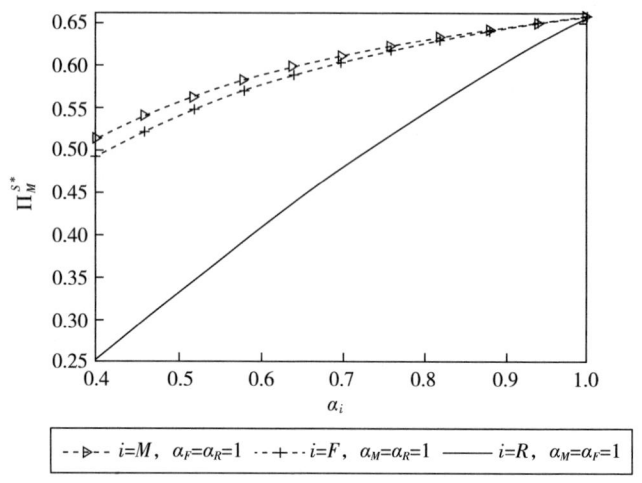

图 8-4 决策者风险偏好程度对生产商收益的影响

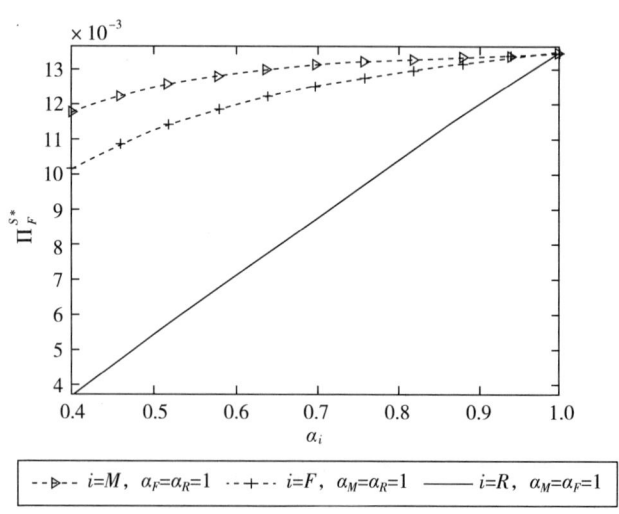

图 8-5 决策者风险偏好程度对金融机构收益的影响

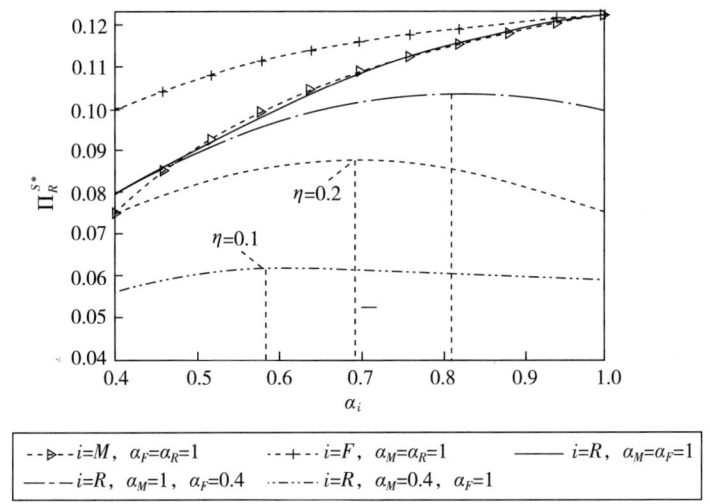

图 8-6 决策者风险偏好程度对零售商收益的影响

一结论,当生产商和金融机构均风险中性时($\alpha_M = \alpha_F = 1$),零售商风险中性对自己更加有利;而当生产商或金融机构风险厌恶时($\alpha_M = 1$,$\alpha_F = 0.4$ 或 $\alpha_M = 0.4$,$\alpha_F = 1$),相对较低的风险厌恶因子(α_R)更加有利于零售商,这意味着零售商可能受益于其自身的风险厌恶(风险控制)行为。图 8-6 还论证了零售商资金量越低,其越受益于他的风险厌恶(风险控制)行为。Chen 等(2012)在研究中指出,决策者 i 可以通过主动调节风险控制因子 α_i 来实现风险控制的目的。可见,零售商在参与融资时应当合理设定风控因子 α_R 来尽可能多地增加其收益。当然,零售商的风控行为对生产商及金融机构造成伤害,生产商及金融机构也应当关注零售商的风险偏好程度予以应对。同样我们发现,零售商的风险厌恶行为使得其融资需求降低 $dw^{A*}q^{A*}/d\alpha_R = A(p^2 - c^2)/(4e) > 0$,其风险厌恶行为也使得均衡融资模式由 T 模式逐渐转变为 A 模式,但这可能降低零售商及生产商的收益。

观察 2:金融机构的风险厌恶行为可能有利于零售商,但对生产商及其自身不利。我们在推论 8-2 中已知风险厌恶的金融机构会制定较为保守的利率决策(制定较高的贷款利率决策),这增加了融资系统上下游之间的双重边际效应以及零售商的运营成本,导致零售商降低订货,从而影响生产商的订货收益。生产商不得不通过降低批发价的形式解决零售商的订货降低效应。批发价和订货量的降低对生产商和金融机构不利（降低了他们的订货收益和贷款总额，我们在下文的拓展中发现垄断型金融机构的风险厌恶行为可能对自身有利）。然而，生产商批发价的降低可能对零售商有利。以上分析对于商业银行合理设定风险控制因子 α_F 提供了一些启示，如在本例所述的竞争型资本市场中，应当采取较为积极的风险态度（提高 α_F 的设置）。当然，金融机构也应当关注风险控制因子的设置对零售商融资模式选择的影响，当零售商从金融机构采取的风控策略中获益时，金融机构也可以适当降低 α_F 来吸引零售商参与供应链金融融资。

观察3：生产商的风险厌恶行为会伤及融资系统内的成员。这是由于风险厌恶的生产商同样倾向于制定较为保守（较高）的批发价策略，这增加了零售商的运营成本，导致其降低订货。虽然金融机构试图通过降低贷款利率来遏制这一不利影响，但生产商作为博弈主导者，其相比金融机构具有更大的讨价还价水平。虽然利率的降低有助于缓解订货降低的不利现状，但无法完全消除这一不利影响。因此，风险厌恶（采取风险控制）的生产商会对整个融资系统成员造成不利。生产商在运用 CVaR 风险度量准则制定风控策略时应当关注对系统的影响。

四、均衡融资模式分析

前文分析了各融资模式下的均衡决策，以及各决策者风险态度对融资系统的影响。接下来进一步分析，当五种资金情形（A，N，T，I，S）可供零售商和生产商选择时，双方博弈的均衡融资模式，以及各均衡融资情形发生的条件。

当 $\eta>L^A$ 时，零售商资金充足无须融资，即 $\eta\in[L^A,+\infty]$ 时，情形A发生。假设 L^{T*}，L^{S*}，L^{I*} 的大小排序为 $L^{K_3}>L^{K_2}>L^{K_1}\mid_{K_1,K_2,K_3=T,S,I,K_1\neq K_2\neq K_3}$。下面讨论 $0<\eta<L^A$ 时的情况：当 $L^{K_1}>L^A$ 时，区间 $[0,L^A]$ 的有效资金情

形为 T, S, I, N 模式；当 $L^{K_2} > L^A > L^{K_1}$ 时，$[0, L^{K_1}]$ 区间有效资金情形为 T, S, I, N, $[L^{K_1}, L^A]$ 区间为 K_2, K_3, N 情形（由于 $\eta > L^{K_1}$, 零售商在 K_1 情形下不再资金约束）；当 $L^{K_3} > L^A > L^{K_2}$ 时，$[0, L^{K_1}]$ 区间有效资金情形为 T, S, I, N, $[L^{K_1}, L^{K_2}]$ 区间为 K_2, K_3, N 情形，$[L^{K_2}, L^A]$ 区间为 K_3, N 情形；当 $L^A > L^{K_3}$ 时，$[0, L^{K_1}]$ 区间有效融资情形为 T, S, I, N, $[L^{K_1}, L^{K_2}]$ 区间为 K_2, K_3, N 情形，$[L^{K_2}, L^{K_3}]$ 区间为 K_3, N 情形，$[L^{K_3}, L^A]$ 区间为 N 情形。

下面仅分析一类特殊情形：$\eta < \min\{L^j|_{j=K_1,A}\}$ 情形，此时，T, S, I, N 资金情形均可能发生，下面分析双方博弈的均衡策略。当 $\pi_R^{I*} \geq \pi_R^{i*}|_{j\neq I}$ 或 $\pi_R^{N*} \geq \pi_R^{i*}|_{j\neq N}$ 时，零售商分别选择 I 情形和 N 情形，此时没有融资博弈发生。下面对 $\pi_R^{T*} \geq \pi_R^{i*}|_{j\neq T}$ 和 $\pi_R^{S*} \geq \pi_R^{i*}|_{j\neq S}$ 的情况予以分析，为简化表述，对可能发生的情形进行编码，用 $j^A j^B j^C j^D|_{j^k=T,S,I,N,k=A,B,C,D}$ 表示 $\pi_i^{A*} > \pi_i^{B*} > \pi_i^{C*} > \pi_i^{D*}$ 的收益排序情况。对于供应商而言，可能的收益排序情况共有 24 种：① TNIS, ② TNSI, ③ TSNI, ④ TSIN, ⑤ TINS, ⑥ TISN, ⑦ STIN, ⑧ STNI, ⑨ SNTI, ⑩ SNIT, ⑪ SITN, ⑫ SINT, ⑬ ITNS, ⑭ ITSN, ⑮ ISTN, ⑯ ISNT, ⑰ INTS, ⑱ INST, ⑲ NTIS, ⑳ NTSI, ㉑ NSIT, ㉒ NSIT, ㉓ NITS, ㉔ NIST。对于零售商而言，可能的情况共有 12 种：① TISN, ② TINS, ③ TSIN, ④ TSNI, ⑤ TNSI, ⑥ TNIS, ⑦ SINT, ⑧ SITN, ⑨ SNIT, ⑩ SNTI, ⑪ STNI, ⑫ STIN。

用 (m, n) 表示上述 24×12 种可能的组合情形，其中 m 表示生产商收益情形，n 表示零售商收益情形。

显然，当生产商和零售商同时倾向于选择同一种融资模式时，即 $\pi_M^{x*} \geq \pi_M^{i*}|_{j\neq x}$, $\pi_R^{x*} \geq \pi_R^{i*}|_{j\neq x}$ 时，均衡融资模式必为 x 情形，如当 $\pi_M^{T*} \geq \pi_M^{i*}|_{j\neq T}$, $\pi_R^{T*} \geq \pi_R^{i*}|_{j\neq T}$ 时，均衡融资情形为 T 融资模式。此外，当 $\pi_M^{N*} \geq \pi_M^{i*}|_{j\neq N}$, $\pi_R^{N*} \geq \pi_R^{i*}$ 时，对于生产商而言最优资金情形为 N, 生产商不会为零售商提供 T, S 融资，且此时零售商也不会选择 I 融资，此时的均衡情形必然为 N。同理，当 $\pi_M^{I*} \geq \pi_M^{i*}|_{j\neq I}$, $\pi_R^{I*} \geq \pi_R^{N*}$ 时均衡融资情形必然为 I。仅需对剩余的 146 种情况单独讨论生产商和零售商的博弈均衡策略。以 $(7, 1)$ 为例，生产商更倾向于开展供应链金融，而此时零售商宁可选择

开展互联网金融,这使得生产商利益受损,生产商不得不选择折中策略,为零售商提供延期支付融资(情形 T)。再以(3,8)为例,生产商倾向于提供贸易信用,而零售商宁可选择互联网金融,此时生产商收益更低,生产商将选择折中策略:为零售商提供供应链金融服务,此时融资的均衡也是 S 情形(情形 S)。其他情况可类似讨论分析。将所有情形总结如下:

命题 8-6 当 $\eta < \min\{L^j|_{j=T,S,I,A}\}$ 时,各融资情形均衡发生条件可总结为:

(1) 情形 T 发生的条件为 $\pi_M^{T*} \geq \pi_M^{j*}|_{j \neq T}$,$\pi_R^{T*} \geq \pi_R^{j*}|_{j \neq T}$ 或 $(m, n)|_{m=1,2,3,4,5,6,13, n=11,12}$ 或 $(m,n)|_{m=7,8,9,19,20,n=1,2}$ 或 $(m,n)|_{m=7,8,11,13,14,15,n=5,6}$ 或(13,4)(14,4)(14,11)(19,3)(19,12)(20,3)(20,12)。

(2) 情形 S 发生的条件为 $\pi_M^{S*} \geq \pi_M^{j*}|_{j \neq S}$,$\pi_R^{S*} \geq \pi_R^{j*}|_{j \neq S}$ 或 $(m, n)|_{m=2,3,4,20,21,22,n=7,8}$ 或 $(m,n)|_{m=3,4,6,14,15,16,n=9,10}$ 或 $(m,n)|_{m=7,8,9,10,11,12,n=3,4}$ 或(15,4)(15,11)(16,4)(16,11)(21,3)(21,12)(22,3)(22,12)。

(3) 情形 I 发生的条件为 $\pi_R^{I*} \geq \pi_R^{j*}|_{j \neq I}$ 或 $\pi_M^{I*} \geq \pi_M^{j*}|_{j \neq I}$,$\pi_R^{I*} \geq \pi_R^{N*}$ 或 $(m, n)|_{m=1,5,6,19,23,24,n=7,8}$ 或 $(m,n)|_{m=10,11,12,22,23,24,n=1,2}$ 或(6,12)(23,3)(23,12)(24,3)(24,12)。

(4) 情形 N 发生的条件为 $\pi_R^{N*} \geq \pi_R^{j*}|_{j \neq N}$ 或 $\pi_M^{N*} \geq \pi_M^{j*}|_{j \neq N}$,$\pi_R^{N*} \geq \pi_R^{k*}$ 或 $(m, n)|_{m=1,2,5,13,17,18,n=9,10}$ 或 $(m,n)|_{m=9,12,16,17,18,n=5,6}$ 或(17,4)(17,11)(18,4)(18,11)。

以上分析给出了 $\eta < \min\{L^j|_{j=T,S,I,A}\}$ 情形下的融资博弈均衡情形,而 $\eta \in [L^{K_1}, L^A]$ 区间的均衡博弈情况也可类似得出,此处不再赘述。

通过上述分析,本章明确了融资均衡模式的博弈及最终均衡策略及其发生条件。下面,为充分理解供应链融资运营机理,对融资中关键参数:零售商的自有资金量 η,生产商的风险担保因子 β 进行分析,从而为合理选择参与融资的零售商、合理设置担保比例等关键融资参数,提高融资效率提供发展策略。

命题 8-7 (1) 令 $\bar{w} = \dfrac{p}{1+r_f}$,$\bar{q} = G^{-1}\left(\dfrac{\bar{w}-c}{\tau_M e}\right)$,$\bar{\Pi}_M^S = \Pi_M^S(\bar{w}, \bar{q})$,$\bar{\Pi}_F^S =$

$\Pi_F^S(\bar{w}, \bar{q})$, $q^{M0} = q^{S0}|_{\alpha_i = \alpha_M}$, $\Pi^{M0} = \Pi^{S0}(q^{M0})|_{\alpha_i = \alpha_M}$, 当$(\eta, \beta, r_f) \to (0, 1, r_f) \to (0, 1, 0)$ 时，有$(w^{S*}, r^{S*}, q^{S*}, \Pi_M^{S*}, \Pi_F^{S*}, \Pi_R^{S*}) \to (\bar{w}, r_f, \bar{q}, \bar{\Pi}_M^S, \bar{\Pi}_F^S, 0) \to (p, 0, q^{M0}, \Pi^{M0}, 0, 0)$ 成立。

（2）等式 $\bar{q}g(\bar{q}) = \tilde{G}(\bar{q})$ 及 $q^{M0}g(q^{M0}) = \tilde{G}(q^{M0})$ 总是成立。

证明 （1）分析 $w^{S*}(q^S)$ 的决策，由式（8-6）可知，不管其他参数如何变化，当 $\eta \to 0$ 时，只有当 $w^{S*}(q^S)(1+r^S) \to p$ 时才能维持等式平衡，此时 $\theta(q^S) \to q^S$。进一步地，观察金融机构利率决策表达式（8-11）可知，当 $\beta \to 1$ 时，有 $r^{S*} \to r_f$，即 $w^S \to \bar{w} = p/(1+r_f)$，进一步由生产商效用函数表达式（8-14）可知，此时生产商收益函数变为 $\Pi_M^S = (p/(1+r_f) - c)q^S - \tau_M e \int_0^{q^S} G(x)dx$，为关于 q^S 的严格可微凹函数，通过求解一阶条件可得到最优库存决策及各方收益分别为：

$$q^{S*} = \bar{q} = G^{-1}((\bar{w} - c)/(\tau_M e))$$

$$\Pi_M^{S*} = (\bar{w} - c)\bar{q} - \tau_M e \int_0^{\bar{q}} G(x)dx, \Pi_F^{S*} = (\bar{w}\bar{q} - \eta)r_f, \Pi_R^{S*} = 0$$

特别地，当 $r_f \to 0$ 时，有 $(w^{S*}, r^{S*}, q^{S*}, \Pi_M^{S*}, \Pi_F^{S*}, \Pi_R^{S*}) \to (p, 0, q^{M0}, \Pi^{M0}, 0, 0)$。

证明 （2）对式（8-6）关于 w^S 进行一阶条件求解可知：

$$\tilde{G}(\theta(q^{S*}, w^S, r^S)) - \frac{t}{e}q^{S*}g(\theta(q^{S*}, w^S, r^S)) = \left(\frac{t^2}{e}g(\theta(q^{S*}, w^S, r^S)) - eg(q^{S*})\right)\frac{dq^{S*}}{dw^S}。$$

由上文已经知道当 $\eta \to 0$ 时，有 $\iota \to e$，$\theta(q^{S*}, w^S, r^S) \to q^{S*}$ 成立，这意味着上述等式的右侧趋近 0，等式变为 $\tilde{G}(q^{S*}) - q^{S*}g(q^{S*}) = 0$，由命题 8-7（1）可知，取决于 r_f 的取值，当 $r_f > 0$ 时 $q^{S*} = \bar{q}$，即 $\tilde{G}(\bar{q}) - \bar{q}g(\bar{q}) = 0$；当 $r_f = 0$ 时 $q^{S*} = q^{M0}$，即 $\tilde{G}(q^{M0}) - q^{M0}g(q^{M0}) = 0$。

证毕。

推论 8-4 （1）当 $\alpha_M = \max\{\alpha_M, \alpha_F, \alpha_R\}$ 时，$q^{M0} > q^{S0}$，$\Pi^{M0} > \Pi^{S0}$。

（2）令 $\Delta \alpha = \alpha_M - \max\{\alpha_F, \alpha_R\}$，$\Delta q = q^{S*} - q^{S0}$，$\Delta \Pi_M = \Pi_M^{S*} - \Pi^{S0}$，

$\Delta\Pi_{sc} = \Delta\Pi_{sc} = \Pi_{sc}^{S^*} - \Pi^{S0}$，$\Delta\Pi = \Pi^{S^*} - \Pi^{S0}$，存在参数组合$(\tilde{\eta}, \tilde{\beta}, \tilde{r}_f)$使得当$0 < \eta < \tilde{\eta}$，$0 < \beta < \tilde{\beta} < 1$，$0 < \tilde{r}_f < r_f < 1$，$\alpha_M = \max\{\alpha_M, \alpha_F, \alpha_R\}$时，有$w^{S^*}$，$r^{S^*}$，$q^{S^*}$，$\Pi_F^{S^*}$，$\Pi_M^{S^*}$随着$\eta(\beta)$的增加（降低）而降低（增加），$\Pi_R^{S^*}$随着$\eta(\beta)$的增加（降低）而增加（降低）；$\Delta q$，$\Delta\Pi_M$，$\Delta\Pi_{sc}$，$\Delta\Pi$随着$\Delta\alpha$递增；且$q^{S^*} > \max\{q^{S0}, q^{A0}\}$，$\Pi_M^{S^*} > \max\{\Pi^{k0}, \Pi^{A0}\}$，$\Pi^{S^*} > \max\{\Pi^{S0}, \Pi^{A0}\}$，$q^{T^*} > q^{S^*} > \max\{q^{I^*}, q^{A^*}\} > q^{N^*}$，$w^{T^*} > w^{S^*} > \max\{w^{I^*}, w^{A^*}\}$，$r^{I^*} > r^{S^*}$，$\Pi_M^{T^*} > \Pi_M^{S^*} > \max\{\Pi_M^{I^*}, \Pi_M^{A^*}\}$，$\min\{\Pi_R^{A^*}, \Pi_R^{I^*}\} > \Pi_R^{S^*} > \Pi_R^{T^*}$，$\Pi_F^{S^*} > \Pi_F^{I^*}$，$\Pi_{sc}^{T^*} > \Pi_{sc}^{S^*} > \max\{\Pi_{sc}^{I^*}, \Pi_{sc}^{A^*}\}$，$\Pi^{T^*} > \Pi^{S^*} > \max\{\Pi^{I^*}, \Pi^{A^*}\}$成立。

证明 （1）由推论8-3知道，$dq^{S0}/d\alpha_i > 0$，且当$\alpha_M = \alpha_F = \alpha_R$时，$q^{S0} = G^{-1}\left(\dfrac{\alpha_M(p-c)}{e}\right) = q^{M0}$，因此，显然当$\alpha_M > \max\{\alpha_F, \alpha_R\}$成立时有$q^{M0} > q^{S0}$成立。进一步地，当$\alpha_M > \max\{\alpha_F, \alpha_R\}$时，$\Pi^M = (p-c)q^S - \tau_M e \int_0^{q^S} G(x)dx = (p-c)q^S - \tau_M e \int_0^{q^S} G(x)dx - \tau_M(1-\beta)e \int_0^{\theta(q^S, w^S, r^S)} G(x)dx - \tau_M \beta e \int_0^{\theta(q^S, w^S, r^S)} G(x)dx > (p-c)q^S - \tau_R e \int_0^{q^S} G(x)dx - \tau_F(1-\beta)e \int_0^{\theta(q^S, w^S, r^S)} G(x)dx - \tau_M \beta e \int_0^{\theta(q^S, w^S, r^S)} G(x)dx = \Pi^S$。

显然，$\Pi^{M0} > \Pi^{S0}$成立。

证明 （2）由命题8-7可知，当$(\eta, \beta, r_f) \to (0, 1, 0)$时，$(w^{S^*}, r^{S^*}, q^{S^*}, \Pi_M^{S^*}, \Pi_F^{S^*}, \Pi_R^{S^*}) \to (p, 0, q^{M0}, \Pi^{M0}, 0, 0)$。

这意味着此时分散式融资系统的订货决策q^{S^*}以及收益$\Pi_M^{S^*}$超过集中式订货决策q^{S0}及收益水平Π^{S0}，实现超额协调。观察资金充足情形下的最优决策可知，$q^{A0}|_{\alpha_R = \alpha_M} = q^{M0}$，$\Pi^{A0}|_{\alpha_R = \alpha_M} = \Pi^{M0}$，即只需令$\alpha_R = \alpha_M$即可实现$q^{A0} = q^{M0}$，$\Pi^{A0} = \Pi^{M0}$。而由于$\alpha_M > \alpha_R$且$d\Pi^{A0}/d\alpha_R = e\int_0^{q^{A0}} G(x)dx/(\alpha_R^2) > 0$，可知$q^{M0} > q^{A0}$，$\Pi^{M0} > \Pi^{A0}$成立。上述分析意味着当$(\eta, \beta, r_f) \to (0, 1, 0)$且$\alpha_M > \max\{\alpha_F, \alpha_R\}$时，有$q^{k^*} > \max\{q^{k0}, q^{A0}\}$，$\Pi_M^{k^*} > \max\{\Pi^{k0}, \Pi^{A0}\}$，$\Pi^{k^*} > \max\{\Pi^{k0}, \Pi^{A0}\}$成立。上述分析意味着当$(\eta, \beta, r_f) \to (0,$

1,0)时,w^{S*},r^{S*},q^{S*},Π_M^{S*},Π_F^{S*}(Π_R^{S*})增加(降低)至较高(较低)水平,必然存在临界点组合($\tilde{\eta}$,$\tilde{\beta}$,$\tilde{r}_r$),使得当$0 < \eta < \tilde{\eta}$,$0 < \beta < \tilde{\beta} < 1$,$0 < \tilde{r}_f < r_f < 1$,$\alpha_M = \max\{\alpha_M, \alpha_F, \alpha_R\}$时,$w^{S*}$,$r^{S*}$,$q^{S*}$,$\Pi_M^{S*}$,$\Pi_F^{S*}$($\Pi_R^{S*}$)随着 η 递减,随着 β 的递增。由 $d\Pi^{M0}/d\alpha_M = \beta e \int_0^{q^{M0}} G(x)dx/\alpha_M^2 > \beta e \int_0^{\theta(q^{S0})} G(x)dx/\alpha_M^2 = d\Pi^{S0}/d\alpha_M$ 可知,当 α_M 增加时,Π^{M0}、Π^{S0} 均增加,但 Π^{M0} 增加的速度高于 Π^{S0};而当 $\max\{\alpha_F, \alpha_R\}$ 降低时,Π^{S0} 降低,Π^{M0} 不变。这意味着当 α_M 与 $\max\{\alpha_F, \alpha_R\}$ 的差距增加,即 $\Delta\alpha$ 增大时,Π^{M0} 与 Π^{S0} 的差距也增大,即 $d\Delta\Pi/d\Delta\alpha > 0$。同理,可知当($\eta$, β, r_f)→(0, 1, 0)时,$d\Delta q/d\Delta\alpha > 0$,$d\Delta\Pi_M/d\Delta\alpha > 0$,$d\Delta\Pi_{sc}/d\Delta\alpha > 0$ 也是成立的。

显然,上述结论在(η, β, r_f)在点(0, 1, 0)的邻域(0, 1 − δ, 0),(0, 1, δ)也是成立的。比较各融资情形(T, I, S)可以发现,情形 T 中 $\beta = 1$,$r_f = 0$(为固定参数),而情形 I 和情形 S 分别为 $\beta = 0$,$r_f > 0$(β 固定)和 $0 < \beta < 1$,$r_f > 0$,相比之下,当(η, β, r_f)→(0, 1, 0)时,T 情形下的订货、生产商及系统收益更接近超协调下的订货及收益水平,情形 S 次之,其次为情形 I,可见(η, β, r_f)在(0, 1, 0)的邻域内有上述不等式成立。

证毕。

下面从运作模型角度分析产生上述结论的原因。实际上,根据零售商的期望效用表达式

$$\Pi_R^S = -\eta + e(q^S - \theta(q^S, w^S, r^S)) - \tau_R e \int_{\theta(q^S, w^S, r^S)}^{q^S} G(x)dx = (p - w^S(1 + r^S))q^S - \tau_R e \int_0^{q^S} G(x)dx + \tau_R e \int_0^{\theta(q^S, w^S, r^S)} G(x)dx + \eta r^S$$

可知,零售商收益函数一方面受到批发价 w^S 和 r^S 增加带来的成本增加效应的影响,另一方面受到因违约造成的收益影响:$\tau_R e \int_0^{\theta(q^S, w^S, r^S)} G(x)dx$。在给定批发价和利率的情况下,零售商最优订货量随着其初始资金使用量的下降而增加(推论 8 - 1)。此时,观察等式(8 - 11)右边可知商业银行的期望收益因贷款量的增加而增加,这时为了维持等式平衡,商业银行会选择

提升贷款利率，此时由推论 8－2 可知 d$\theta(q^s, w^s, r^{s*}(q^s))/dq^s > 0$，即不管金融机构如何决策利率，$\theta(q^s, w^s, r^{s*}(q^s))$ 依然增加，这时观察生产商的效用函数表达式(8－12)可知，随着 $\theta(q^s, w^s, r^s)$ 的增加，当生产商增加批发价时，其收益函数表达式会逐渐接近集中式函数表达式（收益增加）。最终，因零售商初始资金量降低而导致批发价增加、贷款利率增加、违约风险增加。当成本增加效应大于违约收益（破产风险）增加效应时，零售商会选择降低订货；反之，当违约收益增加效应占优时，零售商会维持订货增加不变。以上分析表明：

（1）深入开展融资有助于激励和协调供应链，这是由于越低的零售商初始资金量造成其更高的破产风险，生产商和金融机构选择提高批发价及贷款利率来弥补所承担的风险。零售商受益于因其违约造成的成本降低，但因运营成本（批发价和贷款利率）的增加而受到损害，只有从违约中所获得收益高于运营成本增加时，零售商才会选择提高订货。我们注意到，当零售商初始资金量逐渐接近零时，其破产风险急剧增加，导致订货量无限接近集中式订货水平，而生产商所制定批发价也无限接近市场零售价水平。最终因决策的变化，供应链整体收益逐渐超过资金充足（情形 A）下的收益，并逐渐接近集中式供应链系统收益水平。这足以体现出供应链融资在运营决策上的优势，供应链管理者应当积极采取融资策略。

（2）生产商及银行应当为资金量更低的零售商提供融资，这是由于相比资金较为充足的零售商，此类零售商订货积极性更高，能够大幅提升生产商的订货收益以及金融机构的贷款额度，从而增加他们的收益。

（3）在融资模式选择策略方面，首先生产商更加倾向于选择贸易信用融资模式（从命题 8－7 可知当生产商担保水平无限接近 1 时，其收益也无限增加至集中式融资系统收益水平，可见生产商更乐于提供风险承担水平更高的贸易信用模式）；其次是供应链金融和零售商独立融资。而站在金融机构视角，相较于独立为零售商提供融资，供应链金融模式能够更加有效地增加它们的收益水平，这是由于供应链金融降低了银行的风险，从而激励银行降低贷款利率，进一步激励零售商提高订货量，从而提升贷款额度，增加银行收益。传统意义上，银行为中小企业提供供应链金融是为

第八章　资本市场竞争与核心企业融资提供模式选择

了规避风险，但本书从另一视角（运营决策角度）论证了采取供应链金融相比直接为零售商提供融资更具优势。

（4）设置较高的风险承担比例 β 能够实现生产商及金融机构间的双赢。但值得注意的是，较高的风险承担比例造成较高的批发价决策，从而对零售商造成不利，此时零售商可能转而选择独立融资，而非供应链金融融资，最终导致核心企业收益损失及商业银行客户损失（实践中，即使商业银行提供更低的贷款利率，仍有许多零售商选择以独立融资形式弥补资金不足），可见，实践中广泛采用的差额回购策略缺乏科学性。上述分析为工业界实践供应链金融获得一些启示：生产商在参与供应链金融时，不应盲目逃避担保，应积极参与担保。担保可以使生产商和金融机构实现共赢。但最终担保水平设定还应当取决于零售商的选择。较高的担保水平可能致使批发价过高，而使零售商收益下降，零售商转而选择独立融资（这解释了现实中为何即使供应链金融利率较低，仍有零售商会选择独立融资），使生产商收益下降、银行客户损失。在实践中，保兑仓融资采取差额回购策略缺乏科学性，核心企业及商业银行应根据零售商自有资金水平合理调整担保比例，如随着零售商自有资金的降低适当降低担保比例。

上述推论得出了一个有趣的结论：融资系统中多决策者风险厌恶情形下，分散式融资系统中的订货决策 q^{k*} 及整体收益 Π^{k*} 可能超过集中式系统中的决策 q^{k0} 及收益 Π^{k0}，特别是当零售商和金融机构风险厌恶程度显著高于生产商时。这一结论与传统的风险中性供应链融资系统有所不同（集中式系统总是最优决策系统）。我们将这一现象称为超额协调现象（Super-Coordination Effect），同样的结论也出现在 Yan 等（2016）的研究中。在本章的研究中，这一结论出现的原因主要是由风险厌恶决策者间合理风险分配造成的。当 $\alpha_M = \max\{\alpha_M, \alpha_F, \alpha_R\}$ 且 $(\eta, \beta, r_f) \to (0, 1, 0)$，生产商承担所有风险，也同时承担了全部的系统收益，当其风险厌恶程度较低时，有利于增加融资系统收益，实现超额协调现象。同时，这一现象也随着生产商风险偏好因子（α_M）与其他决策者风险厌恶程度（$\max\{\alpha_F, \alpha_R\}$）差距的增加而增大。下面，我们通过数值仿真分析来论证和补充相关结论。设定 $\alpha_M = 0.9$，$\alpha_F = \alpha_R = 0.8$，并设置生产商风险承担比例 β 的下界为 0.1，通过分析可得到如下结论：

观察 4：供应链融资的深入开展有助于实现生产商、金融机构、零售商之间的三方共赢。由图 8-7 可知，生产商的最优收益随着零售商资金使用量的降低而提升，且当资金量降低到一定程度时，生产商收益超过（零售商）资金充足情形下的收益，特别是当 $\eta \to 0$ 时，生产商收益甚至超过集中式融资系统收益水平（$\Pi_M^{k*} \to \Pi^{M0} > \Pi^{k0}$）。这说明融资的深入开展对生产商和整条供应链有利。由图 8-8 可知，存在初始资金量 η 参数区间使得零售商收益超过其他资金情形（$\Pi_R^{k*} > \Pi_R^{A*} > \Pi_R^{N*}$），可见，零售商也能够从融资当中获益。进一步分析发现，由于随着零售商初始资金量的降低，生产商批发价和金融机构贷款利率增加，导致零售商收益下降，但值得注意的是，零售商收益始终高于不参与融资时（情形 N）的收益，意味着资金约束的零售商总能从获取融资中获益（当然，零售商应当提供更多的初始资金来参与融资，而非过度依赖融资）。通过图 8-9 同样可以发现，随着融资的深入开展（η 降低），金融机构收益逐渐增加。上述分析表明：深入开展融资能够实现融资系统成员的三方共赢。

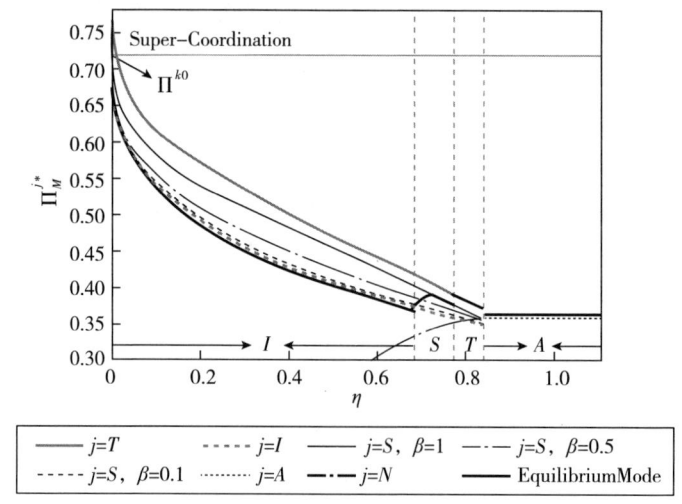

图 8-7 零售商初始资金量对生产商收益的影响

观察 5：深入开展融资将带来差额协调效应，由图 8-7 可以发现，当

第八章 资本市场竞争与核心企业融资提供模式选择

零售商初始资金量足够低时,生产商收益超过集中式融资系统收益水平,可见,在生产商风险厌恶程度低于零售商时,开展融资有助于进一步改进供应链效率;而此时对于生产商以及融资系统而言,贸易信用融资相比其他融资模式更具效率。这一发现同时证明了推论 8-4 的有效性。

观察 6:均衡融资模式随零售商资金使用额度变化而变化。观察图 8-8 可以发现,生产商总倾向于选择贸易信用融资,随后是供应链金融及零售商独立融资形式,但在 $0 < \eta < \eta_1$ 时,零售商在独立融资下收益高于其他情形,其会选择独立融资模式而非其他融资模式,此时均衡融资模式为独立融资模式(情形 I);随着 η 的增加,当 η 增加至区间 $\eta_1 < \eta < \eta_2$ 时,零售商更倾向于选择供应链金融,随后是独立融资和贸易信用融资模式,此时,零售商不会选择生产商为之提供的延期支付合同形式,而是仍然选择独立融资形式,这对生产商造成不利。生产商不得不选择折中策略:为零售商提供供应链金融融资,采取这一策略虽取得收益不如贸易信用下的收益多,但能保证避免零售商选择独立融资对其造成更大的不利,此时均衡融资模式为供应链金融融资模式(情形 S)。而随零售商初始资金量进一步增加,当 η 增加至区间 $\eta_2 < \eta < \eta_3$ 时,生产商和零售商同时倾向于选择贸易信用而非其他融资形式,这时的均衡融资模式转变为贸易信用模式(情形 T)。

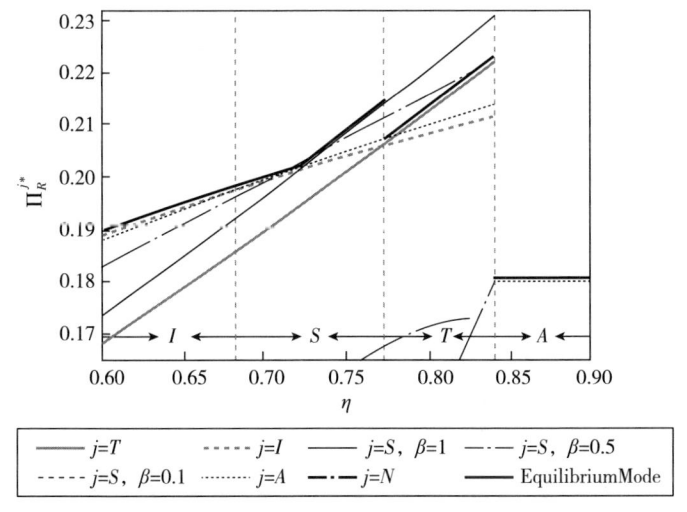

图 8-8 零售商初始资金量对零售商收益的影响

以上现象（观察6）出现的原因可解释如下：生产商的融资担保对于零售商具有两个主要影响，利率降低效应以及批发价增加效应，这两种效应分别对零售商造成好处和不利，当期初始资金量较低时，零售商破产风险进一步加大，违约风险也进一步提高，批发价增加效应占据主导地位，这时零售商"厌恶"担保，而选择独立寻求融资策略。当其初始资金量超过一定阈值时，利率降低效应占据主导地位，此时零售商倾向于选择具备生产商担保的供应链金融以及贸易信用融资模式。而当其持有资金量足够大时（$\eta > \eta_3$），零售商不再资金约束，此时其无须寻求融资，均衡资金情形变为情形 A。

资金成本的影响：当然，本章在模型中没有讨论供应链金融模式和独立融资模式中金融机构资金获取成本差异的影响（不同的融资机构和融资模式获取资金的成本往往不同）。在现实中，供应链金融模式下的资金成本明显低于独立融资模式下的资金成本，此时，会有更多的零售商选择采用供应链金融而非独立融资模式，体现在图 8-7 中，主要是区间 [η_1, η_2] 的增加以及 [0, η_1] 的降低。

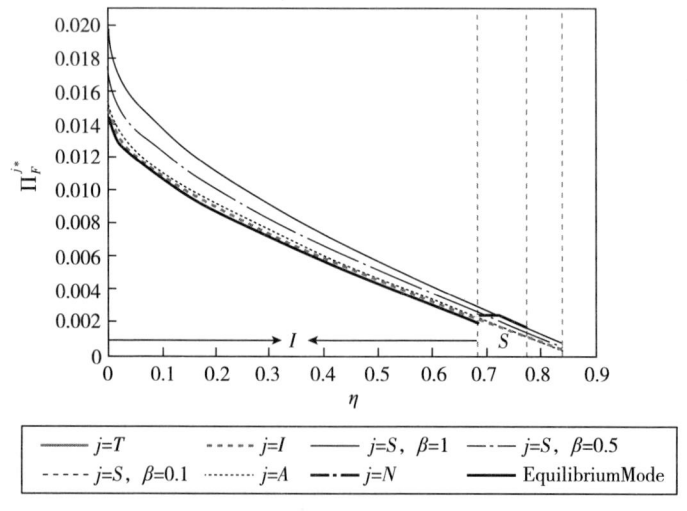

图 8-9 零售商初始资金量对金融机构收益的影响

第八章 资本市场竞争与核心企业融资提供模式选择

实际上，上述均衡及参数分析为融资提供方（核心企业及商业银行）合理且科学地选择融资成员、改进参数设置提供了决策依据、营销策略和管理启示：上述结果表明，融资提供方应当根据零售商初始资金量的大小合理设置风险担保比例 β^*。图 8-7 和图 8-9 表明，生产商和银行倾向于设置更高的担保水平，然而，为了保证零售商参与供应链金融融资而非选择独立融资，避免核心企业的收益损失以及商业银行的客户流失，融资提供方应当选择适当降低担保比例。令 $\bar{\beta} = \{\bar{\beta} \mid \Pi_R^{S*}(\bar{\beta}, \eta) = \Pi_R^{I*}(\eta)\}$，融资提供方应当在零售商初始资金区域 $\eta_1 < \eta < \eta_4$ 设置最优担保水平 $\beta^* = \bar{\beta} + \delta \mid_{\delta \to 0}$，并在区域 $\eta_4 < \eta < \eta_2$ 设置担保水平 $\beta^* = 1$，特别地，应当在 $0 < \eta < \eta_1$ 区间设定最优担保水平 $\beta^* = 0$。采取上述担保水平设置的方式是为了确保供应链金融模式下零售商道德收益水平总是不低于独立融资模式，从而促使零售商选择供应链金融模式而非独立融资，提高银行供应链金融客户数量。上述分析意味着实践中普遍采取的差额回购策略（总是设定 $\beta^* = 1$，令生产商承担所有违约风险）缺乏合理性，融资提供方应当设定随着零售商初始资金量的变化而变化的担保水平。例如，当初始资金数额低于某一特定水平（本例中的 η_4）时，β^* 应当随着 η 的降低而降低，而当 η 高于 η_4 时，β^* 应当设定为 1。此外，由图 8-9 可知，融资提供方应当在 $0 < \eta < \eta_1$ 和 $\eta_4 < \eta < \eta_2$ 区间为初始资金较低的零售商提供融资，在 $\eta_1 < \eta < \eta_4$ 区间选择初始资金量较高的零售商，以提高自身利润水平。

五、融资协调机制设计

融资系统中成员博弈增加了系统内部双重边际效应，造成融资系统效率损失，为规避这一效应，有必要进一步讨论融资系统协调问题。我们期望通过机制设计来实现融资系统的协调，协调合同可以由生产商及银行联合主导推出（这符合实际背景，实践中的供应链金融均是由生产商和银行联合推出的),并以合同的形式执行。在现有的研究中,Yang 等(2010)和 Yan 等(2016)对于资金充足且风险厌恶型供应链以及资金约束且风险中性下的供应链系统协调问题开展了细致研究,我们进一步讨论资金约束且融资系统内部成员均风险厌恶时的协调策略。根据合同理论,仅需设置合同参数使得分散式融资系统下的成员决策与集中式相一致即可消除成员间的双重边际效应,使得分散式系统达到集中式水平,当然,还需要满足激励相容约束:协调后成员收益均不低于协调前。令 $T_{i\bar{i}}(i,\bar{i}=M,F,R)$,表示从决策者 i 转移至 $\bar{i}$ 的期望转移支付费用(其中,转移支付发生在销售结束后), $\hat{y}$ 和 $\hat{\Pi}_i^s$ 表示协调后的决策和成员年收益。经论证,下述合同机制能够实现融资系统协调。

命题 8-8 (1) 改进的二部定价合同($\hat{w}^s$, T_{RM}, T_{RF}):令 $\theta_2 = \theta(\hat{w}^s, \hat{r}^s(\hat{w}^s), q^{s0})$, $\theta_3 = \theta(\hat{w}^s, \hat{r}^s(\hat{w}^s), \hat{q}(\hat{r}^s(\hat{w}^s), \hat{w}^s))$, $t_3 = t(\hat{w}^s, \hat{r}^s(\hat{w}^s))$。当合同参数满足下述形式时,二部定价合同($\hat{w}^s$, T_{RM}, T_{RF})能够实现风险厌恶下的供应链融资系统协调。

$$\begin{cases} e\tilde{G}(q^{s0}) - t_3\tilde{G}(\theta_2) = 0 \\ \hat{\Pi}_i^s(\hat{w}^s, T_{RM}, T_{RF}) \geqslant \Pi_i^{s*} \end{cases} \tag{8-23}$$

其中, $\hat{r}^s(\hat{w}^s)$ 满足:

$$\begin{cases} e\tilde{G}(q^{s0}) - t_3\tilde{G}(\theta_3) = 0 \\ (\hat{w}^s\hat{q}^s - \eta)(\hat{r}^s - r_f) - \tau_F \int_0^{\theta_3} G(x)\mathrm{d}x = 0 \end{cases} \tag{8-24}$$

(2) 补贴合同(ϕ_{MR}, ϕ_{MF}, T_{MF}, T_{FM}):设定 $T_{MR} = \phi_{MR}\Pi^s - \Pi_R^s$, $T_{MF} = \phi_{MF}\Pi_F^s - \Pi_F^s$, $\phi_{i\bar{i}} \in [0,1]$ 且满足 $\hat{\Pi}_i^s(T_{MR}, T_{MF}) \geqslant \Pi_i^{s*}$。

(3) 改进的收益共享合同($\hat{w}^s$, ϕ_{RF}, ϕ_{FM}):令

$$\theta_4 = \frac{(w^s q^s - \eta)(1+r^s) - (1-\phi_{RF})sq^s}{(1-\phi_{RF})e}$$

$\theta_5 = \theta_4(\hat{w}^s, \hat{r}^s(\hat{w}^s), q^{s0})$, $\theta_3 = \theta_4(\hat{w}^s, \hat{r}^s(\hat{w}^s), \hat{q}(\hat{r}^s(\hat{w}^s), \hat{w}^s))$

$t_4 = w^s(1+r^s) - (1-\phi_{RF})s$, $t_5 = t_4(\hat{w}^s, r^s(\hat{w}^s))$, $t_6 = t_4(\hat{w}^s, \hat{r}^s(\hat{w}^s))$

第八章 资本市场竞争与核心企业融资提供模式选择

当参数满足下述等式时,改进的收益共享合同 $(\hat{w}^S, \phi_{RF}, \phi_{FM})$ 可实现供应链融资系统有效协调。

$$\begin{cases} (1-\phi_{RF})e\widetilde{G}(q^{S0}) - t_5\widetilde{G}(\theta_5) = 0 \\ \hat{\Pi}_i^S(\hat{w}^S, \phi_{RF}, \phi_{FM}) \geqslant \Pi_i^{S*} \end{cases} \quad (8-25)$$

其中,q^{S0} 和 $\hat{r}^S(\hat{w}^S)$ 由下式确定:

$$(p-c) - (\tau_R(1-\phi_{RF}) + \tau_F(1-\phi_{FM})\phi_{RF} + \tau_M\phi_{FM})eG(q^{S0}) + t_5(\tau_R(1-\phi_{RF})) - \tau_F(1-\phi_{FM})(1-\beta)(1-\phi_{RF}) - \tau_M(\phi_{FM}(1-\beta)(1-\phi_{RF}) + \beta)G(\theta_5) = 0 \quad (8-26)$$

$$\begin{cases} (1-\phi_{RF})e\widetilde{G}(q^{S0}) - t_5\widetilde{G}(\theta_6) = 0 \\ (1-\phi_{FM})(p\hat{q}^S - (1-\phi_{RF})e(\hat{q}^S - \theta_6) - (1-\beta)(1-\phi_{RF})e\int_0^{\theta_6}G(x) \\ \mathrm{d}x - \phi_{RF}e\int_0^{\hat{q}^S}G(x)\mathrm{d}x) - (\hat{w}^S\hat{q}^S - \eta)(1+r_f) = 0 \end{cases}$$

$$(8-27)$$

通过以上分析,本章得出了分散式和集中式融资系统决策表达式,仅需令两套决策函数相匹配,令 $q^{S*}(w) = q^{S0}$ 并进行运算即可得到二部定价合同下的批发价参数形式 $\hat{w}$,使得分散式融资系统收益达到集中式水平。而通过转移支付 T 可实现协调系统内成员收益的再分配,以实现激励相容,最终达成融资系统有效协调。在收益共享合同下,收益共享后的融资系统成员期望收益表达式分别为:

$$\Pi_R^S = -\eta + (1-\phi_{RF})e(q^S - \theta_4) - \tau_R(1-\phi_{RF})e\int_{\theta_4}^{q^S}G(x)\mathrm{d}x$$

$$\Pi_F^S = (1 \quad \phi_{FM})(pq^S \quad (1-\phi_{RF})(q^S - \theta_4) - \tau_F A_j) - (w^Sq^S - \eta)$$

$$\Pi_M^S = \phi_{FM}(pq^S - (1-\phi_{RF})e(q^S - \theta_4) - \tau_M((1-\beta)(1-\phi_{RF})e\int_0^{\theta_4}G(x) \\ \mathrm{d}x + \phi_{RF}e\int_0^{q^S}G(x)\mathrm{d}x)) + (w^S - c)q^S - \tau_Me\int_0^{\theta_4}G(x)\mathrm{d}x$$

收益共享合同下的分散式和集中式系统订货量 q^{S*} 和 q^{S0} 可分别通过计算 $\mathrm{d}\Pi_R^S/\mathrm{d}q^S = 0$,$\mathrm{d}\Pi^S/\mathrm{d}q^S = 0$ 得到,同样通过匹配 q^{S*} 和 q^{S0} 即可得到实现协调批发价参数,进而通过事先商定收益共享参数 ϕ_{ii} 即可实现收益再分配和协调。

证毕。

至此，我们对分散式融资系统的协调（分散式融资系统收益达到集中式水平）问题进行了分析。接下来，进一步讨论风险厌恶供应链系统的超额协调情形。令 $\hat{\alpha} = \max\{\alpha_R, \alpha_F, \alpha_M\}$，基于 CVaR 准则的次可加性，有

$$\text{CVaR}_{\hat{\alpha}}(\Pi^S) = \text{CVaR}_{\hat{\alpha}}(\Pi_R^S) + \text{CVaR}_{\hat{\alpha}}(\Pi_F^S) + \text{CVaR}_{\hat{\alpha}}(\Pi_M^S) \geq$$
$$\text{CVaR}_{\alpha_R}(\Pi_R^S) + \text{CVaR}_{\alpha_F}(\Pi_F^S) + \text{CVaR}_{\alpha_M}(\Pi_M^S)$$

即当由风险厌恶程度较低的成员（可能是生产商、零售商或金融机构中的其一）承担更多风险时，集中式供应链融资系统能够得到进一步的帕累托改进。为了实现这一目的，设计新的协调合同机制如下所示。

命题 8-9 表 8-1 所示的合同参数能够实现风险厌恶型供应链融资系统实现帕累托最优。其中，参数 $\hat{\beta}$、$\hat{\eta}$、$\hat{r}_f$ 和 $\hat{b}$ 分别表示生产商担保水平、零售商所使用的初始资金量、金融机构设置的目标收益率、当零售商产品剩余时生产商的回购价格。当然，合同参数同样需要满足 $\hat{\Pi}_i^S \geq \Pi_i^{S*}$ 的激励相容约束。

表 8-1 风险厌恶融资系统协调合同参数

情形	合同	合同参数
$\hat{\alpha} = \alpha_R$	(1) $(\hat{w}^S, T_{MF}, T_{RM})$	$\hat{w}^S = \dfrac{sq^S + \eta(1+r^S)}{q^S(1+r^S)}$ $T_{MF} = \phi_{MF}\hat{\Pi}_R^S - (\hat{w}^S q^S - \eta) r^S$ $T_{RM} = \phi_{RM}\hat{\Pi}_R^S - \hat{w}^S q^S - \eta) r^S$
$\hat{\alpha} = \alpha_F$	(2) $(\hat{w}^S, \hat{\beta}, T_{FM}, T_{MF})$	$\hat{w}^S = \dfrac{pq^S + \eta(1+r^S)}{q^S(1+r^S)}, \hat{\beta} = 0, T_{MR} = \phi_{MR}\hat{\Pi}_F^S$ $T_{FM} = \phi_{MF}\hat{\Pi}_F^S - (\hat{w}^S - c) q^S$
$\hat{\alpha} = \alpha_M$	(3) $(\hat{w}^S, \hat{\beta}, T_{MF}, T_{MR})$	$\hat{w}^S = \dfrac{pq^S + \eta(1+r^S)}{q^S(1+r^S)}, \hat{\beta} = 1$ $T_{MR} = \phi_{MR}\hat{\Pi}_M^S - (p - \hat{w}^S) q^S$ $T_{MF} = \phi_{MF}\hat{\Pi}_F^S - (\hat{w}^S q^S - \eta) r^S$

续表

情形	合同	合同参数
(4) $(\hat{b}, T_{MF}, T_{MR})$		$\hat{b} = p$, $T_{MR} = \phi_{MR}\hat{\Pi}_M^S$ $T_{MF} = \phi_{MF}\hat{\Pi}_M^S - (w^S q^S - \eta)r^S$
(5) $(\hat{\eta}, \hat{\beta}, \hat{r}_f, T_{MF}, T_{MR})$		$\hat{\eta} = 0$, $\hat{\beta} = 1$, $\hat{r}_f = 0$

显然，上述合同参数的设置能够让融资系统风险重新分配，实现了令风险厌恶程度最低的决策者承担所有市场风险的目的，如在合同 ($\hat{w}^S$, T_{MF}, T_{RM}) 中，生产商设置相对较低的批发价 $\hat{w}^S$ 来激励零售商制定更多的产品，并且通过参与补贴费用 T_{MF}，T_{RM} 来实现风险再分配（使得风险厌恶程度最低的零售商承担所有市场风险）以及利益再分配（使得协调后所有成员收益均高于未协调时）。最终实现整个融资系统达到帕累托最优状态。在实际应用时，银行可以将这些合约嵌入供应链金融合同中予以执行和实施，从而充分改进供应链融资效率。

六、垄断型资本市场情形

上述分析中，本章假设资本市场处于完全竞争状态（金融机构仅能够根据市场无风险利率设置目标收益），下面放松这一假设，讨论当金融机构处于垄断状态下的情况（不失一般性地，假设资本市场仅存在供应链金融模式可供选择），并与原有竞争型资本市场情形进行对比分析。在垄断型资本市场中，金融机构具有自主决策利率的权限，各金融机构根据自身运营状况自主决策贷款利率（这符合目前我国推行的利率市场化政策）。

不失一般性地，假设金融机构通过最大化其自身收益来决策最优利率，这一利率决策方式在以往研究中（Dada 等，2008；Yan 等，2016）也较为常用。用符号 $j=\bar{S}$ 来表示垄断型资本市场情形，并令 $\theta_7 = \theta(w^{\bar{S}}, r^{\bar{S}}, q^{\bar{S}*}(r^{\bar{S}}))$，$t_7 = t(w^{\bar{S}}, r^{\bar{S}})$，通过计算 $\Pi_F^{\bar{S}}(q^{\bar{S}*}(r^{\bar{S}}), r^{\bar{S}})$ 关于 $r^{\bar{S}}$ 的一阶条件可得到垄断型资本市场下的金融机构最优贷款利率决策如下。

推论 8-5 （1）若 $\Pi_F^{\bar{S}}(q^{\bar{S}*}(r^{\bar{S}}), r^{\bar{S}})$ 是关于 $r^{\bar{S}}$ 的单峰可微函数，垄断型资本市场中金融机构最优贷款利率决策 $r^{\bar{S}*}$ 满足如下等式：

$$((w^{\bar{S}}q^{\bar{S}*} - \eta)(1 - \tau_F(1-\beta)G(\theta_7)))(t_7^2 g(\theta_7) - e^2 g(q^{\bar{S}*})) + (w^{\bar{S}}r^{\bar{S}*} - \tau_F(1-\beta)t_7 G(\theta_7)))(ew^{\bar{S}}\widetilde{G}(\theta_7) - t_7(w^{\bar{S}}q^{\bar{S}*} - \eta)g(\theta_7)) = 0 \quad (8-28)$$

（2）当 $(\eta, \beta) \to (0, 1)$ 时，有 $(w^{\bar{S}*}, r^{\bar{S}*}, q^{\bar{S}*}, \Pi_R^{\bar{S}*}, \Pi_F^{\bar{S}*}, \Pi_M^{\bar{S}*}) \to (p, 0, q^{M0}, 0, 0, \Pi^{M0})$。

（3）当 $r_f > 0$ 时，存在临界点组合 $(\hat{\eta}, \hat{\beta})$ 使得当时有 $w^{\bar{S}*} > w^{S*}$，$r^{\bar{S}*} < r^{S*}$，$q^{\bar{S}*} > q^{S*}$，$\Pi_R^{\bar{S}*} < \Pi_R^{S*}$，$\Pi_F^{\bar{S}*} < \Pi_F^{S*}$，$\Pi_M^{\bar{S}*} > \Pi_M^{S*}$，$\Pi_{sc}^{\bar{S}*} > \Pi_{sc}^{S*}$，$\Pi_{sc}^{\bar{S}*} > \Pi_{sc}^{A*}$。

证明 （1）将 $q^{S*}(r^S)$ 代入金融机构期望收益函数表达式中，并关于 r^S 进行一阶条件求解可知，$r^{\bar{S}*}$ 满足等式（8-28）形式。

（2）由命题 8-7 可知，当 $\eta \to 0$ 时，由等式（8-6）可知 $w^{S*}(q^S)(1+r^{S*}(q^S)) \to p$，此时即 $\theta(q^S, w^S, r^S) \to q^S$，观察生产商收益函数表达式（8-12）可知：$\Pi_M^S \to (w^{S*}(q^S) - c)q^S - \tau_M e\int_0^{q^S} G(x)\mathrm{d}x$。即生产商决策目标函数与金融机构设置的利率无关，且其收益与批发价 w^{S*} 呈正相关。因此，作为博弈主导者的生产商则会设置产量 q^{S*} 使得 $w^{S*}(q^S)$ 尽可能大于 $(w^{S*}(q^S) \to p)$。此时 $\Pi_M^S \to (p-c)q^S - \tau_M e\int_0^{q^S} G(x)\mathrm{d}x$，求解可知，最优生产量 $q^{S*} \to q^{M0}$，但金融机构收益 $\Pi_F^{S*} \to -(1-\beta)\tau_F e\int_0^{q^{M0}} G(x)\mathrm{d}x < 0$，零售商收益 $\Pi_R^{S*} \to 0$。

（3）由命题 8-7 可知，当 $r_f > 0$ 时，$w^{S*} < p$，$r^{S*} > 0$，$q^{S*} < q^{M0}$，$\Pi_R^{S*} > 0$，$\Pi_F^{S*} > 0$，$\Pi_M^{S*} < \Pi_M^{M0}$，$\Pi_{sc}^{S*} < \Pi_{sc}^{M0}$，$\Pi_{sc}^{A*} < \Pi_{sc}^{M0}$。而当 $(\eta, \beta) \to (0,$

1）时，有 $(w^{\bar{S}*}, r^{\bar{S}*}, q^{\bar{S}*}, \Pi_R^{\bar{S}*}, \Pi_F^{\bar{S}*}, \Pi_M^{\bar{S}*}) \to (p, 0, q^{M0}, 0, 0, \Pi^{M0})$，即存在临界点使得结论成立。

证毕。

通过比较两种资本市场下的运营决策及参数影响，我们获得以下结论：

（1）对于核心企业来说，不管是竞争型资本市场还是垄断型资本市场，追求较高风险分担水平（$\beta \to 1$）以及选择资金量较低的零售商（$\eta \to 0$）总是对其有利。

（2）然而，资本市场的变化对金融机构产生了影响。传统意义上，金融机构垄断资本市场对其有利（可以制定较高的贷款利率博取收益），但由图8-10可以发现，金融机构在资本市场中的垄断地位并非总是对其有利的。在垄断型资本市场中，金融机构以最大化收益为目标进行利率决策，导致利率增加，从而加剧融资系统内部双重边际效应，致使零售商和生产商分别降低订货量以及批发价，导致生产商和零售商收益低于竞争型资本市场情形。但我们发现，当零售商初始资金量足够低时（$\eta \to 0$），垄断型资本市场中金融机构（生产商及零售商）的收益低于（高于）竞争型资本市场情形。这是由于随着零售商初始资金使用量的下降，违约增加带来的收益效应逐渐超过利率增加带来的成本效应，特别是当 η 趋近于0时，零售商违约概率达到较高水平，并选择增加订货量，此时金融机构的利率设置对零售商订货影响甚微（零售商总是倾向于多订货），作为Stackelberg主导者，生产商将最优批发价设置得足够高，来攫取融资系统内全部利益，最终导致金融机构收益下降。可见，在垄断型资本市场中，上下游决策者间的竞争相比竞争型资本市场更加剧烈，这可能伤及金融机构。由上述分析可知，为避免与生产商的博弈影响自身利益，金融机构不应选择自有资金过低的零售商予以融资，而应当选择持有一定自有资金的零售商给予融资支持。

（3）图8-9中已表征，在竞争型资本市场中，银行收益随生产商担保程度的增加而提高。然而，图8-11得到了不同结论，在垄断型资本市场中，设置相对较低的担保程度更有利于商业银行。这是由于在垄断型资本市场中，银行收益不仅取决于零售商的贷款数额，还取决于贷款利率（银行可以最优化自主决策利率）。较高的生产商担保水平实际上降低了银行的利率水平，从而降低了其收益。实际上，银行是否应当依赖生产商担保取决于融资开展的深入程度（η 的大小），为资金量越低的零售商融资，银行越不应当依赖生产商担保，这是由于资金量较低的零售商风险更高，银行制定的贷款利率也随之增加，此时，高贷款利率引发的赚钱效应高于高贷款量导致的赚钱效应，生产商宁可牺牲一些贷款额度，也可以通过高利率带来更高期望收益。可见，在为初始资金量较低的零售商提供融资时，商业银行应当将生产商担保水平设置在相对较低状态。

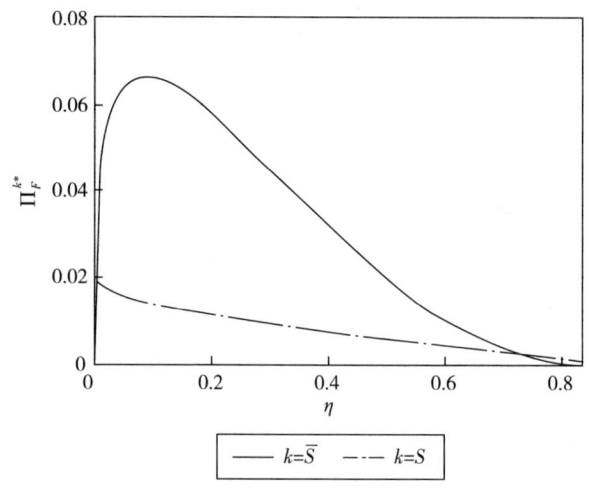

图 8-10 垄断型资本市场中零售商初始资金量对金融机构影响

（4）与竞争型资本市场情形不同的还有商业银行风险偏好态度的影响。前文论述发现竞争型资本市场中商业银行受益于其相对较高风险偏好因子 α_F（即在竞争型资本市场中风险厌恶及采取风险控制对商业银行不利），但图 8-12 却不同，相对较低的风险偏好因子 α_F 可能对银行是有利的，这一发现可以解释为风险厌恶（风险控制）的银行会制定相对更高的贷款利率，使得银行从中受益。这意味着在垄断型资本市场中，银行能够从风险厌恶（风险控制）中获益。然而，这一结论并非总是成立的，当 β 和 η 增加时，银行所承担的风险降低，其所制定的贷款利率不得不因此降低，高利率引发的赚钱效应不再占据主导，此时金融机构应当适当提高 α_F（制定相对宽松的风控策略），以降低利率，从而吸引零售商提升订货决策，增加其贷款额度，并从中获益。综上所述，商业银行可以采取 CVaR 准则来控制风险，但风控因子的设定应当取决于资本市场竞争程度、零售商初始资金量以及生产商风险担保水平等因素。

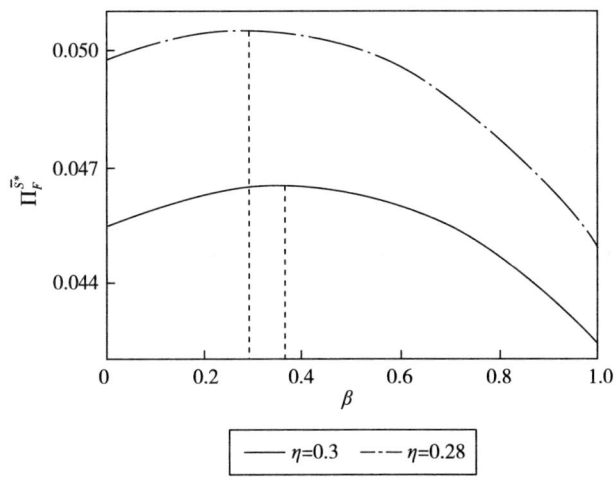

图 8-11　垄断型资本市场中生产商风险担保水平对金融机构影响

上述分析对于垄断型资本市场中融资提供方合理选择融资成员、设定融资参数等提供了启示。但值得注意的是，垄断型资本市场中核心企业与金融机构之间对参数的设置（风险分担比例 β）及融资企业（零售商）的选择上存在冲突（生产商倾向于设置较高的风险担保比例，而商业银行倾向于适当降低；生产商倾向于为资金量较低的零售商提供资金支持，商业银行则倾向于选择资金量适中的零售商）。可见，作为融资主导者的核心企业（生产商）应当关注相关变化，在保证商业银行参与的基础上尽可能选择有利于自己的参数设置及融资决策。

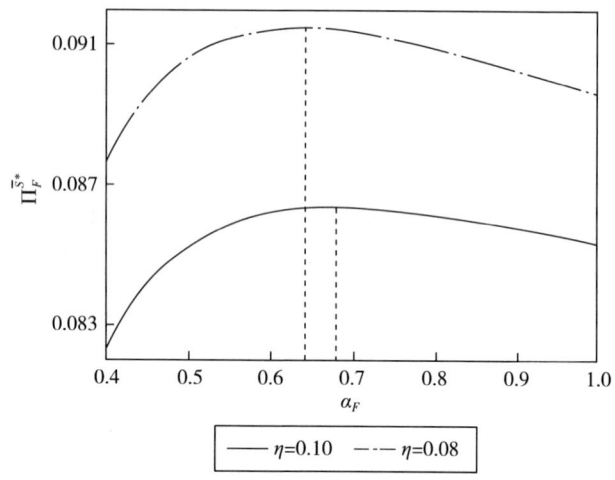

图8-12 垄断型资本市场中金融机构风险态度对金融机构影响

进一步讨论协调合同改进策略,分析表明,第五节中大部分合同均仍可实现融资系统协调,仅需改进命题8-8中二部定价及收益共享合同参数即可。

推论8-6 令

$\theta_8 = \theta(\hat{w}^{\bar{s}}, \hat{r}^{\bar{s}}, \hat{q}^{\bar{s}}(\hat{r}^{\bar{s}}))$, $\theta_8 = \theta_4(\hat{w}^{\bar{s}}, \hat{r}^{\bar{s}}, \hat{q}^{\bar{s}}(\hat{r}^{\bar{s}}))$, $t_8 = t(\hat{w}^{\bar{s}}, \hat{r}^{\bar{s}})$, $t_9 = t_4(\hat{w}^{\bar{s}}, \hat{r}^{\bar{s}})$

$$A_{11} = \frac{(1-\phi_{RF})e\hat{w}^{\bar{s}}\widetilde{G}(\theta_9) - t_9(\hat{w}^{\bar{s}}\hat{q}^{\bar{s}} - \eta)g(\theta_9)}{t_9^2 g(\theta_9) - ((1-\phi_{RF})e)^2 g(\hat{q}^{\bar{s}})}$$

$$A_{12} = (\hat{w}^{\bar{s}}(1+\hat{r}^{\bar{s}}) - s)A_{11} + (\hat{w}^{\bar{s}}\hat{q}^{\bar{s}} - \eta)$$

满足以下参数形式的合同机制能够实现垄断型资本市场融资系统协调:

$$\begin{cases} e\widetilde{G}(\hat{q}^{\bar{s}}) - t_8\widetilde{G}(\theta_8) = 0 \\ ((\hat{w}^{\bar{s}}\hat{q}^{\bar{s}} - \eta)(1 - \tau_F(1-\beta)F(\theta_8)))(t_8^2 g(\theta_8) - e^2 g(\hat{q}^{\bar{s}}) + \\ (\hat{w}^{\bar{s}}\hat{q}^{\bar{s}} - \tau_F(1-\beta)t_8 G(\theta_8)))(e\hat{w}^{\bar{s}}\widetilde{G}(\theta_8) - t_8(\hat{w}^{\bar{s}}\hat{q}^{\bar{s}} - \eta)g(\theta_8)) = 0 \end{cases}$$

(8-29)

$$\begin{cases} (1-\phi_{RF})e\widetilde{G}(\hat{q}^{\bar{S}}) - t_9\widetilde{G}(\theta_9) = 0 \\ (1-\phi_{FM})((p-(1-\phi_{RF})e - \phi_{RF}\tau_F eG(\hat{q}^{\bar{S}}))A_{11} + \\ (1-\phi_{RF})e(1-\tau_F(1-\beta)G(\theta_9))A_{12})) - \hat{w}^{\bar{S}}A_{11} = 0 \end{cases} \quad (8-30)$$

七、本章小结

当贸易信用、供应链金融、互联网金融同时可用于解决中小企业融资困境时，本章对供应链成员融资模式选择博弈及其均衡进行分析，为核心企业融资模式的合理选择提供了决策依据。

研究发现：①供应链资金援助能起到供应链激励协调作用，特别当参数满足一定情形时能使融资系统收益达到集中式水平。②选择为低资金量零售商提供融资有助于实现三方（核心企业、银行、零售商）共赢。③考虑到贸易信用和供应链金融中生产商担保会抬高批发价，只有参数满足一定情形时（如零售商初始资金处于中等水平时），企业才会选择参与核心企业提供的融资模式，更多零售商反而选择贷款利率更高的互联网金融模式，这对核心企业及供应链造成较大损害。而生产商通过合理改进融资参数，如调低风险担保系数来改变融资均衡，化解博弈冲突，以改变不利现状。④此外，传统研究（决策者均风险中性且拥有足量资金）认为集中式供应链系统是帕累托最优情形。本章发现，在风险厌恶且资金约束的融资型供应链系统中，当生产商风险厌恶水平相比其他成员更低时，融资能够实现超协调现象（分散式融资系统整体收益超过集中式收益水平）。这主要是由不同风险厌恶决策者通过融资进行合理的风险再分配所导致的，只有当风险厌恶程度较低的成员承担更多的风险时才会发生超协调现象。⑤同时论证了实践中广泛采用的供应链金融差额回购担保方式（核心企业承担全部违约风险）的不合理性，提出了改进策略。

本章研究为工业界科学开展资金援助提供如下管理学启示：①鉴于融资提供对供应链的效率改进，核心企业应积极提供融资。②竞争型资本市场中核心企业应尽可能选择为初始资金较低的零售商提供融资。③应当着力改善融资参数，以扩大参与供应链金融的中小企业客户数量，应当根据资本市场竞争程度、零售商资产大小、融资开展程度等合理设置融资担保比例，如随着融资开展的深入逐渐降低核心企业担保比例。④应充分关注融资系统的协调，以实现融资系统的效率改进，本章所提出的改进二部定价合同、收益共享合同等均衡能够实现融资系统协调。同时，通过合同设计实现风险再分配能够进一步实现融资系统效率的帕累托最优。管理者应关注融资过程中风险厌恶成员间的风险共担，令风险厌恶程度较低的成员承担更多市场风险，本章设计的改进合同能够实现这一目标。整体来看，本章研究对于核心企业合理选择融资提供策略，改进融资参数应对博弈冲突和需求不确定风险提供了理论和决策依据。

第九章
结论与研究展望

一、全书总结

当今世界充满着风险和不确定性,习近平总书记提出了构建人类命运共同体的构想。面对中小企业资金困境,供应链外部环境风险加剧,供应链链际竞争加快等不利现状,供应链上下游企业间协作共赢,核心企业援助中小企业,构建供应链命运共同体成为大势所趋。实践中,核心企业通过贸易信用、供应链金融等方案协助中小企业解决资金难题。但在提供资金援助过程中,核心企业也面临诸多难题:一方面,理论和实践大多站在中小企业视角探讨如何获得融资,鲜有站在资金供给侧——核心企业的视角,关注其融资提供质量和效率等问题;另一方面,对融资运营风险的影响和控制策略关注不足。

实际上,站在核心企业视角分析融资解决问题更有助于激励其开展资金援助的积极性。本书即是以此为视角,运用优化博弈等分析方法,对供应链融资过程中关键风险,如市场中需求不确定、需求中断、信息缺失、中小企业失信等风险情形进行刻画及分析,总结出核心企业在特定风险下的最优运营决策、融资提供策略及风险控制策略。此外,对融资关键参数设置、融资系统协调策略等进行分析。研究主要过程和结论包括：

（一）贸易信用融资及需求不确定风险控制策略

本书第三章、第四章主要针对贸易信用融资下市场需求不确定风险控制策略、供应链协调策略予以分析。运用 Mean – CVaR 风险控制准则权衡核心企业利益与风险，分析企业在风险控制目标下的最优决策，并运用其刻画供应链成员风险偏好程度。分析 Mean – CVaR 准则及贸易信用融资援助下企业最优运营决策，零售商初始资金量以及各成员风险偏好程度的影响，并分别分析贸易信用保险风险控制工具在贸易信用融资中的作用。研究发现：相比不投资贸易信用保险，投资保险未必总能确保核心企业利益，生产商应合理投保。只有当保险费率低于一定阈值、生产商风险厌恶程度较高、零售商初始资金较低、保险市场竞争程度较高时，保险能实现生产商、零售商及供应链共赢，应选择购买保险；否则应当放弃参保；贸易信用保险能够为供应链创造价值。当生产商风险厌恶程度较高，传统贸易信用机制无法实现供应链协调，而保险投资有助于实现贸易信用供应链再协调；在提供资金援助时，生产商应当优先选择资金含量较低的零售商；采用二部定价合同能够实现风险厌恶型供应链有效协调。上述分析对于核心企业合理开展贸易信用融资援助、风险控制、供应链协调提供了决策依据。

（二）保兑仓融资及信息风险应对策略

保兑仓融资是核心企业开展融资援助的另一类主要方式，本书第五章、第六章、第七章主要针对保兑仓融资过程中的核心企业最优运营策略、供应链协调策略以及信息不对称、信息缺失风险控制策略予以分析研究。

在保兑仓融资中，参与成员包括核心企业、中小企业、金融机构，其均衡分析和成员协调相比传统供应链更加复杂。本书第五章用 Stackelberg 博弈模型刻画保兑仓融资系统成员关系，用均衡分析及多层规划理论求解模型，得出成员博弈均衡策略。进而设计了一类改进的三部定价合同、收益共享合同以协调融资系统。经验证，协调合同有助于实现融资系统协调及成员收益的帕累托改进。

在保兑仓融资过程中，中小企业占据了部分优势信息资源，核心企业面临着中小企业隐匿信息或谎报信息的信用风险，这不利于融资的高效率开展。第六章针对前文所述的风险情形可能存在的信息不对称情况进行了分析。考虑市场中的市场需求均值等参数为零售商私有信息，设计了一类二部定价合同用于实现真实信息的甄别。研究发现：二部定价合同虽然能够实现信息的有效显示，但因信息租金的付出导致融资效率损失，结合回购合同能够实现供应链的有效协调。该部分研究还针对连续型信息分布情形做出了补充分析。对于核心企业应对融资过程中的信息操作和不对称风险提供了补充应对策略。

在经济全球化的今天，企业面对的环境日益复杂，不确定性因素增多，变化加快，科学决策难度大幅提升。实施科学且有效的风险控制决策机制有助于企业在复杂环境中将风险造成的不良影响降至最低，增强供应链可靠性，提升供应链运作效率及企业风险应对能力。第七章主要针对消费市场中存在的需求分布信息缺失情况进行决策研究，分析了需求市场中确定信息仅包含需求区间时的核心企业鲁棒优化定价策略，通过分析得到应对需求分布变化的最小最大后悔决策值。数值分析表明，该决策方法具备较强稳健性，能够应对需求变化风险，对于企业合理应对市场变化、实施风险控制提供了决策准则、方法和依据。

（三）融资模式比较及核心企业融资模式提供策略

当核心企业可以同时为零售商提供贸易信用融资以及保兑仓融资援助，并考虑零售商除选择这两种融资方案外，还可借助互联网金融等外部融资解决资金问题，第八章分析了CVaR决策准则下的核心企业资金援助策略。通过建立由生产商、金融机构、零售商组成的供应链融资系统，分析博弈下的均衡运营决策，供应链成员融资模式提供和选择博弈。研究发现：当生产商可同时为零售商提供贸易信用及供应链金融，且零售商可同时选择贸易信用、供应链金融和外部融资时，不同资金量的零售商最终的融资均衡不同。而由于生产商风险担保的存在，贸易信用和供应链金融模式下的批发价相对于互联网金融模式更高，此时，资金量较低的零售商只愿选择贷款利率更高的外部融资模式，这不利于生产商和金融机构。考虑到供应链金融中的市场风险由生产商与金融机构共同分担，分析了风险分担的关键参数设置策略，生产商及金融机构在提供融资援助时，应当设置随着零售商初始资金量降低而降低的生产商担保水平，以降低批发价，吸引零售商选择以供应链金融形式参与融资，以提升融资效率。此外，在融资成员的选择方面，同样选择初始资金量较低的零售商更能提升融资效率；核心企业通过合理的设置合同参数有助于实现风险的合理再分配，从而实现融资系统整体收益的帕累托最优状态（协调后融资系统整体收益超过集中式融资系统）。本章的研究意义在于，为核心企业合理选择融资提供模式、改进融资参数实施风险控制、选择融资成员、达成融资系统协调，最终实现融资效率提升提供了依据。

二、创新之处

实际上，本书是针对核心企业融资提供策略及风险管理的一个专题研究。针对融资过程中的一些关键风险问题进行分析和探究。创新点主要体现在：

（1）传统研究针对保险应对市场风险开展了诸多研究，但多数是基于供应链资金充足情况下进行的，而融资供应链更需要开展风险控制策略。本书建立了 Mean – CVaR 风险控制准则下的决策模型，给出该风控准则下企业最优决策；并对保险如何应对贸易信用风险做出分析，给出使用相关手段应对融资风险的条件。对于核心企业有效应对融资风险给予了帮助，丰富了现有的供应链融资理论体系（第三章、第四章）。

（2）以往针对供应链融资相关研究均未考虑上下游企业均风险厌恶的

第九章 结论与研究展望

情形。实际上，多成员风险厌恶的供应链在决策和协调上与传统供应链大有不同。本书给予补充研究，给出决策主体风险厌恶下均衡决策及融资系统协调策略解，丰富了相关理论体系（第三章、第四章、第八章）。

（3）针对供应链融资中的信息不对称风险防治策略，刘克宁等（2016）学者探讨了价格信息不对称的信息甄别，但其研究是基于离散信息情形开展的，未考虑融资系统的协调问题。本书是对已有研究的丰富，讨论了融资过程中可能存在的三类需求信息不对称情形，给出了需求信息不对称风险的控制机制。本书不仅分析了连续信息情形，还探究了实现供应链协调的合同机制，完善了信息不对称风险控制相关理论（第六章）。

（4）针对信息缺失下企业稳健性优化决策研究方面，大部分研究基于资金充足情形开展的。虽然也存在研究考虑融资情形下的鲁棒性决策分析（于辉等，2016），但是针对均值方差信息特定情形开展的研究。本书对于这一主题进行了拓展性专题研究，主要分析区间信息已知时的决策情形。丰富了资金约束供应链稳健性优化相关研究；将 Min – Max 准则研究拓展至两层供应链情形；考虑了生产商最优批发价决策以及零售商最优促销努力决策。本书一方面是对鲁棒性优化研究的丰富，另一方面也为融资企业应对信息缺失风险建立了决策准则（第七章）。

（5）针对融资模式比较研究方面，多数已有研究主要站在中小企业视角，分析中小型企业的融资模式的选择策略，而忽略核心企业对融资提供模式的决策。本书弥补了这一不足，通过分析核心企业与中小企业间的融资模式提供和选择间的博弈，分析出各成员博弈的均衡融资模式策略（第八章）。

（6）在开展融资援助时，融资关键参数设置成为提升融资效率的关键，但鲜有研究关注这一问题。本书重点针对供应链金融中生产商担保比例进行分析，发现实践中"差额回购"操作模式不足，并给出改进策略。这对于实践中合理开展、改进供应链融资产品，实施风险控制，提升融资效率起到了关键性作用。此外，以往研究并不明确应当为哪种类型的中小企业提供融资，本书论证了对核心企业更加有利的中小企业筛选策略（第八章）。

总体来看，与传统供应链研究不同，本书考虑的企业资金缺乏且开展融资下的产业链融资模型由三方甚至更多主体构成，融资系统中成员博弈问题刻画和分析更加复杂，对于相关理论模型的构建、推导、分析、求解研究推动了多层规划理论和博弈理论的创新；针对核心企业资金援助策略的研究推动了融资模式选择和比较相关研究；针对融资环境下特定产业链风险，如市场不确定风险、突发事件风险、信息风险等的预防、控制以及风险产生后的应对等的研究将拓展相关领域的理论延伸，有效丰富了供应链风险管理的相关理论；进一步丰富了供应链金融与运营管理相结合的相关研究，弥补了现有研究对特定融资风险管理研究的不足。同时，针对融资环境下系统成员的协调契约设计则有助于弥补现有合同理论研究的不足。本书对于供应链核心企业兼顾风险控制与运作效率、科学实施融资运营决策、合理开展供应链资金援助具有指导意义，对于中小企业供应链融资的实践和创新具有推动意义。

三、研究展望

本书基于供应链核心企业视角，从运作和财务结合的角度对中小企业资金援助及风险管理进行了初步刻画，对于合理开展供应链资金运营管理提供了决策依据。当然，研究还可进行更进一步的拓展分析。

（1）基于供应链下游中小企业资金约束情形下开展的研究，但在实践中，上游生产型企业也普遍面临资金约束难题，针对上游企业融资资金援助及风险管理问题是拓展研究的一个方向。

（2）基于核心企业作为融资主导者下的供应链融资决策问题，供应链金融模式创新呈现百花齐放的局面，金融机构、物流企业、电商平台均作为主导方推出各自的供应链金融产品，讨论相关企业主导下供应链资金援助及风险管理问题是进一步研究的方向。

（3）所讨论的融资风险管理类型仍然十分有限，主要讨论市场需求端风险情形（需求不确定、需求信息缺失、需求信息不对称等）。可以进一步考虑其他风险类型，如产出不确定、供应中断、需求中断、货品价值突变、市场竞争、企业道德等风险影响及风险控制策略，相关主题也是值得深入探究的方向。

（4）从理论模型视角推导得到一些结论，如过低的库存转运价格对生产商不利；过低的风险承担比例对生产商不利；供应链金融融资下批发价决策相比互联网金融批发价更高，导致中小企业放弃选择利率更低的供应链金融等。相关结论可进一步通过实证或案例分析进行论证。

（5）所研究的模型结构均是针对单一决策主体，未来可进一步将供应链结构拓展至多对多的竞争结构情形，考虑市场竞争对融资决策相关影响和变化。

（6）可进一步针对特定行业背景下融资解决方案进行探索，如绿色低碳、农业、再制造、医药健康、服务业等特定行业，根据其行业特点开展融资相关研究，从而对特定行业资金解决问题提出针对性的方案和建议；也可结合区块链、金融科技等技术创新探讨融资模式的创新，以推动供应链融资的进步。

参考文献

[1] 白世贞,徐娜. 基于存货质押融资的质押率决策研究 [J]. 系统工程学报, 2013, 28 (5): 617-624.

[2] 曹二保,赖明勇. 需求和成本同时扰动时多零售商供应链协调 [J]. 系统工程理论与实践, 2010, 30 (10): 1753-1761.

[3] 陈静,陈敬贤,魏航. 规避农副产品原材料产出不确定风险的商业保险策略 [J]. 中国管理科学, 2018, 26 (6): 39-51.

[4] 陈敬贤,孟庆峰. 应对突发事件的库存共享策略 [J]. 中国管理科学, 2015, 23 (5): 65-72.

[5] 陈敬贤,王国华,梁樑. 横向转载应对需求突变 [J]. 管理科学学报, 2014, 17 (12): 27-37.

[6] 程永文,周永务. 存在金融对冲的两级供应链优化决策 [J]. 系统工程学报, 2014, 29 (3): 371-384.

[7] 陈祥锋. 资金约束供应链中贸易信用合同的决策与价值 [J]. 管理科学学报, 2013, 16 (12): 13-21.

[8] 陈祥锋,朱道立. 资金约束供应链中物流提供商的系统价值研究 [J]. 系统工程学报, 2008, 23 (6): 666-673.

[9] 陈祥锋,朱道立,应雯堵. 资金约束与供应链中的融资和运营综合决策研究 [J]. 管理科学学报, 2008, 11 (3): 70-77.

[10] 但斌,伏红勇,徐广业. 风险厌恶下天气影响产出的农产品供应链协调 [J]. 系统工程学报, 2014, 29 (3): 362-371.

[11] 窦亚芹,朱金福. 非对称信息下供应链融资优化决策研究 [J].

管理评论,2012,24(9):170-176.

[12] 冯海荣,李军,曾银莲. 延期支付下的易腐品联合采购费用分配[J]. 系统工程理论与实践,2013,33(6):1411-1423.

[13] 付红,马永开,唐小我. 制造商持股供应商情形下的组装供应链协调[J]. 系统工程理论与实践,2014,34(9):2265-2273.

[14] 傅永华,王学锋,陈国华. 回购协调下存货融资和信用贷款的供应链融资选择[J]. 系统工程,2014,32(11):44-49.

[15] 刚号,唐小我,幕银平. 延迟支付下损失厌恶型零售商参与的供应链运作及协调[J]. 控制与决策,2013,28(7):1023-1028.

[16] 黄松,杨超,杨珺. 需求和成本同时扰动下双渠道供应链定价与生产决策[J]. 系统工程理论与实践,2014,34(5):1219-1229.

[17] 胡跃飞,黄少卿. 供应链金融:背景、创新与概念界定[J]. 金融研究,2009,350(8):194-206.

[18] 林强,李苗. 保兑仓融资模式下收益共享契约的参数设计[J]. 系统科学与数学,2013,33(4):430-444.

[19] 刘克宁,宋华明. 市场价格信息不对称的银企融资决策[J]. 控制与决策,2016,31(4):647-655.

[20] 鲁其辉,姚佳希,周伟华. 基于EOQ模型的存货质押融资业务模式选择研究[J]. 中国管理科学,2016,24(1):56-66.

[21] 鲁其辉,曾利飞,周伟华. 供应链应收账款融资的决策分析与价值研究[J]. 管理科学学报,2012,15(5):10-18.

[22] 李荣,刘露. Mean-CVaR准则下延期支付供应链决策与协调[J]. 系统工程学报,2017,32(3):370-384.

[23] 李荣,刘露. 供应商协助库存转运:基于企业实践的创新方法[J]. 管理科学,2017,30(6):92-103.

[24] 李新然,何琦. 双渠道销售差别定价闭环供应链协调应对生产成本扰动研究[J]. 运筹与管理,2015,24(4):41-51.

[25] 李毅学,冯耕中,张媛媛. 委托监管下存货质押融资的关键风险控制指标[J]. 系统工程理论与实践,2011,31(4):587-598.

[26] 李毅学,汪寿阳,冯耕中. 物流金融中季节性存货质押融资质押率决策 [J]. 管理科学学报, 2011, 14 (11): 19-32.

[27] 罗春林, 田歆. 基于收益共享的风险厌恶供应链协调研究. 系统工程学报, 2015, 30 (2): 210-218.

[28] 邱若臻, 黄小原. 基于最小最大后悔值准则的供应链鲁棒协调模型 [J]. 系统管理学报, 2011, 20 (3): 296-302.

[29] 邱若臻, 黄小原, 苑红涛. 有限需求信息下基于回购契约的供应链鲁棒协调策略 [J]. 中国管理科学, 2014, 22 (7): 34-42.

[30] 孙彩虹. 部分信息下联合鲁棒定价、订货决策的报童模型 [J]. 系统工程理论与实践, 2014, 34 (5): 1122-1130.

[31] 史金召, 郭菊娥, 晏文隽. 在线供应链金融中银行与B2B平台的激励契约研究 [J]. 管理科学, 2015, 28 (5): 79-92.

[32] 腾春贤, 胡引霞, 周艳山. 具有随机需求的供应链网络均衡应对突发事件 [J]. 系统工程理论与实践, 2009, 29 (3): 16-20.

[33] 闻卉, 曹晓刚, 黎继子. 基于CVaR的供应链回购策略优化与协调研究 [J]. 系统工程学报, 2013, 28 (2): 211-217.

[34] 王伟, Chen W, Zhu K 等. 众筹融资成功率与语言风格的说服性 [J]. 管理世界, 2016, 1 (5): 81-98.

[35] 王文利, 骆建文. 交易信用与资金约束下两阶段零售商订货策略 [J]. 系统工程理论与实践, 2014, 34 (2): 304-312.

[36] 王文利, 骆建文. 基于价格折扣的供应链预付款融资策略研究 [J]. 管理科学学报, 2014, 17 (11): 20-32.

[37] 王文利, 骆建文, 李彬. 需求依赖价格下的供应链预付款融资策略 [J]. 系统管理学报, 2014, 23 (5): 642-649.

[38] 王文利, 骆建文. 交易信用保险对供应商提供融资的激励作用 [J]. 管理工程学报, 2014, 28 (1): 160-166.

[39] 王志宏, 洪余芬. 非对称信息下供应链的商业信用激励 [J]. 运筹与管理, 2016, 25 (4): 134-142.

[40] 吴忠和, 陈宏, 赵千. 需求和生产成本同时扰动下供应链期权契

约应对突发事件[J]. 中国管理科学, 2013, 21 (4): 98-104.

[41] 王宗润, 马振, 周艳菊. 核心企业回购担保下的保兑仓融资决策[J]. 中国管理科学, 2016, 24 (11): 162-169.

[42] 王宗润, 田续燃, 陈晓红. 考虑隐性股权的应收账款融资模式下供应链金融博弈分析[J]. 中国管理科学, 2015, 23 (9): 1-8.

[43] 王宗润, 杨梅, 周艳菊. 互联网金融涌现的逻辑: 投资人的视角[J]. 系统工程理论与实践, 2016, 36 (11): 2791-2801.

[44] 王宇, 于辉. 供应链合作下零售商股权融资策略的模型分析[J]. 中国管理科学, 2017, 25 (6): 101-110.

[45] 王宇, 于辉. 竞争视角下企业股权融资问题的模型研究[J]. 系统工程理论与实践, 2018, 38 (1): 67-79.

[46] 吴英晶, 李勇建. 供应商回购承诺下的销售商存货质押融资决策[J]. 运筹与管理, 2015, 24 (3): 60-67.

[47] 徐兵, 刘露, 贾艳丽. CVaR 准则下两条供应链的促销努力竞争与链内协调研究[J]. 运筹与管理, 2016, 25 (2): 40-48.

[48] 夏雨, 方磊. B2B 市场中基于期权合同的零售商最优采购策略[J]. 管理学报, 2017, 14 (2): 261-269.

[49] 辛玉红, 魏悦. 存货质押融资中考虑银行 Downside-risk 的回购契约设计[J]. 运筹与管理, 2015, 24 (4): 233-239.

[50] 许明辉, 于刚, 张汉勤. 带有缺货惩罚的报童问题模型中的 CVaR 研究[J]. 系统工程理论与实践, 2006, 26 (10): 1-8.

[51] 杨雷, 常娜. 考虑退货运费险情况下的供应链运作决策研究[J]. 系统工程学报, 2018, 33 (1): 116-125.

[52] 于辉, 陈剑, 于刚. 协调供应链如何应对突发事件[J]. 系统工程理论与实践, 2005, 25 (7): 9-16.

[53] 于辉, 陈剑, 于刚. 批发价契约下的供应链应对突发事件[J]. 系统工程理论与实践, 2006, 8 (8): 33-41.

[54] 于辉, 陈剑, 于刚. 回购契约下供应链对突发事件的协调应对[J]. 系统工程理论与实践, 2006, 8 (8): 38-43.

［55］于辉，邓亮，孙彩虹．供应链应急援助的CVaR模型［J］．管理科学学报，2011，14（6）：68-75．

［56］于辉，刘鹏飞，孙彩虹．信息可信与贷款利率确定问题的供应链鲁棒模型分析［J］．中国管理科学，2014，22（8）：64-71．

［57］于辉，李西，王念．"供应侧"鲁棒报童模型［J］．系统科学与数学，2017，37（2）：436-448．

［58］于辉，李西，王亚文．电商参与的供应链融资模式：银行借贷vs.电商借贷［J］．中国管理科学，2017，25（7）：134-140．

［59］于辉，马云麟．订单转保理融资模式的供应链金融模型［J］．系统工程理论与实践，2015，35（7）：1733-1743．

［60］于辉，王亚文．供应链金融视角下利率市场化的鲁棒分析模型［J］．中国管理科学，2016，24（2）：19-27．

［61］于辉，吴腾飞．供应风险下营业中断保险的供应链模型分析［J］．中国管理科学，2017，25（12）：39-48．

［62］于辉，甄学平．中小企业仓单质押业务的质押率模型［J］．中国管理科学，2010，18（6）：104-112．

［63］于辉，甄学平．市场信息缺失下的订货与利率稳健决策模型［J］．系统工程理论与实践，2012，32（9）：1924-1931．

［64］于辉，甄学平．先票后货物流金融模式下生产商融资决策模型［J］．系统工程理论与实践，2013，33（7）：1709-1716．

［65］易雪辉，周宗放．双重Stackelberg博弈的存货质押融资银行信贷决策机制［J］．系统工程，2011，29（12）：1-6．

［66］张翠华，王海英，王养彬．质量预防水平不确定下供应链质量控制鲁棒设计模型［J］．管理工程学报，2015，29（1）：68-73．

［67］郑海超，黄宇梦，王涛．创新项目股权众筹融资绩效的影响因素研究［J］．中国软科学，2015，1（1）：130-138．

［68］占济舟，周献中，公彦德．生产资金约束供应链的最优融资和生产决策［J］．系统工程学报，2015，30（2）：190-201．

［69］占济舟，张福利，赵佳宝．供应链应收账款融资和商业信用联合

决策研究 [J]. 2014, 29 (3): 384-394.

[70] 张义刚, 唐小我. 延期支付下短生命周期产品批发价契约研究 [J]. 中国管理科学, 2011, 19 (3): 63-70.

[71] 张义刚, 唐小我. 供应链融资中的制造商最优策略 [J]. 系统工程理论与实践, 2013, 33 (6): 1434-1440.

[72] 钟远光, 周永务, 李柏勋等. 供应链融资模式下零售商的订货与定价研究 [J]. 管理科学学报, 2011, 14 (6): 57-67.

[73] Alexander G, Baptista A. A comparison of VaR and CVaR constraints on portfolio selection with the mean–variance model [J]. Management Science, 2004, 50 (9): 1261-1273.

[74] Alptekinoglu A, Banerjee A, Paul A, et al. Inventory pooling to deliver differentiated service [J]. Manufacturing & Service Operations Management, 2013, 15 (1): 33-44.

[75] Atan Z, Rousseau M. Inventory optimization for perishables subject to supply disruptions [J]. Optimization Letters, 2016, 10 (1): 89-108.

[76] Bachmann A, Becker A, Buerckner D, et al. Online peer–to–peer lending: A literature review [J]. Journal of Internet Banking and Commerce, 2011, 16 (2): 1-18.

[77] Babich V, Li H, Ritchken P, et al. Contracting with asymmetric demand information in supply chains [J]. European Journal of Operational Research, 2012, 217 (2): 333-341.

[78] Banciu M, Mirchandani P. New results concerning probability distributions with increasing generalized failure rates [J]. Operations Research, 2013, 61 (4): 925-931.

[79] Belleflamme P, Lambert T, Schwienbacher A. Crowd–funding: Tapping the right crowd [J]. Journal of Business Venturing, 2014 (29): 585-609.

[80] Bode C, Wagner S. Structural drivers of upstream supply chain complexity and the frequency of supply chain disruptions [J]. Journal of Operations

Management, 2015, 36 (1): 215 - 228.

[81] Boyaci T, Gallego G. Supply chain coordination in a market with customer service competition [J]. Production and Operations Management, 2004, 13 (1): 3 - 22.

[82] Burtch G, Ghose A, Wattal S. Cultural differences and geography as determinants of online pro - social lending [J]. MIS Quarterly, 2014, 38 (3): 773 - 794.

[83] Buzacott J, Zhang R. Inventory management with asset - based financing [J]. Management Science, 2004, 50 (9): 1274 - 1292.

[84] Cachon G P, Netessine S. Game theory in supply chain analysis [J]. Springer US, 2004, 74 (1): 13 - 65.

[85] Cai G, Chen X, Xiao Z. The roles of bank and trade credits: Theoretical analysis and empirical evidence [J]. Production and Operations Management, 2014, 23 (4): 583 - 598.

[86] Çakanyıldırım M, Feng Q, Gan X, et al. Contracting and coordination under asymmetric production cost information [J]. Production and Operations Management, 2012, 21 (2): 345 - 360.

[87] Caldentey R, Haugh M. A Cournot - Stackelberg model of supply contracts with financial hedging [J]. Operations Research, 2009, 57 (1): 47 - 65.

[88] Cao E. Coordination of dual - channel supply chains under demand disruptions management decisions [J]. International Journal of Production Research, 2014, 52 (23): 7114 - 7131.

[89] Cao E, Ma Y, Wan C. Contracting with asymmetric cost information in a dual - channel supply chain [J]. Operations Research Letters, 2013, 41 (4): 410 - 414.

[90] Cao E, Wan C, Lai M. Coordination of a supply chain with one manufacturer and multiple competing retailers under simultaneous demand and cost disruptions [J]. International Journal of Production Economic, 2012, 141

(1): 425 - 433.

[91] Cao E, Yu M. Trade credit financing and coordination for an emission - dependent supply chain [J]. Computers & Industrial Engineering, 2018, 119 (5): 50 - 62.

[92] Causen J, Hansen J, Larsen J. Disruption management [J]. OR/MS Today, 2001, 28 (5): 40 - 43.

[93] Chen L, He S, Zhang S. Tight bounds for some risk measures, with applications to robust portfolio selection [J]. Operations Research, 2011, 59 (4): 847 - 865.

[94] Chen L, Long D, Perakis G. The impact of a target on newsvendor decisions [J]. Manufacturing & Service Operations Management, 2014, 17 (1): 78 - 86.

[95] Chen K, Xiao T. Demand disruption and coordination of the supply chain with a dominant retailer [J]. European Journal of Operational Research, 2009, 197 (1): 225 - 234.

[96] Chen Q, Wu D, Fang W. Risk - averse newsvendor with deferred payment under the - CVaR criterion [J]. Transportation Research Part E: Logistics and Transportation Review, Available doi: 10.1016/j.tre.2015 - 05 - 12.

[97] Chen S, Teng G. Inventory and credit decisions for time - varying deteriorating items with up - stream and down - stream trade credit financing by discounted cash flow analysis [J]. European Journal of Operational Research, 2015, 243 (2): 566 - 575.

[98] Chen X. A model of trade credit in a capital - constrained distribution channel [J]. International Journal of Production Economics, 2015, 159 (1): 347 - 357.

[99] Chen X, Cai G. Joint logistics and financial services by a 3PL firm [J]. European Journal of Operational Research, 2011, 214 (3): 579 - 587.

[100] Chen X, Cai G, Song J. The cash flow advantages of 3PLs as supply

chain orchestrators [J]. Manufacturing & Service Operations Management, 2019, 21 (2): 251 – 477.

[101] Chao X, Chen J, Wang S Y. Dynamic inventory management with financial [J]. Naval Research Logistics, 2008, 55 (8): 758 – 765.

[102] Chen X, Shum S, Simchi D. Stable and coordinating contracts for a supply chain with multiple risk – averse suppliers [J]. Production and Operations Management, 2014, 23 (3): 379 – 392.

[103] Chen X, Wang A. Trade credit contract with limited liability in the supply chain with budget constraints [J]. Annals of Operations Research, 2012, 196 (1): 153 – 165.

[104] Chen Y. Supply disruptions, heterogeneous beliefs, and production efficiencies [J]. Production and Operations Management, 2014, 23 (1): 127 – 137.

[105] Chopra S, Reinhardt G, Mohan U. The importance of decoupling recurrent and disruption risks in a supply chain [J]. Naval Research Logistics, 2007, 54 (5): 544 – 555.

[106] Corbet C, Groote X. A supplier's optimal quantity discount policy under asymmetric information [J]. Management Science, 2000, 46 (3): 445 – 450.

[107] Dada M, Hu Q. Financing newsvendor inventory [J]. Operations Research Letters, 2008, 36 (5): 569 – 573.

[108] Dada M, Petruzzi N, Schwarz L. A newsvendor's procurement problem when suppliers are unreliable [J]. Manufacturing & Service Operations Management, 2007, 9 (1): 9 – 32.

[109] Deng S, Gu C, Cai G, et al. Financing multiple heterogeneous suppliers in assembly systems: Buyer finance vs. bank finance [J]. Manufacturing & Service Operations Management, 2018, 20 (1): 53 – 69.

[110] Ding D, Chen J. Coordinating a three level supply chain with flexible return policies [J]. Omega, 2008, 36 (5): 865 – 876.

[111] Ding Q, Dong L, Kouvelis P. On the integration of production and financial hedging decisions in global markets [J]. Operations Research, 2007, 55 (3): 470-489.

[112] Dong Y, Xu K, Evers P. Transshipment incentive contracts in a multi-level supply chain [J]. European Journal of Operational Research, 2012, 223 (2): 430-440.

[113] Eseili M, Zeepsekul P. Seller-buyer models of supply chain management with an asymmetric information structure [J]. International Journal of Production Economics, 2010, 123 (1): 146-154.

[114] Falkner E, Hiebl M. Risk management in SMEs: A systematic review of available evidence [J]. Journal of Risk Finance, 2015, 16 (2): 122-144.

[115] Fang X, Cho S. Stability and endogenous formation of inventory transshipment networks [J]. Operations Research, 2014, 62 (6): 1316-1334.

[116] Fang X, Ru J, Wang Y. Optimal Procurement design of an assembly supply chain with information asymmetry [J]. Production and Operations Management, 2015, 23 (12): 2075-2088.

[117] Feng Y, Mu Y, Hu B, Kumar A. Commodity options purchasing and credit financing under capital constraint [J]. International Journal of Production Economics, 2014, 153 (7): 230-237.

[118] Fu H, Ma Y, Cai X. Downstream firm's investment with equity holding in decentralized assembly systems [J]. Omega, 2018, 75 (3): 27-56.

[119] Galak J, Small D, Stephen A. Micro-finance decision making: A field study of prosocial lending [J]. Journal of Marketing Research, 2011, 48 (1): 130-137.

[120] Gallego G, Moon I. The distribution free newsboy problem: Review and extensions [J]. Journal of the Operational Research Society, 1993, 44

(8): 825 -834.

[121] Gan X, Sethi S P, Yan H. Coordination of a supply chain with risk - averse agents [J]. Production and Operations Management, 2004, 13 (2): 135 -149.

[122] Gao F, Su X. Online and offline information for omni channel retailing [J]. Manufacturing & Service Operations Management, 2017, 19 (1): 84 -98.

[123] Gao G, Fan Z, Fang X, et al. Optimal Stackelberg strategies for financing a supply chain through online peer - to - peer lending [J]. European Journal of Operational Research, 2018, 267 (2): 585 -597.

[124] Glazebrook K, Paterson C, Rauscher S. Benefits of hybrid lateral transshipments in multi - item inventory systems under periodic replenishment [J]. Production and Operations Management, 2015, 24 (2): 311 -324.

[125] Gotoh J, Takano Y. Newsvendor solutions via conditional value - at - risk minimization [J]. European Journal of Operational Research, 2007, 179 (1): 80 -96.

[126] Gupta D, Wang L. A stochastic inventory model with trade credit [J]. Manufacturing & Service Operations Management, 2009, 11 (1): 4 -18.

[127] Hafezalkotob A. Competition of two green and regular supply chains under environmental protection and revenue seeking policies of government [J]. Computers & Industrial Engineering, 2015, 82 (4): 103 -114.

[128] Han Q, Du D, Zuluaga L. A risk and ambiguity averse extension of the max - min newsvendor order formula [J]. Operations Research, 2014, 62 (3): 535 -542.

[129] Hou J, Zeng Z, Zhao L. Coordination with a backup supplier through buy - back contract under supply disruption [J]. Transportation Research Part E: Logistics and Transportation Review, 2010, 46 (6): 881 -895.

[130] Hu B, Meng C, Xu D, et al. Three - echelon supply chain coordina-

tion with a loss – averse retailer and revenue sharing contracts [J]. International Journal of Production Economics, 2016, 179 (1): 192 – 202.

[131] Huang C, Yu G, Wang S, et al. Disruption management for supply chain coordination with exponential demand function [J]. Acta Mathematica Scientia, 2006, 26 (4): 655 – 669.

[132] Huang H, Shen X, Xu H. Procurement contracts in the presence of endogenous disruption risk [J]. Decision Sciences, 2016, 47 (3): 437 – 472.

[133] Hu J, Xu Y. Distribution free approach for coordination of a supply chain with consumer return [J]. Physics Procedia, 2012, 24 (1): 1500 – 1506.

[134] Hu X, Gurnani H, Wang L. Managing risk of supply disruptions: Incentives for capacity restoration [J]. Production and Operations Management, 2013, 22 (1): 137 – 150.

[135] Jammernegg W, Kischka P. Risk – averse and risk – taking newsvendors: A conditional expected value approach [J]. Review of Managerial Science, 2007, 1 (1): 93 – 110.

[136] Jing B, Chen X, Cai G. Equilibrium financing in a distribution channel with capital constraint [J]. Production and Operations Management, 2012, 21 (6): 1090 – 1101.

[137] Jing B, Dewan R, Seidmann A. Finance Sourcing in a Supply Chain [J]. Decision Support Systems, 2014, 58 (1): 15 – 20.

[138] Jin W, Luo J. Optimal inventory and insurance decisions for a supply chain financing system with downside risk control [J]. Applied Stochastic Models in Business & Industry, 2017, 33 (1): 63 – 80.

[139] Kamburowski J. The distribution – free newsboy problem under the worst – case and best – case scenarios [J]. European Journal of Operational Research, 2014, 237 (1): 106 – 112.

[140] Kouvelis P, Li R, Ding Q. Inventory management and financial

hedging of storable commodities [J]. Manufacturing & Service Operations Management, 2013, 15 (3): 507 – 521.

[141] Kouvelis P, Zhao W. The newsvendor problem and price – only contract when bankruptcy costs exist [J]. Production and Operations Management, 2011, 20 (6): 921 – 936.

[142] Kouvelis P, Zhao W. Financing the newsvendor: Supplier vs. bank, and the structure of optimal trade credit contracts [J]. Operations Research, 2012, 60 (3): 566 – 580.

[143] Kouvelis P, Zhao W. Supply chain contract design under financial constraints and bankruptcy costs [J]. Management Science, 2016, 62 (8): 2341 – 2357.

[144] Kouvelis P, Zhao W. Who should finance the supply chain? Impact of credit ratings on supply chain decisions [J]. Manufacturing & Service Operations Management, 2018, 20 (1), 19 – 35.

[145] Lamoureux M. A supply chain finance prime [J]. Supply Chain Finance, 2007, 4 (5): 34 – 48.

[146] Lan Y, Ball M, Karaesmen I. Regret in overbooking and fare – class allocation for single leg [J]. Manufacturing & Service Operations Management, 2011, 13 (2): 194 – 208.

[147] Lariviere M, Porteus E. Selling to the newsvendor: An analysis of price – only contracts [J]. Manufacturing & Service Operations Management, 2001, 3 (4): 293 – 305.

[148] Lau A, Lau H. Some two – echelon style goods inventory models with asymmetric market information [J]. European Journal of Operational Research, 2001, 134 (1): 29 – 42.

[149] Lau A, Lau H, Zhou Y. Considering asymmetrical manufacturing cost information in a two – echelon system that uses price – only contracts [J]. IIE Transactions, 2006, 38 (3): 253 – 271.

[150] Lee C, Rhee B. Trade credit for supply chain coordination [J].

European Journal of Operational Research, 2011, 214 (1): 136 - 146.

[151] Li B, Hou P, Chen P. Pricing strategy and coordination in a dual channel supply chain with a risk - averse retailer [J]. International Journal of Production Economics, 2016 (178): 154 - 168.

[152] Li J. Alleviating supplier's capital restriction by two - order arrangement [J]. Operations Research Letters, 2014, 42 (6): 444 - 449.

[153] Lin M, Prabhala N, Viswanathan S. Judging borrowers by the company they keep: Friendship networks and information asymmetry in online peer - to - peer lending [J]. Management Science, 2013, 59 (1): 17 - 35.

[154] Liu Z, Chen L, Li L, et al. Risk hedging in a supply chain: Option vs. price discount [J]. International Journal of Production Economics, 2014, 151 (7): 112 - 120.

[155] Li Y, Zhen X, Qi X, et al. Penalty and financial assistance in a supply chain with supply disruption [J]. Omega, 2016 (61): 167 - 181.

[156] Li Y, Zhen X, Cai X. Trade credit insurance, capital constraint, and the behavior of manufacturers and banks [J]. Annals of Operations Research, 2016, 240 (2): 395 - 414.

[157] Li Z, Gilbert S, Lai G. Supplier encroachment under asymmetric information [J]. Management Science, 2014, 60 (2): 449 - 462.

[158] Luo B, Lin Z. A decision tree model for herd behavior and empirical evidence from the online P2P lending market [J]. Information Systems and e - Business Management, 2013, 13 (1): 141 - 160.

[159] Luo J, Chen X. Risk hedging via option contracts in a random yield supply chain [J]. Annals of Operations Research, 2015: 1 - 23.

[160] Luo J, Zhang Q. Trade credit: A new mechanism to coordinate supply chain [J]. Operations Research Letters, 2012, 40 (5): 278 - 384.

[161] Ma L, Liu F, Li S, et al. Channel bargaining with risk - averse retailer [J]. International Journal of Production Economics, 2012, 139 (1): 155 - 167.

[162] Ma Y, Wang Y, He Z. Analysis of the bullwhip effect in two parallel supply chains with interacting price – sensitive demands [J]. European Journal of Operational Research, 2015, 243 (3): 815 – 825.

[163] Meryson R. Incentive compatibility and the bargaining problem [J]. Econometrica, 1979, 47 (1): 61 – 73.

[164] Narayanan V, Raman A, Singh J. Agency costs in a supply chain with demand uncertainty and price competition [J]. Management Science, 2005, 51 (1): 120 – 132.

[165] Noham R, Tzur M. The single and multi – item transshipment problem with fixed transshipment costs [J]. Naval Research Logistics, 2015, 61 (8): 637 – 664.

[166] Ozgun C, Chen Y, Li J. Customer and retailer rebates under risk aversion [J]. International Journal of Production Economics, 2011, 133 (2): 736 – 750.

[167] Parlar M. Continuous – review inventory problem with random supply interruptions [J]. European Journal of Operational Research, 1997, 99 (2): 366 – 385.

[168] Park S, Lai G, Seshadri S. Inventory sharing in the presence of commodity markets [J]. Production and Operations Management, 2016, 25 (7): 1245 – 1260.

[169] Perakis G, Roels G. Regret in the newsvendor model with partial information [J]. Operations Research, 2008, 56 (1): 188 – 203.

[170] Popescu I, Wu Y. Dynamic Pricing Strategies with Reference Effects [J]. Operations Research, 2007, 55 (3): 413 – 429.

[171] Protopappa – Sieke M, Seifert R W. Interrelating operational and financial performance measurements in inventory control [J]. European Journal of Operational Research, 2010, 204 (3): 439 – 448.

[172] Qiu R, Shang J, Huang X. Robust inventory decision under distribution uncertainty: A CVaR – based optimization approach [J]. International

Journal of Production Economics, 2014, 153 (7): 13 -23.

[173] Qi X, Bard J, Yu G. Supply chain coordination with demand disruptions [J]. Omega, 2004, 32 (4): 301 -312.

[174] Rockafellar R, Urtasev S. Conditional value at risk for general loss distribution [J]. Journal of Banking & Finance, 2002, 26 (7): 1443 -1471.

[175] Rudi N, Kapur S, Pyke D. A two - location inventory model with transshipment and local decision making [J]. Management Science, 2001, 47 (12): 1668 -1680.

[176] Sayın F, Karaesmen F, Özekici S. Newsvendor model with random supply and financial hedging: Utility - based approach [J]. International Journal of Production Economics, 2014, 154 (4): 178 -189.

[177] Scarf H. A min - max solution of an inventory problem [J]. Studies in the Mathematical Theory of Inventory and Production, 1958, 25 (2): 352 -352.

[178] Schwienbacher A, Larralde B. Crowd - funding of small entrepreneurial ventures. [EB/OL]. Available at SSRN: http: //www. ssrn. com/abstract = 1699183, 2010 -09 -29, DOI: 10. 2139/ssrn. 1699183.

[179] Shen Y, Willems S. Coordinating a channel with asymmetric cost information and the manufacturer's optimality [J]. International Journal of Production Economics, 2012, 135 (1): 125 -135.

[180] Shin H, Tunca T. Do firms invest in forecasting efficiently? The effect of competition on demand forecast investments and supply chain coordination [J]. Operations Research, 2010, 58 (6): 1592 -1610.

[181] Silbermayr L, Minner S. Dual sourcing under disruption risk and cost improvement through learning [J]. European Journal of Operational Research, 2016, 250 (1): 226 -238.

[182] Tang C, Yang A, Wu J. Sourcing from suppliers with financial constraints and performance risk [J]. Manufacturing & Service Operations Manage-

ment, 2018, 20 (1): 70 – 84.

[183] Tang S Y, Gurnani H, Gupta D. Managing disruptions in decentralized supply chains with endogenous supply process reliability [J]. Production and Operations Management, 2014, 23 (7): 1198 – 1211.

[184] Wagner M. Robust purchasing and information asymmetry in supply chains with a price – only contract [J]. IIE Transactions, 2015, 47 (8): 819 – 840.

[185] Wang J, Shin H. The impact of contracts and competition on upstream innovation in a supply chain [J]. Production and Operations Management, 2015, 24 (1): 134 – 146.

[186] Wang W, Chen W, Liu B. Manufacturing/remanufacturing decisions for a capital – constrained manufacturer considering carbon emission cap and trade [J]. Journal of Cleaner Production, 2017, 140 (3): 1118 – 1128.

[187] Wang Y, Gilland W, Tomlin B. Mitigating supply risk: Dual sourcing or process improvement [J]. Manufacturing & Service Operations Management, 2010, 12 (3): 489 – 510.

[188] Wu D, Kleindorfer P. Competitive options, supply contracting, and electronic markets [J]. Management Science, 2005, 51 (3): 452 – 466.

[189] Wu D, Zhang B, Opher B. A trade credit model with asymmetric competing retailers [J]. Production and Operations Management, 2019, 28 (1): 206 – 231.

[190] Wu M, Zhu S, Teunter R. The risk – averse newsvendor problem with random capacity [J]. European Journal of Operational Research, 2013, 231 (2): 328 – 336.

[191] Wu M, Zhu S, Teunter R. A risk – averse competitive newsvendor problem under the CVaR criterion [J]. International Journal of Production Economics, 2014, 156 (5): 13 – 23.

[192] Xiao T, Shi J. Consumer returns reduction and information revelation mechanism for a supply chain [J]. Annals of Operations Research, 2016,

240(2): 661-681.

[193] Xiao T, Yu G, Sheng Z, et al. Coordinating of a supply chains with one-manufacturer and two-retailers under demand promotion and disruption management decisions [J]. Annals of Operations Research, 2005, 135(1): 87-109.

[194] Xuan V, Nguyen T. Robust newsvendor games with ambiguity in demand distributions [J]. Mathematics, 2014, 1(1): 1-40.

[195] Xue W, Ma L, Shen H. Optimal inventory and hedging decisions with CVaR consideration [J]. International Journal of Production Economics, 2015, 162(1): 70-82.

[196] Xu X, Birge J. Joint production and financing decisions: Modeling and analysis [EB/OL]. Working paper, Booth School of Business, University of Chicago, 2004. Available at http://www.ssrn.com/abstact=652562. DOI: 10.2139/ssrn.652562.

[197] Xu X, Meng Z, Shen R. A tri-level programming model based on Conditional Value-at-Risk for three-stage supply chain management [J]. Computers & Industrial Engineering, 2013, 66(2): 470-475.

[198] Yang A, Birge J, Parker R. The supply chain effects of bankruptcy [J]. Management Science, 2015, 61(10): 2320-2338.

[199] Yang H, Zhuo W, Shao L. Equilibrium evolution in a two-echelon supply chain with financially constrained retailers: The impact of equity financing [J]. International Journal of Production Economics, 2017, 185(1): 139-149.

[200] Yang L, Cai G, Chen J. Push, pull, and supply chain risk-averse attitude [J]. Production and Operations Management, 2018, 27(8): 1534-1552.

[201] Yang L, Xu M H, Yu G, et al. Supply chain coordination with CVaR riterion [J]. Asia-Pacific Journal of Operational Research, 2009, 26(1): 135-160.

[202] Yang Z, Aydin G, Babich V, et al. Using a dual-sourcing option in the presence of asymmetric information about supplier reliability: Competition vs. diversification [J]. Manufacturing & Service Operations Management, 2012, 14 (2): 202-217.

[203] Yan N, Sun B, Zhang H, Liu C. A partial credit guarantee contract in a capital-constrained supply chain: Financing equilibrium and coordinating strategy [J]. International Journal of Production Economics, 2016, 173 (1): 122-133.

[204] Yan X, Wang Y. A newsvendor model with capital constraint and demand forecast update [J]. International Journal of Production Research, 2014, 52 (17): 5021-5040.

[205] Yan X, Zhao H. Decentralized inventory sharing with asymmetric information [J]. Operations Research, 2011, 59 (6): 1528-1538.

[206] Yue J, Chen B, Wang M. Expected value of distribution information for the newsvendor Problem [J]. Operations Research, 2006, 54 (6), 1128-1136.

[207] Yue X, Raghunathan S. The impacts of the full returns policy on a supply chain with information asymmetry [J]. European Journal of Operational Research, 2007, 180 (2): 630-647.

[208] Zhang B, Wu D, Liang L, et al. Supply chain loss averse newsboy model with capital constraint [J]. IEEE Transactions on Systems Man & Cybernetics, 2017, 46 (5): 646-658.

[209] Zhang P, Xiong Y, Xiong Z. Coordination of a dual-channel supply chain after demand or production cost disruptions [J]. International Journal of Production Research, 2015, 53 (10): 3141-3160.

[210] Zhang Q, Dong M, Luo J, et al. Supply chain coordination with trade credit and quantity discount incorporating default risk [J]. International Journal of Production Economics, 2014, 153 (4): 352-360.

[211] Zhang W, Fu J, Li H. Coordination of supply chain with a revenue-

sharing contract under demand disruptions when retailers compete [J]. International Journal of Production Economics, 2012, 138 (1): 68-75.

[212] Zhao X. Coordinating a supply chain system with retailers under both price and inventory 0competition [J]. Production and Operations Management, 2008, 17 (5): 532-542.

[213] Zhen X, Li Y, Cai G, Shi D. Transportation disruption risk management: Business interruption insurance and backup transportation [J]. Transportation Research Part E, 2016 (90): 51-68.